2014年国家社科基金项目：
新型城镇化进程中生态文明建设机制研究（基金项目批准号：14BSH044）；
2015年河南省教育厅河南省高等学校重点科研项目（项目编号15A880034）；
2017年河南省社科联、河南省经团联调研课题（项目编号SKL-2017-2282）。

中国传统文化认同研究

舒坤尧　著

中国水利水电出版社
www.waterpub.com.cn
·北京·

内 容 提 要

中国传统文化所包含的内容极为丰富,本书选取一些有代表性和典型性的、与当今社会生活联系较为密切的、不易理解或易产生歧义的传统文化现象作为主要内容,力求通过对这些文化现象的展示和阐述展现其全貌。全书共有六章内容,分别为中国传统文化的诠释与"一带一路"倡议解读、历史视野下中国传统文化的开放与交流、重塑大国形象——展示中国传统文化艺术魅力、弘扬中国传统文化的民族性、深层文化价值观念的输出以及中国传统文化与现代化。本书力图以"一带一路"倡议为视角,向读者展示中华民族传统文化的魅力。

图书在版编目(CIP)数据

中国传统文化认同研究 / 舒坤尧著. —北京:中国水利水电出版社,2017.11(2022.9重印)
 ISBN 978-7-5170-6013-0

Ⅰ.①中… Ⅱ.①舒… Ⅲ.①中华文化-研究 Ⅳ.①K203

中国版本图书馆 CIP 数据核字(2017)第 268497 号

责任编辑:陈 洁　　封面设计:王 伟

书　名	中国传统文化认同研究 ZHONGGUO CHUANTONG WENHUA RENTONG YANJIU
作　者	舒坤尧 著
出版发行	中国水利水电出版社 (北京市海淀区玉渊潭南路1号D座　100038) 网址:www.waterpub.com.cn E-mail:mchannel@263.net(万水) 　　　　sales@mwr.gov.cn 电话:(010)68545888(营销中心)、82562819(万水)
经　售	全国各地新华书店和相关出版物销售网点
排　版	北京万水电子信息有限公司
印　刷	天津光之彩印刷有限公司
规　格	170mm×240mm　16开本　13印张　238千字
版　次	2018年3月第1版　2022年9月第2次印刷
印　数	2001—3001册
定　价	52.00元

凡购买我社图书,如有缺页、倒页、脱页的,本社营销中心负责调换
版权所有·侵权必究

◎作者简介

舒坤尧,女,1973年生,1997年毕业于河南大学获文学学士学位,2005年毕业于郑州大学获文学硕士学位,现任华北水利水电大学副教授。近年来在全国核心期刊和省级以上刊物发表专业学术论文23篇,出版学术专著5部,主持完成省级和厅级科研项目16项,主持获得省级和厅级科研成果奖励12项。华北水利水电大学水文化研究会会员。2010年被华北水利水电学院评选为中共优秀共产党员;2012年被河南省教育厅评选为河南省高等学校社科管理工作先进工作者;2013年被华北水利水电学院评选为中共优秀共产党员;2015年被华北水利水电大学评选为中共优秀共产党员,2017年被华北水利水电大学评选为中共优秀共产党员。

前言
INTRODUCTION

  传统文化是一个国家和民族在长期历史发展过程中所创造的物质文化和精神文化的总和，是物质财富和精神财富的积累。每一个国家、民族的传统文化都有其发展的历程，都有它的昨天、今天和明天。中国传统文化是中华民族智慧、思想、情感和历史的真实写照，是中华民族延续发展的基础。经过反复锤炼和长久积淀，中华民族造就了瑰丽无比、独树一帜的中华文化。蕴涵了中华民族最深层精神追求的中华文化以其极大的包容性和超越性赢得了历代中华民族的广泛认同，为中华民族绵延不息、发展壮大提供了丰厚滋养。

  党的十八大以来，习近平总书记在不同场合的一系列讲话态度鲜明地表达了他独到的文化视角和精辟的文化思想，不仅将文化自信与其他"三个自信"相提并论，更是给予了前者"是更基础、更广泛、更深厚的自信"的醒目注解。文化自信基础地位的确立意义深远。文化自信绝不是对自身文化的夜郎自大和孤芳自赏，而是基于对自身文化价值全面了解和深刻解读的高度认可和由衷敬畏，是一种对自身文化价值笃定的信仰和坚不可摧的信念。

  "一带一路"是经济倡议，更是文化倡议，是文化自信的价值体现，是彰显中国传统文化的重要途径，它为人类解决共同面临的难题提供了指导和方向。挖掘和凸显中国优秀传统文化的正面价值将有助于"一带一路"倡议的顺利推进。

  中国传统文化所包含的内容极为丰富，受篇幅的限制，本书只能选取一些有代表性和典型性的、与当今社会生活联系较为密切的、不易理解或易产生歧义的传统文化现象作为主要内容，力求通过对这些文化现象的展示和阐述展现其全貌。

  本书的内容共有六章，第一章从中国传统文化的内涵、特征、观念以及中国传统文化的地理背景和社会背景等方面对中国传统文化进行了阐释，并对"一带一路"倡议进行了科学的解读；第二章阐述了历史视野下中国传统文化的开放与交流；第三章分析了中国传统文化中的汉字艺术、绘画艺术、戏曲与曲艺艺术以及建筑艺术，展示中国传统文化的艺术魅力；第四章探讨了彰显民族特质的必要性以及中国传统民俗、服饰与饮食文化；第五章诠释了中国传统文化中的伦理道德观念、文学、医药以及科技发明创造，阐述了深层文化价值观念的输出；第六章阐述了中国传统文化与现代化。本书内容丰富，以"一带一路"倡议为视角，向读者展示了中华民族传统文化的魅力。作者希望通过本书的写作，与读者一道领略中国传统文化中真、善、美的精华，同时也加深对其中假、恶、丑的糟粕的认识，使之成为我们创造和发展新文化的坚实基础，在"一带一路"倡议下，寻求文化认同，创新发展中国传统文化，凸显中华文化的时代价值，重塑文化大国形象。

　　本书在撰写过程中参阅了大量的学术专著和相关文献，本书仅列出了部分主要参考文献，在此向各参阅文献的作者表示衷心的感谢。由于《中国传统文化认同研究》涉及的内容博大精深，同时作者的时间紧迫，书中难免会有不尽如人意之处，希望广大专家、学者和同仁批评、指正。

作者

2017 年 9 月

目录

CONTENTS

前言

第一章　中国传统文化的诠释与"一带一路"倡议解读 …………… 1
第一节　中国传统文化的内涵 ……………………………………… 1
第二节　中国传统文化的特征及观念 ……………………………… 10
第三节　中国传统文化的地理环境与社会环境 …………………… 19
第四节　"一带一路"倡议及其对中国传统文化发展的意义 …… 27

第二章　历史视野下中国传统文化的开放与交流 ………………… 30
第一节　中国传统文化的发展与变迁 ……………………………… 30
第二节　中国传统文化的开放与交流——古代"丝绸之路" …… 55
第三节　中国传统文化的传播 ……………………………………… 58

第三章　重塑大国形象——中国传统文化艺术魅力展示 ………… 67
第一节　中国传统汉字的书法艺术 ………………………………… 67
第二节　中国传统绘画艺术 ………………………………………… 81
第三节　中国传统戏曲与曲艺艺术 ………………………………… 90
第四节　中国传统建筑艺术 ………………………………………… 105

第四章　弘扬中国传统文化的民族性 ………………………………… 118
第一节　彰显民族特质的必要性 …………………………………… 118
第二节　中国传统民俗文化的弘扬 ………………………………… 124
第三节　中国传统服饰与饮食文化的弘扬 ………………………… 138

第五章　深层文化价值观念的输出 …………………………………… 151
第一节　中国传统伦理道德观念的表达 …………………………… 151

第二节　中国传统文学的探幽························157
第三节　中国传统医药与科技发明创造················167

第六章　中国传统文化与现代化························186

第一节　中国传统文化与现代化阐释··················186
第二节　中国传统文化的现代化转型及方法论··········190

参考文献··198

第一章

中国传统文化的诠释与"一带一路"倡议解读

第一节 中国传统文化的内涵

一、什么是中国传统文化

中国人都很熟悉"传统文化"这一词汇。的确,在日常的生活中,我们几乎随时都可以听到和碰到"传统文化"。然而,究竟什么是"传统文化"呢?社会上流行着种种不同的观点。有人认为,所谓中国传统文化,就是特指在我国上起先秦下迄清代中叶的古代社会里产生并发展起来的文化。有人认为,中国传统文化主要是指中国封建时代的文化,但也应该包括近代以来,乃至五四运动以来的新文化。也有人认为,中国传统文化是植根于民族土壤中的既有稳定状态,又有动态变化,能够包容不同时代的新思想、新血液的文化。如此等等,不一而足。

综上所述,所谓传统文化,是一种具体的文化形态。任何一个民族只要有其发展的历史,就有本民族的传统文化。一个民族的历史愈悠久,其传统文化也就愈丰厚,因此传统文化是一个民族在历史发展进程中延续下来的比较稳定的文化。中华民族传统社会的价值系统和整体生活方式就是我们的传统文化。在很大程度上,它是对中华民族价值取向、共同精神、思维方式和心理状态的高度概括和总结的一种文化。准确地说,中国传统文化是中华民族最本质、最富特色的文化。虽然这种文化起始于过去,但却一直贯通现在,还势必要影响

未来。这是因为传统文化不仅仅是一个民族在一般意义上代代相传的历史遗产，还是具有顽强生命力的极其宝贵的财富。由于传统文化的存在和影响，人们往往都具有鲜明的民族特色，诸如人们在价值取向、心理结构、伦理道德、思维方式、性格特征以及审美情趣等各方面都有所不同。

二、传统文化与文化传统

这是我们在学习传统文化时常常要面对的两个概念。在当代社会，我们经常会混用这两个概念，导致的结果就是我们在阅读与理解的时候常常会出现偏差。简单地说，传统文化是能看得见的那些历史遗存物。即使在今天，我们依然可以看到楚国编钟、秦砖汉瓦、万里长城、武则天墓，以及各个地方的民居建筑、宗教建筑，这些都是文化。中国文化有一个特点就是典籍非常丰富。我们能用眼睛直观地看到许多诗词文曲、经史子集，都是因为有这些典籍作为文化的载体，而且在这些典籍中我们可以发现传统社会精神文化的结晶。

那文化传统是什么呢？文化传统却是看不到的，它是文化背后的一种精神连接，包括文化典范背后的精神、规则、信仰、价值、秩序等。文化传统对于任何一个民族来说，都是一种自然而然的东西，是在长期的历史过程中，潜移默化地积累起来的生活方式。在这种生活方式中，我们能够自信地、轻松地、自在地去应对各种事情、接人待物等，并且清楚地知道什么是对、什么是错；应该怎样、不应该怎样。人与人之间也容易相互沟通。这是文化传统带给我们的一种力量。对于文化传统，人们可以从不同的角度加以分析，那么一个最基本的角度，就是区分所谓"大传统"和"小传统"，即以典籍文化代表的精英传统和体现在民众生活中的通俗传统。

两者有区别，但也不是很严格，比如"不孝有三，无后为大"，这个命题原来是出自《孟子》，但是我们知道，任何中国人都知道这个命题。总之，文化传统虽然不能被看到，但可以加以研究、判断。比如某种仪式后面包含着某种信仰，在这些因素中信仰因素极其重要，可以说如果没有信仰因素的参与，传统就不能形成。假如一个民族文化信仰非常深厚，那么它的传统就非常牢固；可是如果一个民族在文化信仰方面不是那么牢固，那么其传统就会比较脆弱。因此一个民族的文化传统是否牢固，跟信仰的程度有很大的关系。

三、如何认识中国传统文化

以优秀的中国传统文化为基础培育和践行社会主义核心价值观，首先需要明确什么是优秀的中国传统文化，即优秀的中国传统文化所指是什么，包含哪些核心内涵。只有搞清楚了优秀的中国传统文化的内涵，才能正确理解社会主义核心价值观所包含的富强、民主、文明、和谐，自由、平等、公正、法治，爱国、敬业、诚信、友善十二个关键词的内涵。

(一) 传统的本义

"易姓为代，传统为朝"。夏启废禅让而实行世袭制度，开始了"天下为家"的时代。"传统"一词，本义用于说明政统传承在纯粹性和系统性基础上的合法性，即在同一姓之间嫡系体系中的传承。

政统的传承中的"统"的问题，有时候会引起极大纠纷。明朝"大礼议"事件，既说明中国古代君臣之间的民主风气，更说明明朝众臣对于政统传承的严肃态度，而这个事件的关键就是反思检讨中国古代的"传统"问题。

明武宗正德皇帝去世后，无子，武宗的母亲孝宗张皇后和内阁议决由兴献王的次子、武宗的亲叔伯弟弟朱厚熜继承皇帝位，即明世宗嘉靖皇帝。兴献王是明孝宗弘治皇帝之弟，嘉靖皇帝在即位之时，就与朝廷大臣因为"传统"问题发生了争执。内阁认为应该用太子礼迎接嘉靖皇帝即位，即朱厚熜由东华门进入，居于文华殿，但朱厚熜认为"遗诏以我嗣皇帝位，非皇子也"，不愿意受太子礼，最后皇太后令群臣上笺劝进，嘉靖皇帝"入自大明门，遣官告宗庙社稷，谒大行皇帝几筵，朝皇太后，出御奉天殿，即皇帝位"。

嘉靖皇帝即位后，与内阁大臣杨廷和、毛澄等因为谁为嘉靖皇帝宗法意义上的父亲，以及嘉靖皇帝的生父兴献王的尊称问题发生了争执，这个论争持续了三年半。

据《明史·席书传》载，曾提携过王守仁的席书，明世宗嘉靖时期以右副都御史巡抚湖广，见中朝议"大礼"未定，而反对嘉靖皇帝的大臣们常常引宋英宗的故事作为根据。席书认为嘉靖皇帝和宋英宗的情况不同，宋英宗在仁宗在世时过继给宋仁宗当太子，而嘉靖皇帝是以兴献王之子的身份入宫继承皇位的。虽然嘉靖皇帝继承了武宗的皇位，但仍是兴献王之子，应另为兴献王立庙。但皇帝不能有两个，嘉靖皇帝与武宗虽是兄弟，却也是君臣。孝宗皇帝是宗庙神主，亲生父亲应称为"皇考兴献王"，可在宫廷中立庙，太庙祭祀以后，仍用天子之礼在宫中祭祀。

席书的主张深合嘉靖皇帝之意，最终成为调节双方争执的折中方案。席书的上书中两次提到"传统"一词，认为三代"传统之礼"坏于汉、唐之世："三代之法，父死子继，兄终弟及，自夏历汉二千年，未有立从子为皇子者也。汉成帝以私意立定陶王，始坏三代传统之礼……今陛下生于孝宗崩后二年，乃不继武宗大统，超越十有六年上考孝宗，天伦大义固已乖悖。又未尝立

为皇子，与汉、宋不同……一遵《祖训》，允合圣经。复三代数千年未明之典礼，洗汉、宋悖经违礼之陋习，非圣人其孰能之。"

(二) 传统与道统之传

"传统"本义所指政统传承的纯粹性和系统性，体现的是"传统"的严肃性和重要性。"中国传统文化"既然以"传统"标榜，这就决定了"中国传统文化"的内涵并不是可以随意定义或者具有无限包容性的，而是应该有明确所指的，体现原初性、纯粹性和传承性的。

孔子是中国传统文化的集大成者，而《诗》《书》《礼》《乐》《易》《春秋》是中国传统文化的源头。刘勰《文心雕龙·原道》说："爰自风姓，暨于孔氏，玄圣创典，素王述训，莫不原道心以敷章，研神理而设教，取象乎《河》《洛》，问数乎蓍龟，观天文以极变，察人文以成化；然后能经纬区宇，弥纶彝宪，发辉事业，彪炳辞义。故知道沿圣以垂文，圣因文而明道，旁通而无滞，日用而不匮。《易》曰：'鼓天下之动者存乎辞。'辞之所以能鼓天下者，乃道之文也。"道、圣人和六经是三位一体的关系，也就是说，道由圣人书写在六经之中，圣人通过六经阐明道。如果六经不能体现道，六经就不能称为经典；如果六经没有经过圣人的整理，也就不可能体现道；圣人通过整理六经，把道体现在六经的文本之中。《礼记·经解》载孔子说："入其国，其教可知也。其为人也，温柔敦厚，《诗》教也；疏通知远，《书》教也；广博易良，《乐》教也；洁静精微，《易》教也；恭俭庄敬，《礼》教也；属辞比事，《春秋》教也。"孔子认为六经所标举，在于培养温柔敦厚、疏通知远、广博易良、洁静精微、恭俭庄敬的人格，欲人之不贼、不诬、不奢、不愚、不烦、不乱，而养志知事，行端性和，明乎阴阳名分。

但是，到了战国时期，六经受到了挑战。《庄子·天下》说："《诗》以道志，《书》以道事，《礼》以道行，《乐》以道和，《易》以道阴阳，《春秋》以道名分。其数散于天下而设于中国者，百家之学时或称而道之。天下大乱，贤圣不明，道德不一。天下多得一察焉以自好……后世之学者，不幸不见天地之纯，古人之大体。道术将为天下裂。"

在战国之前，六经之道一以贯之，而自诸子兴起，百家未能融会贯通六经之学，所以各执一词，不能兼备众善众美之纯正。所以，"道术将为天下裂"。《汉书·艺文志》说："今异家者各推所长，穷知究虑，以明其指，虽有蔽短，合其要归，亦六经之支与流裔。"即诸子百家虽然不同，但都起源于六经。诸子虽然都从六经中来，但对六经的理解可能是失之毫厘，谬以千里了。

由于诸子之徒对孔子之学的曲解，自战国时期始，如孟子、荀子、扬雄、刘勰、韩愈等人，就提出了原道、征圣、宗经的重要性，其目的就是为了维护传统文化的纯粹性。《孟子·滕文公下》云："世衰道微，邪说暴行有作，臣弑其君者有之，子弑其父者有之。孔子惧，作《春秋》。《春秋》，天子之事也。是故孔子曰：'知我者其惟《春秋》乎！罪我者其惟《春秋》乎！'……杨朱、墨翟之言盈天下。天下之言不归杨，则归墨。杨氏为我，是无君也；墨氏兼爱，是无父也。无父无君，是禽兽也。公明仪曰：'庖有肥肉，厩有肥马；民有饥色，野有饿莩，此率兽而食人也。'杨墨之道不息，孔子之道不著，是邪说诬民，充塞仁义也。仁义充塞，则率兽食人，人将相食。吾为此惧。"孔子之道不著，最根本的原因就在于仁义充塞，率兽食人。

原道、征圣、宗经，实际是为了说明道统与孔子的密切关系。朱熹《中庸章句序》曰："《中庸》何为而作也？子思子忧道学之失其传而作也。盖自上古圣神继天立极，而道统之传有自来矣。"明归有光《孟子叙道统而不及周公颜子》说："圣贤之论，至孔子而定。继孔子者，孟子也。孔、孟，亲有之而亲见之者也。后之学者，当据之以为定，而岂可因之以为疑哉？"

在中华文明的历史上，政统的传承有时而斩，但道统的传承却历久弥新。如果把"中国传统文化"严格限制在"载道"的区域，就要树立"道统之传"自于孔子这个基本常识，如果在孔子之外寻求"道统"，显然是舍本逐末。

近些年来，我们不断听到对"中国传统文化"的互相对立的评价。事实上，之所以会发生对中国传统文化的各种矛盾认识，就缘于我们把"中国传统文化"与"中国过去的文化""中国古代的文化""中国固有的文化"划了等号。因此，在讨论中国传统文化的价值的时候，首先应该准确定义"中国传统文化"的内涵，区分"中国传统文化"和"中国文化"的不同。

准确地说，"中国文化"内容应该包括"中国过去的文化""中国古代的文化""中国固有的文化"，甚至包括"20世纪的中国文化"。其时间的长度和地域的宽度可以无限延伸，其内容可能涉及各个方面，有道有器，有粗有精，有伪有真。但是，"中国传统文化"就其本义而言，只应该是中国"传承道统"的文化，也就是那些传自先秦时代而体现人类文明方向的核心价值，是"载道"的文化。

此外，讨论国学教育问题，也应该分清作为知识的专业国学教育和作为培养共同价值观的国学教育的区别。对于非专业从事中国文化研究的人来说，学习国学文化，应该突出重点，抓住核心，紧紧围绕着"传承道统"这个中心，既可以节省学习者的精力，又可以防止对中国传统价值观的多样性理解。

（三）忠恕、均平、仁惠

孔子所倡导的中国传统文化以"天下为公"为基本出发点，其核心内容可以分为三个层次：简而言之，即孔子所谓"恕"，即把一切人都看作是平等的主体；扩展而言，即孔子所谓"忠恕"，"忠"为尽己之道，"恕"为推己之道，有尽我所能的责任，有推己及人的立场；如果再扩展，就是"忠恕""均平""仁惠"。"忠恕"是个体行为准则，"均平"是社会运行原则，"仁惠"是国家的基本立场。

建立在"天下为公"基本出发点上的忠恕、均平、仁惠思想内涵丰富且深刻。如果能以"天下为公"为基本出发点，以忠恕、均平、仁惠为核心价值，个人有"忠恕"德行，社会运行贯彻"均平"原则，国家能有全心全意为人民服务的"仁惠"情怀，传承道统、弘扬中国优秀传统文化的目的就达到了。

一般来说，孔子思想的核心是强调"仁"，仁的内涵无限丰富，不过，在孔子自己的论述中认为"恕"才是他终身奉行的基本价值。《论语·卫灵公》载，子贡问曰："有一言而可以终身行之者乎？"子曰："其恕乎！己所不欲，勿施于人。"

孔子以"恕"为终身行之之道，与孔子强调"仁"的重要性并不矛盾。《论语·颜渊》载，子曰："出门如见大宾，使民如承大祭。己所不欲，勿施于人。在邦无怨，在家无怨。"可见，仁即是恕，恕即是仁，都在"己欲立而立人，己欲达而达人"，"己所不欲，勿施于人"上下功夫。

《论语·里仁》载，孔子曰："参乎！吾道一以贯之。"曾子曰："唯。"孔子出，门人问曰："何谓也？"曾子曰："夫子之道，忠恕而已矣！"恕本身包含有对己对人的态度，所以，忠恕即恕，恕即忠恕。"忠"是正心诚意，敬业守信，是尽己之道；"恕"是"己欲立而立人，己欲达而达人"，"己所不欲，勿施于人"，是推己之道。我们平常所说的"良心"，就包含在"忠恕"之中。

孔子及儒家虽然强调礼的重要性，礼虽然有区别长幼秩序的意义，不过，孔子及原始儒家始终强调礼尚往来的重要性，礼从来都是对等的，而作为统治阶层，对礼的实现承担有首先的责任。《论语·季氏》载，孔子曰："不患寡而患不均，不患贫而患不安。""均平"不仅仅是财富公平，也包括政治权利的公平。宋代革命者提出的"均贫富、等贵贱"的革命主张，就是根植于孔子思想的。

中国古代家庭伦理的孝悌观念，也是以"天下为公"为最高原则的。《唐虞之道》又说:"虞诗曰:'大明不出,万物皆暗。圣者不在上,天下必坏。'治之至,养不肖。乱之至,灭贤。"虞诗是虞舜时代的诗歌,"举贤""养不肖"和"鳏、寡、孤、独、废、疾者皆有所养",体现了孔子赞扬的尧、舜时代具有的平等思想所包含的文明高度,这也正是我们所要实现的目标。

四、中国传统文化基本精神

纵观世界文明发展史,每一个国家和民族的文化都有一个属于自己的价值体系,一种贯穿文明发展的基本精神,它是一个整体,由各种文化特质的价值、意义和功能构成,既包括不同民族所创造的物质文化,也包括其风俗、习惯、伦理、道德、宗教、信仰、政治、哲学、法律、艺术以及种种精神产品和文化制度。所有这些文化特质一方面是不同民族在特定生活环境中对外部世界思维的肯定形式,另一方面它在构成一个有特殊价值和意义的文化世界,构建着不同民族的价值心理和价值观念,因此形成了不同民族文化价值意识的思维模式。如此看来,文化特质都包含着特殊的意义和价值。每一个民族又都是在自己文化思想的基础上开拓和发展着本民族的现代精神,不同民族的文化精神不仅是不同民族在特定环境中形成的,也是不同的文化价值和意义赋予的。总的来说,各民族文化精神从古至今虽然有所变化,但仍然保留了自己民族的特有气质。

作为中国文化发展的内在动力和思想基础的文化基本精神,在中国文化发展历史中起着主导作用,是中国传统文化的核心。它本身也是文化发展的产物,并且随着文化的发展演变而发展变化,不断扩大和加深自己的思想内涵,在具体内容上它也为我们大家所熟悉,而不是高深莫测的玄思妙想。正因为中华传统文化源远流长,内容丰富多彩,所以它的基本精神也是非常丰富的,表现传统文化基本精神的思想也不会是那么单一,而是由许多相互联系的思想观念构成的一个系统。张岱年认为,中国文化基本精神有四点:①刚健有为;②和与中;③崇德利用;④天人协调。张岂之先生在其《中华人文精神》中指出,中国文化的基本精神有七点:①人文化成——文明之初的创造精神;②刚柔相济——穷本探源的辩证精神;③究天人之际——"天人"关系的艰苦探索精神;④厚德载物——人格养成的道德人文精神;⑤和而不同——博采众家之长的文化会通精神;⑥经世致用——以天下为己任的责任精神;⑦生生不息——中华人文精神在近代的丰富与发展。还有很多学者都对中国文化的基本精神作过精炼的概括和总结。

由此可见,所谓文化精神,亦即世界观和人生观,就是指导和推动人们实践的思想。也可以说,中国文化的基本精神就是指导和推动几千年中国文化发

展的世界观和人生观。然而某种文化传统或思想观念要成为中国文化的基本精神，必须具有两个条件：一是，具有广泛的影响，熏陶和感染着大多数人民，并且为他们所认同、所接受，成为他们的基本人生信念和自觉的价值追求；二是，具有维系民族生存和发展、促进社会进步的积极作用。在中国传统文化中，中国文化的基本精神不仅仅有一些思想观念和固有传统长期受到人们的尊崇，成为生活行动的最高指导原则，并且在历史上推动了社会发展，成为历史发展的内在思想源泉。我们认为，中国传统文化的基本精神可以作如下归纳。

1. 天人合一的和谐精神

在中国传统文化中，"究天人之际"是一个很大的题目。中国的经学、史学、哲学和文学，以及有过辉煌成就的天文历算，都把这个题目当作自己的研究课题。围绕这一题目所形成的关于"天人"关系的丰富命题和理论观点，这个观点显示了中国古代思想家对于主客体之间、主观能动性与客观规律性之间和谐统一关系的辩证思考，并且主张人与自然的统一，人的行为与自然的协调，道德理性与自然理性的一致，反映了中国人文精神的深度和广度。挖掘"天人合一"理念蕴含的人与自然和谐相处的思想智慧和精神营养，对于社会主义和谐社会的构建意义深远。

2. 民为邦本的民本精神

民本思想是中国古代政治文化的核心内容，也是中国传统文化中源远流长的珍贵历史遗产。早在西周就产生了朴素的民本意识，随后它的内涵也随着历史的发展而不断地丰富并有所更新。近代以来，民本思想从封建统治阶级治国安邦的官方意识形态逐渐转变成为资产阶级民主革命非常重要的思想武器，中国共产党批判地继承了这一历史文化遗产，并且赋予了民本思想以全新的理论内容，是梳理中国古代民本思想的文化内涵和其发展演变的历史脉络，这对于建设中国特色的社会主义民主政治文化毫无疑问具有非常重要的借鉴意义。

3. 家国同构的伦理精神

中国伦理思想历史悠久、内容丰富、独具特色，在人类文化史上占有重要的地位。发端于殷周时期的古代伦理思想，经过了三千多年，在伦理学的理论上几乎涉及了各个方面，并且提出了一系列独特的概念、范畴和理论体系，形成了性质不同、形式不一的各种学派。其中，以儒家伦理思想为主要的封建地主阶级的伦理思想，发展最充分、体系最完备、影响最深远，它奠定了中国传统社会家国同构的温情伦理秩序。虽然中国的传统伦理是专制制度下的产物，容易导致个体地位的缺失，但是以整体（或者集体）为本位的中国传统伦理思想在化解当代"利益导向"的现代伦理带来的弊端、构建当前新型伦理观等方面仍有着积极意义。

4. 经世致用的科学精神

务实求真作为中国古人的学术价值观，集中代表了中国文化"黜玄想"而务实际的文化精神，对中国文化的发展影响极大。正所谓"务虚明理，务实求真"，明理后求真务实格外重要。求真务实的道德信条及实事求是的实学精神直接成为中国在传统文化上所尊崇的认识原则和道德行为准则；并且在中国传统文化的影响下，将古代的知识分子落实在科学研究方面，在生产、生活方面进行了不懈的努力，因此使得我国的古代实用技术发展十分迅速。在今天，我们理应继承和发展传统文化中的实学思想，以学术求实促进全社会的求真务实。

5. 关怀现世的宗教精神

在中国的传统文化精神中，信仰的特点毫无疑问是特有并且奇妙的。宗法集体主义传统、儒道对立互补的内在循环，从而使得中国人发展出了与农业社会相适应的高度注重人伦日用的平实的经验理性，在这种实用经验理性的覆盖下，中国的宗教带有极其鲜明的世俗化倾向。可以说中国本土的佛教从世俗化而言，从头至尾都是一种高度世俗性的宗教。其实佛教作为一种异质的宗教文化，它在中国的传播也经历了一个世俗化的过程，这个世俗化就是中国化，禅宗更是佛教中国化的极致。佛教与道教和其他民间信仰一道成为中国传统文化精神的神性之维，其中佛教是通过世俗化，逐渐成为最具有普遍性的一种宗教信仰。

6. 内圣外王的修身精神

人禽之辨，即人和其他动物的区别——这是中国古代思想文化探讨的一个极其重要的问题。先哲们认为，人之所以为人，在于人有社会生活、有人伦、有道德的规范。人不仅有自然本能，而且有理想和情操，有自己的精神家园。由此，先哲们对于人自身的人格修养极为看重，这不仅是人之所以为人的价值依据，更是施展"治国平天下"政治抱负的根本前提。所以"厚德载物""内圣外王"的价值追求成为我国传统文化的鲜明特点。这种人格修养，对提升古人的道德境界、净化社会风气起到了重要作用。重拾"内圣外王"的思想对净化和批评当前社会个人主义、急功近利、贪污腐化等不良思想倾向无疑显得格外重要。

7. 得意忘象的审美精神

中国传统审美文化博大精深，对于真、善、美及与之关联的事物，具有自己独特的见解。中国传统美学认为，美在意象，审美活动是人的超理性的精神活动，是要在物理世界之外建构一个意象世界，即所谓于天地之外，别构一种灵奇。这种审美精神充分体现着中国传统文化精神和民族性格，从而在世界审

美文化中独树一帜。中国传统审美思想对于当代的审美教育而言，是一笔非常宝贵的精神财富，其具有崇尚和谐、净化心灵、崇敬自然、追求至境等特征，而且对于解决当今社会突出的人与自然、人与社会、人与自我的异化等难题都发挥了特有的贡献。

第二节　中国传统文化的特征及观念

一、中国传统文化的特征

假如我们要学习事物甲，往往会从其特征入手，把它与事物乙区别开来，这种方法本身就是属于认识论的范畴。为方便我们对中国传统文化的学习，我们也可以如此。那么，中国传统文化有哪些特征呢？

（一）不间断的文化

中国作为世界四大文明古国之一，其文化是不间断的。不间断的原因有很多，探讨其中的奥秘令人着迷，其中，最主要的原因就是——汉字（图1-1）。

图1-1　汉字的演变发展

传统社会使用的文字，现代社会依然还在使用，没有发生很大的变化，这为文化的不间断性提供了可靠的载体。但是很多文化不像中国传统文化这样幸运，而是在发展的过程中产生了间断，比如古埃及文明。古埃及文明的起源时间其实不比中国晚,因为现在的埃及已经不再使用五千年前的楔形文字了,所以产生了间断。楔形文字也是象形文字,文字很好看,但是却因为太具象化了,传承起来有一定的困难,就比如中国的国画,不是每个人都能画、都懂画的,学起来比较困难。

中国文字虽然是象形文字,但是文字的构造有象形、假借、会意、指事等许多的方法,因此,中国文字就不全是具象化的文字,而是将文字意象化、抽象化了。作为抽象化的东西,就很容易得到永久的流传,而具象化的东西,只能是一个物,却不能作为精神来流传。

在中国文化的传承过程中,文字起了相当大的作用。曾经也有人担心,在拼音化之后,汉字可能会过时,尤其是计算机普及的时代,但事实证明汉字不但没有过时,而且它在计算机里的拓展范围、应用速度一点都不亚于英文。

(二) 多元性的文化

我们知道了儒释道是我国传统文化中最具代表性的三种思想,它们在中国各自发展,并且各有分工。儒家思想在汉代以后就占据了统治地位,所以必然和佛道两教存在矛盾和分歧,但是它们却又互相影响、互相借鉴、取长补短,共同发挥社会作用一致的方面,因此道教和佛教思想就成为儒家思想得力的补充和助手。因此也可以说,中国文化多元并生表现在儒释道这种互补的形态上。

从中国文化的产生上来看,中国文化是一种多元性发展的文化。中国文化的产生发展可归为二元结构。

人类文化的产生发展往往与"水"结缘。例如,中东地区古文明以"两河文明"为标志。经过大约万年的沉淀,中国文化的产生、发展分别形成了黄河文化和长江文化两大文化系统。

两种文化不仅有相融相似的一面,也有差异的一面。比如,在文化标志上,黄河文化是以龙为代表的。在一座距今7000年前的濮阳地区的古墓,墓主人的上位以贝壳堆塑着一条龙,下位则以贝壳堆塑了一只虎(图1-2)。

在黄河流域出土的青铜器,大多数都是以龙头为饰件的,古墓壁画人物的双目也多为圆形"龙眼"。因此建都于黄河流域的皇帝,也自诩龙种,甚至衣服、器用也要用龙作为装饰。而长江文化却以鸟为代表。巴蜀文化区的三星堆遗址:三米多高的青铜神树,一眼望去全是鸟,九根树枝上各立一只鸟,还有一条龙援树而下,龙首贴于树根处,龙和鸟的地位在这里发生了巨大的变化;青铜的人像,既有人身鸟首,也有人首鸟足;人的双眼细长,"凤目"替换了"龙眼"(图1-3)。

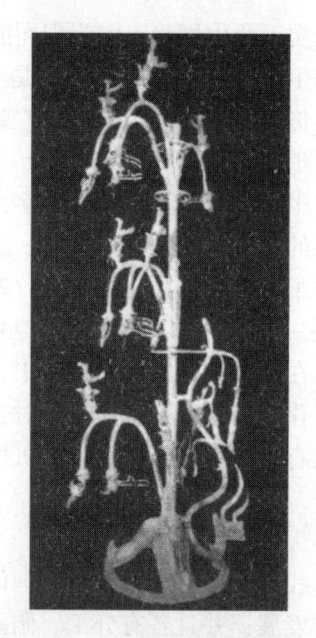

图 1-2　1987年濮阳出土的龙虎蚌塑　　　图 1-3　三星堆青铜神树

　　成都市内的金沙滩遗址也充满着鸟的文化气息，其中一幅金光灿烂的"太阳神鸟"已然成为长江文化中独一无二的形象代表。在长江下游，很久以前在河姆渡古文化遗址中就有玉鸟遗存；青铜时代更有"鸟文"成俗，在青铜器铭文旁就刻有相应数量的单线鸟形图。鸟文化终于在楚地上升到了精神层面，《庄子》的首篇《逍遥游》，用寓言形式讲的第一个故事就是"大鹏展翅"。因此显示出了黄河文化和长江文化在思想价值层面上的差异。

　　在青铜时代晚期，黄河文化的轴心之地形成了一个儒家学术的群体，其核心价值观是"仁义"，被后人分别尊为圣人、亚圣的孔子、孟子是这一群体的思想代表。长江文化的轴心之地形成了另一个形式松散、思想深邃的学术群体，其核心价值观是"自然"，被后人尊为道家始祖的老子、庄子是这一群体的思想代表。在《庄子》中有这样一则寓言故事："泉涸，鱼相与处于陆，相呴以湿，相濡以沫，不如相忘于江湖。"其实这是孔子向老子"语仁义"时，老子给孔子讲的故事。这短短的23个字讲明了长江文化和黄河文化在思想价值层面上的不同。长江文化主张的生存愿景是"相忘于江湖"：忘掉仁义，无须关怀，是因为所有人都生活在最适合生存的环境里，是主动地去开拓生存环境。黄河文化主张的生存愿景是"相濡以沫"：当灭顶之灾到来时，将一线生存的希望留给其他的人，"仁义"关怀可以说达到了极致，是被动地应对生存环境。汉武帝看中了"相濡以沫"对于维持社会稳定、保护既得利益的功能作用，所以决定"独尊儒术"。"相濡以沫"是最核心之术，这一点是毋庸置疑的。矛盾的一方既然已占据了主要地位，那么矛盾的另一方，即"相忘于江湖"的思想价值观，被边缘化也就成为必然。从此，黄河文化就发展为中国文化的重心了。

(三) 包容性的文化

海纳百川是中国文化最大的特征，是直到今天还让人们有些费解的特征，但也是中国文化不断进步、不断发展的根本原因。我们承认文化有冲突，不同的民族、不同的载体、不同族群的文化之间充满着竞争、交流、融合与淘汰。各种文明对待冲突的办法与手段各式各样，但中国解决冲突的办法是好的：文化可以融合。中国传统文化是中国各民族人民共同创造的结果，同时也吸收了优秀的外来文化。中国传统文化在自身的发展过程中，从不抱残守缺、故步自封，它善于学习各种文化的长处，又能加以消化吸收、丰富自己。

第一，中国文化具有极强的同化力。外来文化在进入到了中国以后，大多数都会被逐渐地"中国化"，与中国文化融合，并成为其有机的组成部分。其中佛教这种外来文化的"中国化"过程最具代表性。自西汉佛教传到中国以后，历经了魏、晋、南北朝、隋、唐朝，渐渐地走向了鼎盛。在佛教流传的过程中，来自印度文化中的佛教思想与中国传统文化的精神成果互相融合、贯通，在唐代终于相继地形成了中国佛教的四大宗派。其中，禅宗被称为"本地风光"，自觉地与儒家思想和道家思想融为了一体，特别适合中国人的民族心理。从佛教逐步"中国化"的过程看，中国文化在数千年来始终保持着自己的主导地位，没有被外来文化的冲击所瓦解；同时它也在吸收外来文化成果的基础上，不断地发展着自身。

第二，中国文化具有极强的融合力。中国是一个多民族的统一国家，在数千年文化发展的过程中，各民族人民都在共同地和谐发展。汉族在中国人口中占大多数，汉族文化也是中国文化中非常重要的组成部分，但是中国各少数民族的文化同样也对传统文化的形成和发展做出了杰出的贡献。汉族和各少数民族文化之间的互相融合与共同发展使得中国传统文化达到了一定的高度并且取得了一定的成就。在唐贞观年间，唐太宗把文成公主嫁给了吐蕃赞普松赞干布。这次联姻大大促进了汉藏兄弟民族之间的文化交流和友好交往。藏族的人民向汉族人民学习了先进的耕作、纺织和水利等技术，汉族人民也向藏族人民学习建筑、舞蹈、音乐、工艺美术和宗教、学术思想等。这充分表明，各民族文化的融合使中国传统文化具有了更为强大的生命力。

中国历史就是一部不同民族间冲突、竞争、融合、淘汰的历史，不知道多少个民族和汉族发生过冲突，甚至完全占领了中原大地，最后都被中原的文化所同化，这种现象背后的原因就是中国传统文化的包容性。反观西方，宗教战争在历史上层出不穷，甚至在近年还频频发生。但在中华文化的背景下，这种宗教之间的冲突非常之少，原因就在于中国文化的包容性。

有人会问，既然儒家不是宗教，为什么常常跟佛教、道教列在一起呢？因为儒释道是我国三种最主要的思想，而且儒家虽然不是宗教，但儒家思想有一个很重要的特征就是重视教育，这与佛教、道教教化人的功能颇为相似。所有经得起时间检验的宗教，没有一种是教人作恶的，这样的宗教存在的道理就是教人向善。在教人向善这一点上，不同的思想可以"殊途而同归"。

哈佛大学亨廷顿教授在美国出版的《文明的冲突》一书在西方影响巨大，甚至成为美国外交政策的一个理论基石。书中把阿拉伯文化、中华文化和西方文化看成是势不两立的、互相对抗冲突的不同体。而站在中国文化的立场，我们认为文化是可以融合的，具体而言，中西方的文化是可以融合、沟通的，所以文化学有一种理论叫跨文化沟通。

《易经》说："天下同归而殊途，一致而百虑。"虽然选取的路径不一样，但是强调"同归"。虽然我们穿着的服装、采用的方式、选择的视角可能不尽相同，但最后追求的那个目标在很大程度上是相同的，我们要使人类生活得更加幸福，要使天下更加美丽，要使人们不患那么多的疾病……真正的大学者都不过分强调"异"，而是强调"同"。比如，无论东方还是西方，面对荣誉所表现出来的成就感、面对失败所表现出来的挫折感等人的基本心理反应是相同的，所以东西方之间能沟通、能对话。

二、中国传统文化的观念

中国传统文化是一个完整的价值系统。那么，这种价值系统又是如何体现在每一个人身上的呢？我们可以通过中国传统文化中的各种观念来具体说明。

（一）中国人的人生观

中国传统人生观，内容丰富，源远流长，不仅是中国传统文化中一个极为重要的组成部分，而且是中国传统文化中的精华部分。从中国哲学整体思维特征来看，古代哲学家都从整个宇宙的广阔角度来考察人生，通过把握宇宙发展的规律来确定人生活动的方向和规则。因而中国传统人生观主要体现为"天人合一"。古代哲学家揭示了天人关系的基本模式，在天人之辨中，贬损或弘扬人的主观能动性，也就提供了社会人生、修身处世的不同价值或意义指向。

在中国传统文化中，所谓"天"是指天地自然万物、世界、最高的神灵主宰和外在必然性以及人的自然本性等多重含义。所谓"人"，则是指人类社会、社会化了的人以及人的主观精神。所谓"合一"则是指互相交织交合、齐等同一，亦即此中有彼、彼此渗透交融、物我一体的状态。正是在这种认识背景下，中国文化合乎逻辑地规定了天人合一的基本内涵。

人和人类与大自然的同体与共、亲和互融，亦即人类与自然的合一。

首先，古人将自然和人类看成一个大的生命整体，在这一生命整体内部的万事万物互相联系、互相渗透、相互感应、相互贯通，这个"相通"的基点便是生命以及生命的特性。

其次，人与自然世界的合一，还表现在人与自然的和谐共处上。对当今全球来说，与自然和谐相处，"绿色"意识，从自然科学家到人文科学家再到政治家最后到全社会，为日益众多的人所接受，新的与自然、动物、植物和谐相处的观念的深入和普及程度，已经成为一个国家、一个民族和一个地区文明发展程度的重要标志，而在中国传统文化中，这种观念则早已深入人心。儒家由天及人，从效法以仁生物的天地精神出发，提出了以仁为人之本，以仁为人间道德基石的大厦这一思想。而这一思想的必然结果便是人要推己及天。

人的意志、品格、情操和理想等与自然规律的同体与共、亲和互融，亦即人道与天道的合一。天道和人道的合一，在中国文化的天人理想设定中被描绘为多个层面。

首先，作为普遍人格要求的天道与人道的合一，是真诚与良心的合一。

其次，作为普遍人格要求的天道和人道的合一，还体现为公正和善良的合一。在中国文化的视野中，"天"必须是公道、正义的象征，否则"天"就将不成其为"天"了，世界也将失去法则。

再次，天道与人道的合一，还具体表现为永恒与虚静的合一。"天"是如此之高远、宁静，又是那么永恒而澄澈，于是以天为范的中国文化便由此"天道"中发现了与之相适应的"人道"。它对应于一种虚静、空灵的人生态度和生活方式。"天长地久，天地所以能长久者，以其不自生，故能长生。"（《老子》第七章）"天"之长生永恒就是这样，召唤着在人世间心力交瘁的灵魂，召唤着生活途中被命运无常所折磨的人们……

最后，天道和人道之合一，还体现为秩序和使命的合一、生命和体验的合一。

在中国古人看来，太阳的东升西落，潮汐的夕涨晨消，草木的春生、夏长、秋黄、冬凋，天气的阴晴雨雪，植物的花开花落等，无不是和人一样，都是一种生命现象。这样，放眼大千世界，自然万物莫不有生、莫不有灵。于

是，在这种直观经验的基础上，形成了万物有生、有灵的观念。其最根本的特点在于人把生命或生命的属性，例如思想、情感、意志等赋予无生命的对象，从而使得一切事物都具有与人相似的生命现象。既然万物有生、有灵，都能统一于生命和灵魂这一基点之上，于是，天、人、物、我的相通相合便在直观上成为可能。

总之，既然人是自然的一部分，人性与天道、道德原则与自然规律便应该是一致的。也正因为如此，所以宋儒将道德上的最高追求、认识的最高智能看成天人合一的实现。比如，人们认为天是恒常发展的，因此，"天行健，君子以自强不息"，人应该效法天，在逆境中不悲观，不气馁，安贫乐道，自然会成为君子。再比如天地万物一体，天地以生为大德，人便应以仁爱对待他人与万物，由此可以引申出一系列人道——与人为善，乐于助人，爱生怜生，不暴殄天物等。又比如，天地是自然清纯的，人若以自然天地为法，就要像自然界那样无欲才是君子。如此等等，不一而足。

"天人合一"观的形成和确立，不仅决定了中国文化发展的基本走向和特性，同时也确立了中国文化在处理人与自然关系问题上的实践价值理性。时至今日，当人类面临着全球性的生态危机、环境危机，被人与自然的关系问题搞得无所适从时，再来重新认识、评价、阐释并普及"天人合一"的思想，就不仅只是纯粹的理论研究的兴趣和意愿了，而是一种事关人类生存发展的理性价值抉择的严肃思考，值得我们高度地关注并深入细致地思考。

(二) 中国人的社会观

文化是一种人类现象，而人类只有组成一定的社会结构，才能创造并发展文化。中国文化是依赖以宗法制度为特征的中国传统社会政治结构并在其基础上发展起来的。

所谓宗法，是指一种以血缘关系为基础，标榜尊崇共同祖先，维系亲情，而在宗族内部区分尊卑长幼，并规定继承秩序以及不同地位的宗族成员各自不同的权利和义务的法则。

宗法制度主要包括三个方面的内容：嫡长子继承制、分封制、宗庙祭祀制。

嫡长子继承制就是父亲死后由嫡长子继承一切权利。嫡长子继承制较之兄弟残杀争位，其优点在于定分，即权利早已有所归属。嫡长子继承制是宗法制度的核心。与嫡长子继承制相辅相成的就是分封制。分封制就是把自己的兄弟或亲属封为另一块土地的主人。嫡长子继承制主要是解决嫡长子的继承权问题，分封制主要是解决嫡长子的同母弟，以及其他庶子的权利分配问题。分封制的目的是"封建亲戚，以藩屏周"，即把同姓子弟封为邦国，用血缘关系的纽带把亲属联结起来，成为保护周王室的屏障。

为了加强人们的宗族观念，宗法制度还采取宗庙祭祀的办法，来达到维护宗族团结的目的。宗法的"宗"字中，"宀"表示房顶，"示"表示神位，合起来表示供奉神位的庙宇。所谓宗庙祭祀制，就是为祖宗修建一座祠堂，整个宗族的人定期到祠堂中举行祭祀仪式。通过庄严隆重的祭礼，昭告众人，使嫡长子的地位及其责任得到体现，从而把本族的人们团结起来。

宗法制度以及在不断的演进中从宗法分封制到宗法君主制，构成了中国古代两千余年的家国同构的帝制社会。

我们常说"家有家规，国有国法"，宗法制度就同时起到"家规"和"国法"的作用。《周易》明确指出国家与家庭的关系是："有男女然后有夫妇，有夫妇然后有父子，有父子然后有君臣，有君臣然后有上下。"在古人看来，国家关系不过是家庭关系的延伸而已，家庭不过是家族的代名词，因而"家国同构"成为宗法社会最鲜明的特征。

中国社会结构的宗法制特征，使得中国传统社会观打上了浓重的重伦理重政治的印记。

1. 重伦理

以宗法色彩浓厚和君主专制制度高度发达为主要特征的中国传统社会结构，对中国文化的影响是巨大的。社会的宗法性特征，导致中国文化形成伦理型范式。这种范式所带来的真正价值是使中华民族凝聚力加强，注重道德修养，比较重视人与人之间的温情，成为举世闻名的礼仪之邦；它的负价值是三纲五常的伦理说教，"存理灭欲"的修身养性思想，"非我族类，其心必异"的盲目排外心理等，这些成为中国文化健康发展的障碍。

2. 重政治

中国社会结构的专制性特征，导致中国文化形成政治型范式。这种范式带来的正价值是中华民族的整体观念，国家利益至上的观念，造就了民族心理上的文化认同、文人学士的经世致用思想等；它的负价值是使国人存有严重的服从心态，对权威和权力的迷信、个人自信心的缺乏、文人的影射传统等。

以宗法制为基础的中国社会结构，使得国家家族化，家族政治化，而通过这种政治关系和范式使中国文化一方面重在培养有道德、有修养的理想人格，儒家倡导的"三纲八目"修养论就是典型。同时，伦理型的中国文化已弥散在中国各个方面，孕育了一整套的行为规范，如君惠臣忠、父慈子孝、兄友弟恭、夫义妇顺、朋友存信，成为人们共同遵守的行为准则，并泛化为普遍的社会心理，影响着每一个人的品行和情操。另一方面，这种伦理政治型范式使每

一个人都将自身和国家紧密联系在一起,每一个人的修养最终都落脚到对国家的治理和对国家利益的维护上。中国伦理政治型文化的积极作用是显而易见的,它增强了中华民族的凝聚力,培养了一代代崇尚完善道德、追求远大理想、培养至大至刚浩然之气的先贤君子,使中华民族被赞誉为礼仪之邦而扬名天下。其消极影响是中国伦理道德之中的糟粕,诸如"三纲五常""存理灭欲"的修养论,导致不同政治等级的人群只能安守本分,不能逾越森严的等级规范。因而,宗族等级制的保守性、封闭性、排外性十分突出。另外,中国伦理政治型文化衍生出的官本位、论资排辈、裙带关系等不良观念和风气都影响了中国文化的健康发展。

(三) 中国人的自然观

无须证明,任何文化都有其自然观,并且,自然观还是每种文化最深厚、最基本的构成。因为,一部人类社会的文明史,实际上就是一部人与自然关系不断演变进化的历史。正是在这个意义上,可以说,自然观是构成人类思想文化有机成分的广义上的世界观和人生观。

自然观是人类关于自然界以及人与自然关系的根本看法,即人类对自然的根本认识和态度。这种根本看法的建立,源于人对自然界以及对人与自然关系追寻、探讨的漫长历史过程,其基本方面为:时空、运动、生命、人与自然的关系。因为,唯有这四个因素同时共存,方能构成一个整体和谐、生气灌注的生命世界。

中国传统的自然观有以下几个特点。

一是时间和生命的合一。在中国文化中,时间和生命是联系在一起的,时间有时甚至成了生命的节奏、生命的盛衰、生命的过程、人类情感的代名词。可以说,时间意识乃人类独有的东西。换言之,伴随着时间意识的逐渐明确,人类对世间万物的变化,乃至自己的生命才有了更多的认知。春夏秋冬四时不仅作为天文历法的重要依据,同时与人类社会的道德、宗教、哲学乃至制度联系在一起。人们说效法天地,而四时就是天地精神的最好体现者。《周礼》在自然中设有六部,分别为天官、地官、春官、夏官、秋官、冬官,视四时有天地之功,同时又能向人们昭示天地的消息。比如中国人认为四时和人的体气是对应的。每一季随着天气的变化,人的体气也相应变化:春天,阳气初布,发挥通畅,人体阳气始升,此时宜夜卧早起,广步于庭;夏天,阳气极盛,万物繁茂,人不宜过怒,以免伤气;秋天,阴气初起,人要收敛神气,注重"收养之道";冬天,阴气极盛,万物闭藏,人也要有"藏之道"。

二是时间和空间的不可分性,即时空合一。放眼东西方文化,就时空合一观而言，无论在广度和深度上，都属中国为最。同时，这种宇宙观也随着历史的发展而发展，成为我们民族传统文化的重要组成部分，并对后代活动产生了深远的影响。最能体现中国文化时空合一意识的是战国以来形成的四时四方模式。在这里，东方必然和春天联系在一起，南方必然和夏天联系在一起，西方必然和秋天联系在一起，北方必然和冬天联系在一起。大至一年四季，小至一日四时也是如此：日出时属东方，日中时属南方，日落时属西方，夜晚属北方。这种时空的简单对举是中国古代时空合一观的最清晰朴素的说明。在时空二者之间，时间占有更加突出的位置。时空合一、以时统空的时空意识具有潜在的审美价值。它追求宙合天地之妙，反映了中国人以生命为中心的独特意识。时空在心理上统合为生命体，这是具有美学韵味的统一体。中国文学艺术讲究的气韵生动、神与物游、意境等无不源于此。

  三是对无限永恒的追寻。在中国文化中，无限被视为宇宙存在的一种状态。宇宙是一个总括一切的名词。万事万物，所有种种，总合为一，谓之宇宙。宇宙从空间上看是无限广大、无边无际的。无限被视为天上、地下存在的一种状态。"九州""中国""四海""天下"在古代是很有弹性的概念，但大致都是指中国的疆域。和对宇宙之无限的认识一样，对中国疆域的认识也贯穿着无限的眼光。在中国文化中，天地万物被视作一个充满活力和生机的、和谐统一的有机生命体。这个生命体不断地生长、运动、死灭和发展，处在瞬息万变之中。"道生一，一生二，二生三，三生万物。"生是一种遍及万物、充满宇宙的普遍存在，它运转不息："天行健，君子以自强不息。"天之行，乃生命之行，它是刚健的，无处不在，无时不有，遍及宇宙，统摄着宇宙。中国文学之所以会有《离骚》中上下求索、往返天地人三界，寻求于灵界、仙界和天界的艺术境界，都是与中国文化对无限的推崇和向往一脉相承的。

第三节　中国传统文化的地理环境与社会环境

  中国传统文化的最大特征就是博大精深。博大是指《周易》所说的"弥纶天地"，无所不包；精深是指传统文化的每一领域、每一方面都有一套精细的理论，渗透着中国人的哲理和智慧。为什么在中国会产生这样的传统文化呢？究其原因，除了外来文化的影响之外，中国传统社会政治经济结构及其所处的自然环境对传统文化的形成起着至关重要的作用。

一、中国传统文化的地理环境

自然环境不是文化得以产生和发展的唯一因素，然而在诸多因素中，它的影响之大却是不可否认的，而且时代愈久远，作用就愈明显。特别是人类文明早期，生产力低下，当时的人们在强大的自然界面前几乎是无能为力的。因而，古代文化最容易成长在气候适宜、土地肥沃、水利资源丰富、周围具有天然屏障可作保卫的自然环境之中。

对于古代文化的产生而言，适宜的气候条件至关重要。我国的气候条件可谓得天独厚。以文明发达较早的中原一带为例，这里地处北纬35度左右的北温带，广大领土在北回归线与北极圈之间，故所得阳光照射较热带为少，较寒带为多。从总体上看，中国既不像热带那样炎热，又不像寒带那样酷寒，同时西高东低、呈阶梯状伸入大海的地势，为海洋湿润空气深入内地提供了便利的条件。素有古代文明摇篮之称的黄河流域地处暖温带半湿润地区，春、夏、秋、冬四季分明，既有春、秋两季的温暖，又有冬、夏两季的酷烈。如果说前者有利于农作物的生长，那么后者则有利于培养中华民族自强不息、与自然抗争的拼搏精神。

在过去，尤其古代，河流对于发展社会经济和文化具有举足轻重的作用。黄河是中国文化最早的发祥地，流域面积达75.24万平方千米，是我国伟大的母亲河。经考古发现，黄河流域的远古文化相当丰富。河北武安磁山文化遗址和河南新郑裴李岗文化遗址是距今8000年左右的中原文化。由于黄河不仅有数千千米主流，而且支流众多，纵横交错，犹如神州大地上的根根血脉，所以先秦文化往往产生于各条支流、支流沿岸以及支流与黄河主干道形成的三角区域。例如，夏文化发祥于河南西部之伊水、洛水沿岸及流入黄河三角区；殷文化发祥于河南安阳之漳水、洹水沿岸及流入黄河三角区；周文化发祥于陕西东部之渭水两岸及流入黄河三角区。周秦以后，长江流域日渐发达，与黄河流域一起形成了中国古代文化。

中华民族是典型的大陆民族。所居之处，三面环陆，一面临海。古代的中外交通极其困难，中国不仅因为大海之隔难以同西方世界交往，也因为崇山峻岭和茫茫沙海所阻而很难联系身旁的陆地邻邦。东部固然有漫长的海岸线，但它所面临的是太平洋。太平洋茫无涯际，在遥远的古代，无疑是设在中国东部的一道极难逾越的天然障碍。由于是典型的大陆民族，四周环境几乎同外界隔绝，而内部却有较大回旋余地，所以中华民族在文化心理上具有一定的封闭性。譬如视觉所及者，从万里长城，到城中之城的故宫，乃至自成一统的中国北方四合院，无一不是这一特征的形象注释。

二、中国传统文化的社会环境

（一）中国古代的早期农耕文化

中国传统文化有着上万年的历史，中国古代传统的社会生产经济形态是农耕经济。中国传统文化最深厚的经济基础在于农业。农业给古老的中华民族提供了基本的衣食之源，创造了相应的文化环境，规定了特定的政治道路，同时还影响了中国传统的畜牧业、手工业和商业的发展面貌。

农业的产生以人工驯化动物和栽培植物为最初契机和根本标志。关于世界范围内农业作物的原生产地（仅就高粱、小麦、大麦、水稻、粟、稷、玉米等几种主要粮食作物的原生产地来说），现有的研究结果表明，只有中北非洲、西亚、中国和中美洲这四个地区。其中，非洲是高粱的原生产地，西亚是小麦和大麦的原生产地，中国是水稻、粟和黍的原生产地，中美洲是玉米的原生产地。

关于中国农业的起源，我国古籍中保留着种种传说，有的说神农氏发明农业，有的说烈山氏或炎帝之子柱发明了农业，有的说周人的先祖弃发明了农业，而司马迁则在《史记·五帝本纪》中说黄帝"时播百谷草木，淳化鸟兽虫蛾"，认为是黄帝发明了农业。当代考古学研究成果表明，农业在我国的发生，是距今10000年以前新石器时代到来之际的事情，这项伟大的发明并不是某一地区、某位英雄人物的功劳。大体说来，居住于长江中下游一带的南方远古先民，是水田稻作农业的发明者，居住于黄河中下游和辽河上中游一带的北方远古先民，则是粟、黍等旱地农作物栽培的发明者。

近年在湖南道县玉蟾岩、江西万年仙人洞和吊桶环新石器时代早期文化遗址，都发现了距今10000年左右的野生稻和人工栽培稻共存的文化现象，有关研究者认为，这是目前所知世界上年代最早的人工驯化稻类的文化遗迹。① 到了距今8000年前后的彭头山文化时期，稻类作物的驯化与栽培似有进一步发展迹象。如在湖南彭头山遗址和八十垱遗址中，都曾发现古栽培稻的实物遗存。② 江苏高邮龙虬庄遗址的考古发掘材料则确切地证明，至迟在距今5500年以前，水稻的驯化过程已经在中国的南方最终完成。当时，栽培水稻已经成

---

① 严文明. 新石器时代考古三题［M］. 北京：科学出版社，2000.
② 湖南省文物考古研究所. 湖南澧县八十垱新石器时代早期遗址发掘简报［J］. 文物，1996，(12).

为江淮一带史前居民的基本生业方式内容。①

旱地粟作农业在中国北方地区的发生似乎要更早一些。20世纪70年代，在河北武安磁山遗址发现的近百个储粮窖穴中，遗有大量灰化谷物，发掘者认为属于人工栽培的粟类遗迹。据测算，其腐朽之前的重量可达10万斤以上。② 这种情况表明，早在距今8000年以前，北方地区的粟作农业就已经远远超越了初始发展阶段。2003年，内蒙古兴隆沟遗址兴隆洼文化房址居住面和堆积层中发现了一千五百余粒碳化谷物标本，这是目前世界范围内发现的年代最早的粟类谷物颗粒实物遗存。经鉴定，这些谷物包括黍和粟两种人工栽培植物遗存。其中，黍的比例占90%，粟占10%。③ 据有关农学研究成果，粟和黍类植物与其他栽培作物相比，具有根系发达，吸收水分能力强，而发芽时所需水分较少和生长期偏短的特点，适合在我国北方气候干旱而寒冷的地区生长。无独有偶，在沈阳新乐文化遗址，也曾发现有年代稍晚的人工栽培黍类作物遗存。因此，有理由认为，辽海地区是世界上最早栽培黍、粟类农业作物的中心区域之一。④

农业的发生和发展直接促进了社会其他经济门类的快速发展。特别是手工业，发展成果最为显著，其突出标志是：第一，铜器的发明使神州大地上从此出现了金属冶铸业，促使铜石并用时代的到来；第二，快轮制陶技术的普遍应用极大地提高了社会生产力和人们的社会生活水平；第三，养蚕缫丝和手工纺织业的进一步发展使人们的社会物质生活和精神生活面貌大为改观；第四，制玉、漆器、建筑各业的大发展进一步扩大了社会分工，同时也导致社会分化的加速发展。

到了距今四五千年以前的时候，随着各地农业的发展和社会的进步，在经济利益的驱动下，人们为了实现对财富的占有和需求，在商业手段之外，往往借助武力掠夺，中国历史由此进入了传说中的英雄时代。规模巨大、延绵不断的战争，在客观上促进了各地经济、文化的交融，促使考古学古文化区域的重新改组和分布。另一方面，此间由于受到气候环境变化的影响和黄河中下游一带的中原地区优越的自然地理条件的吸引，促使周边各地，包括江南一带的古文化纷纷向中原内聚的历史趋向发生，这就是夏、商、周三代文明大国出现的

---

① 龙虬庄遗址考古队. 龙虬庄：江淮东部新石器时代遗址考古发掘报告 [M]. 北京：科学出版社，1999.
② 河北省文物管理处、邯郸市文物保管所. 河北武安磁山遗址 [J]. 考古学报，1981.
③ 中国社会科学院考古所内蒙古第一工作队. 内蒙古赤峰市兴隆沟聚落遗址2002至2003年的发掘 [J]. 考古，2004，(7).
④ 赵志军. 探寻中国北方旱作农业起源的新线索 [J]. 中国文物报，2004，(11).

深厚历史背景。夏、商、周三代灿烂夺目的农业文明为中国传统文化的发展打上了最为深重的底色。

(二)"三代"以来农耕文明与牧业文明的分野

由于中国幅员辽阔，地理、气候环境复杂多样，加之其他原因，使得早期农耕文化在起源和发展过程中表现出诸多土著文化互立并存，并相互吸收邻区文化因素共同发展的历史特征。大约在距今5000—4000年之间，在环绕黄土高原的东起大兴安岭东南麓，北以阴山以北为界，西抵河湟地区再折向南方，沿青藏高原东部直抵云南西北部这一广阔的半月形地带，气候环境发生了由暖湿向凉干的转变。受此影响，一方面这一地带传统的农耕人口纷纷向以黄河中下游一带的中原地区为中心的中国东南部内聚；另一方面，这一广阔地带的产业结构发生了由原来以农耕为主的经济类型向后期以游牧射猎为主的经济类型的转变。从此逐渐出现了我国历史上长城地带以南的农耕区域、长城地带以北、以西的游牧区域的分野。[①] 从夏、商、周三代时起，我国的历史发展，始终表现为东南农耕文明与西北游牧文明并立互存、相互影响、相互交融的历史。

关于历史上中国农耕区域与游牧区域的分界线，据历史文献记载，大体情况是：在华北一带，是长城沿线。《后汉书·乌桓鲜卑列传》载东汉蔡邕语曰："天设山河，秦筑长城，汉起塞垣，所以别内外，异殊俗也。"在西北地区，约在渭水上游的天水一带。西汉张衡《西京赋》："右有陇坻之隘，隔阂华戎。"在西南地区，则在成都平原西北的岷山一带。明王元正咏岷山诗曰："百灵擘断昆仑山，移来坤维参井间，内作金城障三蜀，外列碉碉居百蛮。"[②]

这里值得特别强调的是：第一，在中国历史上，农耕文明的出现要早于牧业文明，这是世界文明发展史的通例。第二，农耕经济区域和游牧经济区域之间界限的形成，周边地带早期农耕人和后期游牧人口向中原地带长期内聚的主要原因是环境、气候条件的变化。历史上周边游牧人口，特别是中国北方民族因气候周期性变冷造成的多次南徙波动，并非出于游牧民族的侵略成性。第三，农耕经济区与周边游牧经济区之间的界限并非长期不变，而是随着气候环境的周期性冷暖变化而内外波动。而这两大经济区域之间，从来就存在着一种密切的互补关系，人为地阻碍这种关系就会造成对产业正常发展的阻碍。

---

① 童恩正．试论我国从东北至西南的边地半月形文化传播带 [A]．//文物与考古论集 [C]．北京：文物出版社，1986．
② 同治朝《理番厅志》卷5．

（三）周边游牧文化与中原农耕文化的冲突与融合

农耕与游牧这两种不同的经济类型一旦形成并出现区别，农业民族与牧业民族之间的对立和冲突也就不可避免了。夏商周三代，中原王朝与周边游牧民族的冲突可谓史不绝书。殷商后期的甲骨卜辞中载有北伐鬼方、西伐羌方的记录。①西周时，中原王朝与北方民族的冲突日益激烈，据《小盂鼎》铭文，康王在位期间（约公元前1079—前1053），鬼方与周人发生了一次大规模武装冲突，结果周人大败鬼方，俘获12000余人，包括四名酋长，所得车马牛羊数量巨大。穆王以后，猃狁成为西周北边的严重威胁，所谓"靡室靡家，猃狁之故；不遑启居，猃狁之故"②。宣王时，由于猃狁之患日益严重，宣王不得不亲自出征，"以匡王国"③。至西周末年，西北犬戎势力的壮大，最终导致了西周王室的倾覆和政权的东迁。

春秋战国之际，游牧民族环绕中原诸国自西而北的分布情况是："自陇以西有绵诸、绲戎、翟、獂之戎；岐、梁山、泾、漆之北有义渠、大荔、乌氏、朐衍之戎；而晋北有林胡、楼烦之戎；燕北有东胡、山戎。"④战国前期，以西辽河流域为活动中心的东胡成为强盛一时的北方霸主，西迫匈奴，南压燕境。为防范东胡，燕国在与东胡接壤的边境线上，西起造阳（今河北怀来，又说赤城），东至襄平（今辽宁辽阳），修筑了一条工程浩大的防御工事。从此，中国南北之间，出现了人为的长城界限。战国晚期，匈奴继东胡之后，崛起于北方草原，秦、赵等国为了阻止匈奴南下，也仿照燕国在边境上修筑长城。秦朝统一山东六国，把秦、赵、燕三国旧长城连为一体，于是，中原农耕民族与北方游牧民族之间出现了万里长城。

秦汉之际，长城以南的农耕民族建立起统一的、多民族帝制国家，与此同时，长城以北的匈奴也东并东胡，西逐月氏，建立了一个东起大兴安岭山脉，西达阿尔泰山与额尔齐斯河，北越贝加尔湖这样一个东西万余里、北数千里的统一多民族的匈奴汗国。中国历史由此出现了中原农耕帝国与北方游牧政权长期并存互峙的局面。

秦汉以后，长城沿线地带不仅是农耕民族与游牧民族长期对垒的界标，同时也是二者之间通过战争、迁徙、和亲、互市等中介形式，实行经济互补和文

---

① 李学勤. 殷代地理简论 [M]. 北京：科学出版社，1959.
② 《诗经·小雅·采薇》.
③ 《诗经·小雅·六月》.
④ 《史记·匈奴列传》.

化融合的纽带。一方面，由于社会经济发展相对落后的北方游牧民族周期性的南下和一次次的逐鹿中原，固然要给中原农耕区带来痛苦和灾难，使社会生产力出现一次次阶段性的破坏，甚至出现停滞或倒退现象，但相伴而来的还有北方民族那种充满活力的刚劲气质和欧亚大陆的异域文明，这一切都成为中原稳健儒雅的农耕文化的补强剂而被融化吸收，因而使得中国传统文化一次又一次地实现变异更新，长期保持其强大的生命活力。另一方面，游牧民族周期性地内聚和入主中原，在先进优裕的农耕文化氛围中，反而"为被征服者所同化"①。如历史上的匈奴、鲜卑、羯、氐、羌、回纥、沙陀、契丹、女真、蒙古、满族先后建立起来的北方政权乃至统一全国的盛大王朝，虽然都保留有诸多鲜明的本民族特点，但其基本的政治制度和礼乐文化，无一例外都是建立在中原农耕文化基础之上，这就极大地扩展了中国传统文化的传播范围。

总之，农耕文化与游牧文化作为中国两种最基本的经济类型，是中华文化、中华文明得以不断发展壮大的源泉，在长达数千年的漫长历史发展过程中，相互撞击、相互补充、相互融合，最终铸就了中华民族经久不衰地内聚伟力。

三、中国社会政治环境下的传统文化定势

君主专制官僚体制在中国古代的长期稳定发展，直接影响政治文化，使其产生固有的定势，形成以"圣王"为中心，政治与道德相率以行的传统。主要有以下几种思想表现：

（一）君势王权

古代国家治理，在西周及其以前，大体属于"人治"时期。在"家国同构"的实体中，阶级之间存在严重的人身依附关系，宗法即国家之法，没有相应的官僚行政机构，治国犹如治家。因此，政治的关键，完全在于"方策"，以某人的战略思想为主，"其人存，则其政举；其人亡，则其政息"②。秦以后，国家政治保持同态形式，即"二千年来之政，秦政也；二千年来之学，荀学也"。其中包含两层意义：一是反映在政治体制的形式和内容上，是"法治"；一是反映在统治思想和方法上，是"人治"。

"人治"和"法治"，在中世纪及其以前的西方国家是前后相续的治国方式，在秦以后的古代中国却是一种混合的形态。它以法的形式规定了中国古代

---

① 马克思恩格斯全集（第20卷）[C]．北京：人民出版社，1971．
② 《礼记·中庸》第二十章．

政治体制的构造，以完备的行政机构取代了"家即国"的原始形式。即使是在儒家思想处于"独尊"之时，其政制却始终不避"名儒实法"，这是"法治"的具体表现。但这里所说的"法治"并非近代西方康德、施泰因等人提出的"法治"主义，而是以君主威势（"人治"的表现）为中心，法律建筑在义务而非权利之上的治国方略大纲①。这是一种维护"君势王权"的法治，其要旨是治下而不治上，目的是巩固尊卑等级秩序和君主专制。在君主法制形成的氛围中，普通人的权利意识逐渐淡化，从伦理的范围辨别善恶甚于从法的角度考虑是非。

（二）治德与治心

君主法治的中心是"人治"，这是古代政治与道德合一的前提之一。人治有两个思想标准，一是治德，二是治心。治德即德化，是政治道德的治人和治于人之道。它要求君主应具备道德条件，然后才能从事王者的事业，扩大到整个统治阶层，则要求通过主体的德行修养，在为人、待人和治人上尽力维护封建"和谐"的秩序。"治心"在封建社会里带有很明显的理想化倾向，能否实现无关紧要，重要的是利用德治感化民心："道之以德，齐之以礼，（民）有耻且格"②，利用道德的内约和伦理的外约，使民顺"善"从"良"，恪守纲常，这是"治心"的内涵。可见，在君主专制基础上的人治，重点在于"治民"，而不在"治官""治政"。但由于"治德"与"治心"概念的推广，再经过哲人从本体、人性等方面进行诠释和演绎，客观上促进了道德文化和传统的发展。

（三）"民为邦本"③

"民"是国家之本，无民作为基础，君主无所立。因此，中国传统文化中的重民思想相当突出，形成独特的"民本"思想。"民本"包含两种认识：一种是民本从周代开始与"神本"分离，人的地位不断上升，终居本位之所；相反，对"神"的认识不断模糊，因此，中国传统中不具备彻底的宗教信仰。另一种是滥觞于先秦的君与民分离，如"民为贵，社稷次之，君为轻"④，即

---

① 吴经熊. 中国法律与政治哲学 [A].//刘小枫. 中国文化的特质 [C]. 北京：三联书店，1990.
② 《论语·为政》.
③ 《孟子·尽心下》.
④ 《孟子·尽心下》.

国家的安危在于民心向背，君主要重视这一点，将本身利害放在这一前提下来考虑"民贵君轻"。这种民本认识是"重民"思想的主要来源。在地主制经济为主导的时代，民是赋税的人格化和徭役的负担者，这又强化了"重民"的认识。应该看到，"重民"并不包含对作为个人的民和作为类的民的权利的尊重，在中国古代传统中，甚至没有关于民的权利的观念与规定。因此，在重民思想的核心中，民是被动的，重民的主体是君主和圣贤，最终目的还是保持国家整体的平衡，保证君主专制制度的长存。

官僚体制是中国封建社会的主要控制系统，其功能主要在于不断调节由经济、政治和社会结构组成的系统的均衡状态。为了能使官僚体制正常运转，君主专制成为一种机制。可以说，君主专制是当时地主经济和社会关系共同作用的产物。维护君主专制，导致官僚政治与意识形态的一体化，其结果是孕育出中国以儒家为主的独特的政治文化，文化的整体状态和各子系统的构成也无不受其深刻影响。

第四节　"一带一路"倡议及其对中国传统文化发展的意义

2013年习近平同志提出建设"丝绸之路经济带"设想，在此基础上又提出了"21世纪海上丝绸之路"的倡议，强调沿线各省市要打造互利共赢的"利益共同体"以及共同发展繁荣的"命运共同体"。在这样的背景下，进行深入研究中国文化"走出去"问题及策略，不仅可以为构建我国新时期对外文化战略提供借鉴，也有助于改善我国文化影响力，还会提升我国的文化软实力。

一、"一带一路"对中国传统文化发展的意义

"一带一路"不仅是经济倡议，又是文化倡议。"一带一路"顺应世界多元化和经济全球化的潮流，致力于维护全球自由贸易体系以及开放型世界经济，主要意图在促进经济要素有序进行自由流动、整合资源和深入结合市场，推动沿线各国开展大范围的、高水平的、更深层次的地域合作，共同致力于实施包容、互利共赢的经济合作方针。2016年文化部正式宣布《文化部"一带一路"文化发展行动计划（2016—2020年）》，致力于加强中国与"一带一路"沿线国家和地区的文明互相学习沟通与各国人民心心相通，切实推动文

化沟通、文化交流、文化贸易创新与发展，树立和完善文化产业全球化合作机制，促进各个国家、各地区文化产业互帮互补、共同发展。

"一带一路"为中国文化发展开辟了广阔的全球化市场。要想文化"走出去"，首先要把文化产品推出去，产品的供应又取决于文化市场的需求。中国文化所讲的"走出去"从来不是"走入"某一个国家或地区，而是要面向全世界。"一带一路"提倡沿线各国人民团结在一起，共同发展，相互学习，大同小异，不断完善文化产品的市场进入机制，逐步消除文化进出口的阻碍，不断优化文化产业体系方针，共同促进人类文明繁荣进步。"一带一路"为中国文化发展提出了新的要求。"一带一路"倡议是一项长期、复杂并且艰巨的系统工程，为中国经济发展提供了良好的历史机遇，但同时又肩负着战略带来的挑战。在新的严峻形势下，中国的文化发展应当掌握规律性，利用现有资源不断发展，开拓创新，注重中国传统文化与现代文化相融合方针政策，强调全球文化互相交流合作机制的探索与开发，促进经济、政治等各领域的合作共赢、互惠互利。

二、"一路一带"倡议下发展中国传统文化的途径

当前，中国文化所讲的"走出去"只停留在表面，几乎忽视其深层价值的输出。

目前，在对各国的宣传中，中国文化"走出去"大多数集中在文化的表层意义上，无法让国外受众认识中国深厚的文化底蕴，其根本原因在于忽视了中国文化深层次核心价值观念的输出。

中华民族5000年的文明史孕育了博大精深的古代文化，现代的中国更是与时俱进，不断融合传统与现代，不断丰富着中国文化的内涵。

党的十八大提出的社会主义核心价值观二十四字，即是对社会主义核心价值体系和中华民族5000年的文化史的最新诠释。中国文化的"走出去"不仅仅是文字表面的意思，更应注重中国文化深层价值观，让中国原创文化流向国外。文化品牌承载了众多意义，比如企业文化、经营理念、价值追求以及消费者态度，文化品牌也体现了文化产业的核心竞争力和一个国家的文化软实力。然而，许多中国企业的品牌意识淡薄，缺少文化品牌意识，产业体系不健全。企业大多注重由规模扩张带来的经济效益，却忽视精心打造特色优势品牌所带来的长远的国际竞争力。

因此，企业应该全力推动产品向文化品牌转变，把树立品牌经济作为适应

当前状况、引领新常态的重要方向。

　　由于缺乏有专门文化知识的双语人才，中国文化对外宣传的效果并不是很理想。语言是人与人之间沟通的桥梁，是任何文化交流活动必不可少的枢纽。在国际文化传播的全球化语言环境中，外语人才是决定跨文化交流成败的重要因素。中国高等教育的大众化进程持续加深，外语人才尤其是英语通用语人才的普及率大大上升。然而，大多数外语人才的口语实际沟通能力较弱，具有专门文化知识的双语营销人才、管理人才严重缺乏。

第二章
历史视野下中国传统文化的开放与交流

第一节 中国传统文化的发展与变迁

中国传统文化犹如一幅多姿多彩的画卷，当面对和凝视这幅画卷时，我们不仅为它的广博内涵所吸引，而且还会有很多的疑惑。它是如何产生的？它为什么会有如此绚丽和精深的层面？真的想去探究它吗？那就让我们一起走进民族文化的历史长河吧！

一、中国传统文化从萌芽走向百家争鸣时期

同世界其他古老的民族一样，中国文化从孕育产生到逐步走向成熟，经历了一个漫长而曲折的发展过程。先秦时期，从夏商立国到战国，这是中国文化的真正开始。中国文化孕育发端于上古时期，形态初具于殷商西周时期。到了春秋战国时期，百家争鸣的文化现象揭开了中国文化史上最光彩夺目的篇章，为中国文化的发展奠定了基石。自此以后，诸子的学术思想，师承流变，影响中国文化几千年。

（一）上古——中国传统文化的摇篮

所谓文化是指和自然相对立的人文化。人和自然，既是对立的，又是统一的。人类在适应与改造环境的实践中，既改造了自身，又创造了许多文化成果。从某种意义上讲，中国文化的起源与中国人的起源是紧紧相连在一起的，

可以说，有了人就有了文化。

可是，中国人是从哪里来的？更进一步地问，人是从哪里来的？我们的祖先曾经为这千古之谜感到深深的困惑。但是他们百思不得其解，只得借助想象，构造许多美妙的神话传说来回答自己并流传给子孙。在《艺文类聚》中有这样的记载：

天地混沌如鸡子，盘古生其中。万八千岁，天地开辟，阳清为天，阴浊为地，盘古在其中，一日九变。神于天，圣于地。天日高一丈，地日厚一丈，盘古日长一丈。如此万八千岁，天数极高，地数极深，盘古极长。后乃有三皇。数起于一，立于三，成于五，盛于七，处于九，故天去地九万里。

不仅如此，盘古还创造了世间的万物：他的头化作了高山，四肢化成了擎天之柱，眼睛变成太阳和月亮，血液变成了流淌的江河，毛发肌肤都变成了各种花草，呼吸变成了风，喊声变成了雷，泪水变成了甘霖的雨露滋润着广阔的大地。

《风俗通》中记载了女娲造人的故事：

俗说天地开辟，未有人民，女娲抟黄土作人。剧务，力不暇供，乃引绳絚于泥中，举以为人。故富贵者，黄土人；贫贱凡庸者，絚人也。

人总会死去，为免除无休止的造人劳作之苦，女娲又把男人和女人配合起来，让他们自己去繁衍后代。"女娲祷神祠祈而为女媒，因置婚姻。"今天看来，这些瑰丽的传说试图解答中华民族乃至人类起源的奥秘，不过是一种原始人的想象而已。

众所周知，人类的起源大体分为猿人、古人、新人三个阶段。考古学证实，人类起源发展的三个阶段，在我国都完整地存在过。早在约170万年前的元谋猿人是迄今所知中国境内最早的原始人类，后来演变为蓝田猿人、北京猿人、丁村人、山顶洞人……在漫长的历史长河中完成了从猿至人的转变，而在这个转变的过程中也就产生了文化。

"人猿相揖别，只几个石头磨过"，人类的文化史与人类的形成史同步。中华文化是从旧石器时代开始慢慢发展起来的。在这一时代，中华先民在非常困苦的条件下，以石器作研磨敲打，演奏出中华文化史诗的前奏。他们那时所能简便、大量、直接利用的自然物只有坚硬的石块。在近百万年实践的启发、训练下，他们学会运用碰砧、打击、刮削等方法，对石块进行简单的加工，使其成为实用的工具。在考古学上将这一时期称为旧石器时代。

火的使用是旧石器时代先民的一项伟大文化创造，具有划时代的意义，恩格斯曾称用火是"第一次使人支配了一种自然力，从而最终把人同动物界分开"。在中国神话传说中，取火技术的发明权有不同的记载，有时记在"伏

羲"名下，有时记在"燧人氏"名下，有时又把其归功于"黄帝"。这种现象正反映了原始初民是经过了广泛的、多渠道的实践才发明出取火技术的文化史的本来面目。伴随着人们制造石器工艺水平的提高，磨制出的较精致石器逐渐替代了打制的相对较粗糙的石器。

从距今7000年开始，中华先民进入了新石器时代。著名的新石器文化遗址有很多，例如河南仰韶文化、山东大汶口文化和龙山文化，还有辽宁红山文化、浙江良渚文化等。

与旧石器时代物质文化领域相比，新石器时代的重大革命中成为首要生产门类的是农业、畜牧业取代采集、狩猎。农业的起源就是在人们长期的采集活动中发现了植物生长的周期性规律，因此开始了人工种植一些可供食用的野生植物。农耕初为孩童的儿戏之作，后来才成为专门产业。中华文化的农业基础从新石器时代便开始铺垫。

在一切文化悄然生长的同时，随着中华民族的多元组成，中华文化也随之逐渐呈现出多元分布的状态，"华夏民族，非一族所成。太古以来，诸族错居，接触交通，各去小异而大同，渐化合以成一族之形，后世所谓诸夏是也"（梁启超《饮冰室合集》）。黄帝便成为中华民族共同祭奠的先祖，华夏集团亦成为中华民族的古老代表了。同时，还有苗蛮和东夷两大部落并存。

东夷集团的活动区域大致位于现在的河南东南部、山东和安徽中部一带。比如与黄帝恶战的蚩尤、凿井的伯益、射日的后羿，还有为舜掌管刑法的皋陶，都是属于这个集团的。

苗蛮集团的主要活动区域位于现在的湖北、湖南、江西一带。大名鼎鼎的伏羲、女娲都属于这个集团。随着生产力的不断发展，私有观念、私有财产的产生，异姓部落各有自己的崇尚和利益，终于导致兄弟同室操戈。

先是华夏集团中黄帝与炎帝的争斗，最后由于炎帝溃败，不得不向东南方转移，渐渐地与东夷和苗蛮集团融合。因此黄帝后来能独自成为华夏集团的代表，这是重要原因之一。炎帝流落东方，其后裔蚩尤，向华夏集团掩杀过来。几经恶战，黄帝抓住蚩尤，在黎山之丘将他处死。蚩尤戴过的枷锁，被掷于大荒之中、宋山之上，那里化为一片火红的枫树林。随后，在华夏集团与苗蛮集团的冲突中，因为华夏集团取得了胜利，所以中原地区比较先进的巫教风俗，也在两湖三湘之地逐渐地流行开来。华夏集团连续性的胜利巩固了其自身在中华民族及其文化多元发生中的主要地位，"华夏"也进而成为中华民族的历史称号。

(二) 周——从神本文化到人本文化的演变

原始社会，最初的原始人开创了如制造简单的生产工具和生活用品的文化活动。后来，随着原始思维的发展，也逐渐形成了原始的宗教观念，如自然崇拜、图腾崇拜、祖先崇拜等。相传黄帝率六兽与炎帝殊死搏斗，六兽分别为熊、罴、貔、貅、䝙、虎。其实此六兽就是指以其为各自图腾的六个氏族。除此之外，还有鱼、鸟、蛙、龟、蛇、猪、马，以及人们发挥想象，想出来的动物如龙、凤等，这些都曾是中华先民所崇拜并奉为本族徽帜的图腾物。但是，这些原始的观念文化尚不具备系统化、理论化的特征，直到殷商西周时期，中国文化的基本形态才逐渐形成。

殷商时代，人们仍然无法回答长久积聚在心中带有世界观性质的重大问题，如命运观念、天命观念等，因而，商人尊神重巫的观念，是在以笼统性、神秘性为特征的原始思维的支配下形成的，这强烈地体现出了神本文化特色。商人观念中的神，地位最高的是"天"或"帝"，将原始人对自然和祖先的崇拜观念在此演化成"天神至上"的观念，将"天"视为宇宙中最高的主宰，并编造"君权神授"的谎言，说"帝立子生商"，意思即上帝派其儿子建立商王朝，商王是根据上帝的命令来统治万民的。因而，"天命神权"成为商统治者尊奉的宗教世界观。例如，卜卦辞有"今二月帝不令雨"，意思是二月不下雨是上帝的命令。

周是兴起于渭水中游的一个古老部落，作为偏处西部的"小邦"，它曾长期附属于商。公元前11世纪周灭商，建立了周朝。周王朝的建立，对于中国文化的发展具有重要意义。

当周取代商之后，为了宣扬自己的正统性，用"天命靡常"作为旗帜。一则警告殷商遗民，要老老实实承认天命已经转移于周人的现实，不要轻易地逆天意而妄动；一则告诫周初统治者，"宜鉴于殷，骏命不易。命之不易，无遏尔躬"。那么如何才能使"靡常"的天命不再转移，永久地照耀周原的沃土呢？仅仅依靠虔诚的供奉和祈祷显然无济于事。因为，殷人在这方面可以说是竭尽了全力，可还是被上天无情地抛弃了。鉴于此，就要从纯宗教的范畴扩展转移到现实政治领域。周人明智地感悟到，要想江山"本支百世""于万斯年"，唯一的途径就在"宜民宜人"的人事努力之中。

周人进而提出"德"的概念，作为统治者"宜民宜人"的立论依据。这反映了周初统治者在借鉴夏亡殷灭的历史的基础上，更加重视了"民心"，认为"天命"虽为重要，但要得到"民心"，就须施行"德政"，因此，他们提出了"敬德保民""以德配天"的思想，显然，这是统治者出于当时政治统治的需要，

第二章 历史视野下中国传统文化的开放与交流

后来则成了儒家主张"德治"的思想渊源。这也能看出周人保民思想的实质就是为了保王，所以保民在当时是比宗天、尚鬼更为急迫的现实课题。应该说"德"的出现在中国文化史上乃至整个中华民族历史上都是里程碑式的标志。这对于中华民族文化心理的建构、文化形象的塑造，都起到基础和骨架的作用，它的主要发明人周公，也因此而成为后世志士仁人心中的偶像。

周代提出"以德配天"的思想以补充修改"天神圣上"论，具有重要的理论意义。这一理论的提出，意味着人可以参与对世界的主宰了，从而改变了人完全屈服于神的状态，无疑是对神的一种限制。这对冲破宗教神学的绝对统治具有思想解放的作用，使人们的认识在由天国转向人间的道路上迈出了可喜的一步，标志着殷商以神为本的文化开始向以人为本的文化过渡。

以神为本还是以人为本？从西周开始，周人把祖先的世界与神的世界逐渐分开。周人取殷而代之以后，面临着两种选择：或者把上天与殷人子姓祖先的关系切断，而把它与自己的姬姓祖先接上关系；或者干脆把上天与人类始祖的血缘联系一刀截开，把人与神划分到不同的血缘系统中去。周人祖先后稷之母姜嫄"履帝武"而孕的传说，表明第一种选择曾为周人所尝试，但周代日后宗教观念的发展却证明后一路径才是他们最终的选择。所以与殷人不同，周人的祖先本身已不是神了。割断人神之间的脐带以后，人类本身、氏族本身的自然血缘关系便成为巩固社会秩序的主要因素。正是在这种观念驱使之下，首先建立了完备的宗法制度，其次就是制礼作乐。所谓"道德仁义，非礼不成；教训正俗，非礼不备；分争辩讼，非礼不决；君臣上下，父子兄弟，非礼不定；宦学事师，非礼不亲；班朝治军，莅官行法，非礼威严不行；祷祠祭祀，供给鬼神，非礼不诚不庄"（《礼记·曲礼》）。

总之，周的人本文化从里到外，无不渗透着强烈的伦理道德精神，它对中国传统文化中的德治主义、民本主义有着不可估量的影响。

(三) 春秋战国——中国传统文化的百家争鸣时期

公元前722年，周平王从关中盆地的丰镐向东迁到了伊洛盆地的洛邑，从而揭开了春秋战国的帷幕。春秋300年间"弑君三十六，亡国五十二，诸侯奔走不得保其社稷者不可胜数"（《史记·太史公自序》）；战国250余年间，大约发生了大小战争近220次，"争地以战，杀人盈野；争城以战，杀人盈城"（《孟子》）；因此呈现出了"礼崩乐坏"的局面。然而，中国文化却在这个充满血污与战乱的动荡时代奏起了辉煌的乐章。

春秋战国的文化之所以辉煌，其最根本的原因是社会大变革时代为各阶级、各集团的思想家们发表了自己的主张，并为进行百家争鸣提供了历史性的舞台。除此之外，它也有赖于多种因素的契合。

首先是"养士成风"兴盛。各国国君为了富国强兵而竞相礼贤下士，甚至一些官僚、贵族也招贤养士，一时间"养士之风"盛行，这使原本处于贵族最底层的士阶层冲破宗法制度的樊篱，在社会身份上取得了独立的地位。这些人都有自觉的道德修养、博大的胸怀与开放的心态，更重要的是他们都有强烈的政治参与意识，所以使得他们担当了社会转型时期的文化主体。

其次是学术环境宽松、自由。由于激烈的兼并战争打破了孤立、静态的生活格局，使得文化传播能够在冲突、交织与渗透中进行重组；也因为互相竞争的诸侯列国尚未建立一统的观念形态，因此使得文化人很有可能地进行比较独立的并且具有创造性的精神劳动；与此同时，随着周天子"共主"地位的丧失，直接推动私家学者集团兴起，世受专制的宫廷文化官员也纷纷走向下层或转移到其他列国。

正是由于上述各因素的聚合，为中华民族的精神发展创造了一个千载难遇的契机。正是在这样的文化背景下才产生了气势恢宏盛大的诸子"百家争鸣"。

所谓"百家"，当然只是学派林立、诸子蜂起的文化现象的一种概说。对于其间主要的流派，古代史学家也有不同的论说。例如，西汉司马谈将诸子概括为阴阳、儒、墨、名、法、道德六家；西汉刘歆却将诸子归为儒、墨、道、名、法、阴阳、农、纵横、杂、小说十家。本章只对其中影响最大的儒、道、墨、法、阴阳五家作简要阐述。

1. 儒的醇厚

在诸子中，孔子所创立的儒家，是以重血亲人伦、重现世事功、重实用理性、重道德修养的醇厚之风而独树一帜的。它之所以成为时代的"显学"，是因为它不仅继承了血缘宗法时代的原始人道和原始民主的遗风，还切合了春秋战国时期谋求安定生活普遍的社会心理，并且设计了易行的实践手段。具体说来，在天道观上，儒家继承了西周史官的文化并以"天命"与"人德"相配合的思路，传扬"畏天命，畏圣人之言"。在历史观上，它标榜"信而好古"，每每试图恢复"周公之礼"，不仅将捍卫三代典章文物当作自己神圣的使命，同时对不符合时代潮流的礼俗政令加以适当地修改变通。在社会伦理观上，它以"仁"释礼，从整顿人的社会性（人际关系）中最基本、最一般、最亲密的家庭关系入手，把外在的等级制度、历史传统，转化为内在的道德伦理意识的自觉要求，讲求父义、母慈、兄友、弟恭、子孝，并以家国同构的精神推展开来而且把它扩大，讲求"父子有亲、君臣有义、夫妇有别、长幼有序、朋友有信"，从而扶宗法等级大厦之将倾。这种由血统而政统而道统的致思路

径，深刻地启发了后世儒者，创造出了一整套正心诚意、修身齐家、治国平天下的理论。在认知观上，孔子强调以知（智）为认知的手段，以此来诱导社会上的成员知仁、循礼、行义。孔子极其重视对人民进行"教化"，在更多的场合上，孔子是以教育家而并非哲人或政治家的面貌出现，因此后世之"儒者"，成了"学人""教师"的代名词。

应该说，儒学体系中最具有科学意义的组成部分，是这种充满理性实践精神的问学、施教之道。这一思想精华对于中华民族避免全民族的宗教迷狂，以入世思想为主导心理，起到了指导作用。

2. 道的飘逸

以老庄为代表的道家，是先秦诸子中与儒学并驾齐驱的一大流派。他们认为，人生在世，受到无数外在的束缚，如肌体之累、声色之乐、利禄之欲、死亡之惧、仁义礼乐之羁。所以只有超然于这一切之上，才能领会到人生之真谛——道。后来的学者把它与儒家的"入世"思想相比，称道家为"出世"思想，把儒道的结合称为"刚柔并济"。一方面，它有着尊重规律的科学精神，朴素深刻的辩证思想，"以民心为心"的重民意识和静心观物的客观态度等精湛的理论；另一方面，它也有"周行"循环的形而上学观念，知足不为的消极人生态度，保守倒退、"知其不可而安之若命"的宿命论以及神秘直观的先验论和相对主义的诡辩论。总之，道家的思想给中华民族精神打上了深刻的烙印。顺应天道，崇尚无为，一方面，体现了人对自然、社会规律不可抗拒性的初步认识，比之儒家的"知其不可而为之"，更显现出理性的冷静；但另一方面，在强调无为的同时，又贬斥了人的积极进取精神。儒家把人固定在等级名分的框架之中，泯灭人的奋斗欲望；道家超越于等级名分之上，但又将人完全被动地从属于"道"的运行，随遇而安。在这一点上，互补的儒道两家，正所谓"一致而百虑，同归而殊途"了。

3. 墨的谨严

在百家争鸣中，与儒家一样居于显学地位的学派是鲁国人墨翟所创立的墨家。由于该学派的信徒多系直接从事劳作的下层群众，因而特别强调物质生产劳动在社会生活中的地位，反对生存基本需要外的消费；但他们也感受到天下大患有三，"饥者不得食，寒者不得衣，劳者不得休"。造成这种状况的原因是统治者的横征暴敛、巧取豪夺。所以，他们特别反对战争，主张"非攻"，即反对那些攻伐兼并的战争。要求不分等级、无差别地爱一切人，实质上具有打破宗法等级观念的作用。为了实现这一理想，他们又通过尊崇天神的权威，提出了"尚贤""尚同"，"尚贤"就是不分贵贱亲疏、以贤能为用人标准，"尚同"就是不同的人、家庭、诸侯国都以统一的思想为行为原则。但在秦汉以后，墨家丧失了生长的适宜氛围，逐渐消失无闻。但是在历代农民暴动时有关公平、互爱及至鬼神、符命的宣传中，或在一些除暴安民的侠义之士的身上，可听到墨家的嗣音。

4. 法的严峻

法家的前期代表人物是管仲、商鞅、慎到、申不害，而韩非子则是集前期法家思想之大成的重要代表人物。应该说，儒家力求以血亲人伦来淡化、融化社会中的矛盾关系；道家则企图超越时代，返归人古朴的本性；墨家是借"天志"名义来向统治者呼吁"兼爱"。然而这一切，在人欲横流、争战日烈的现实政治面前都成了不同程度的空想。却唯有法家，对现实政治有着独到的深刻理解。用现代的术语说，法家所讲的是领导和组织的理论和方法，是封建时代的政治学。在法家看来，社会的动乱是人口繁衍和物质需求的矛盾所致，全不过是围着一个"利"字打转。所以，韩非"观往者得失之变"，总结了前代法家人物慎到的"势"、申不害的"术"、商鞅的"法"等思想，经过综合改造，将法（政令）、术（策略）、势（权势）三者有机地结合起来，并且主张在治国方略上不仅要严刑峻法，还要在文化政策上"以法为教""以吏为师"，以此形成最为有效的政治学说。法家是战国时期的显学，在后来成了秦王朝统治天下的政治理论。然而汉以后，儒学独尊，可是法家学说也或隐或显地发挥着作用，历代统治者多采用"霸王道杂之"或"阳儒阴法"来进行统治。

5. 阴阳流转

春秋战国时期，以邹衍为代表的思想家们往往利用阴阳这一对概念来解释自然界中相互对立、此消彼长的物质或其属性，并已经意识到阴阳的相互作用对于万事万物的产生和发展有非常重要的意义。在邹衍看来，阴阳消长的结果，体现五行相生，循环运转：木克土、金克木、火克金、水克火、土又克水，往复无穷，用这个观点来解释历史的发展和王朝更替，便有所谓五德之次，从所不胜，故"虞土""夏木""殷金""周火"。这就是阴阳学派把自然哲学同历史哲学结合起来，把时间和空间结合起来，融天地人为一体的思维方式。中华民族独特的、早熟的系统思想虽然出现于秦汉时代，但其直接的理论和方法论渊源，却在春秋战国时代阴阳学派的思想之中。

正是由于各具特色的诸子百家的追求和创造，中国文化精神的各个侧面得到了非常充分的展开和升华，因此中华民族的文化走向大致得以确定。鉴于此，文化史学家借用了德国学者雅斯贝尔斯的概念，将春秋战国时期称为中国文化的"轴心时代"。

春秋战国的特殊文化环境，不但为"文化轴心时代"的确立提供了机会，

而且还有力地推动了华夏族的最终形成。也正是在这一时期，中原地区的各个古老部族，在诸侯国攻伐不已的兼并战争中统一到了少数的几个大国版图之中，其中北方的狄族多为晋兼并，西方的戎族多为秦兼并，东方的夷族多入齐鲁，南方的苗蛮及华夏小国则为楚统一。自此，中国的燕山以南、长江以北的黄河中下游以及淮汉流域广大地区的居民，基本上已经融合成为一个统一的民族，而不再有华夏与蛮、夷、戎、狄的区别。

二、中国传统文化从大一统走向多元化时期

公元前221年，秦灭六国，建立了中华民族第一个统一的、封建专制主义的中央集权国家——秦王朝。但维持不过15年光景，便在农民大起义的烈焰中轰然坍塌，代之而起的是刘邦建立的汉王朝。秦汉致力于思想文化的统一，又加强了与外界的文化交流。到了魏晋南北朝，中国境内出现长达四百年的战乱，战乱与割据打破了封建帝国大一统的集权政治与经济体制，以儒学独尊为内核的一统文化模式也随之崩解，取而代之的是生动活泼的多元文化格局。

（一）秦汉——中国传统文化的大一统时期

"大一统"，最早见于《春秋公羊传·隐公元年》，所谓"大"，就是尊重、重视；所谓"一统"，原指诸侯天下皆统一于周天子，后指全国实现"六合同风，九州共贯"的格局。秦统一中国，在中华文化史上具有划时代的意义，它标志着中华文化共同体的基本形成。

秦汉王朝疆域辽阔，气象恢宏，秦帝国与地中海的罗马、南亚次大陆的孔雀王朝并立为世界性三大国，汉帝国的版图和事功更在秦之上，与其并立的世界性大国唯有罗马帝国。

秦汉统治者在建立统一帝国的同时，又致力于思想文化的统一，战国时代，诸侯割据，"田畴异亩，车涂异轨，律令异法，衣冠异制，言语异声，文字异形"（许慎《说文解字·叙》），秦始皇统一天下后，雷厉风行地扫荡种种之"异"，建立统一文化，其主要措施有以下几方面。

一是"书同文"。以整齐的小篆作为标准文字，改变战国时代"文字异形"的局面，为消除各地经济、文化交往中的语言隔阂打下了基础。

二是"车同轨"。拆除各国所筑关隘，修筑驰道，大大加强了中央与各地的联系，方便了商业贸易和文化交往。

三是"度同制"。统一货币单位和度、量、衡标准，为中华民族共同的经济活动提供了便利条件。

四是"行同伦"。"以法为教"，统一人们的文化心理。

五是"地同域"。共同的生活地域是统一文化的空间条件，秦朝彻底废除周代以来的封邦建国制度，实行郡县制，将东至大海、西至陇右、南达吴楚、北抵阴山的辽阔版图统一于中央朝廷的政令、军令之下。又通过大规模的移民，开发边境地区，传播中原文化。

正因为如此，"秦"作为一个王朝的称谓，在这个短命的王朝覆亡两千多年之后，仍然作为中华文化共同体的代称流播于世界。

思想学术上的统一，秦汉则通过强令推行。

秦朝通过"焚书坑儒"，强制推行思想学术上的统一。秦始皇"焚书坑儒"的文化专制政策激起后世儒生的反复抨击，然而实行封建君主专制必然要实行思想统一，这是无法回避的历史任务。

正因为如此，当西汉王朝取得政治上的稳定和经济上的繁荣之后，统一思想的运动又在酝酿，到汉武帝时时机成熟，其倡导者是有"汉代孔子"之称的董仲舒。董仲舒向汉武帝建议："《春秋》大一统者，天地之常经，古今之通谊也。今师异道，人异论，百家殊方，指意不同"，"臣愚以为诸不在六艺之科、孔子之术者，皆绝其道，勿使并进。邪辟之说灭息，然后统纪可一，而法度可明，民知所从矣。"（《汉书·董仲舒传》）汉武帝采纳董仲舒的建议，"罢黜百家，独尊儒术"。从此，儒家学说成为占统治地位的思想，在封建社会意识形态领域独领"风骚"两千年。"罢黜百家，独尊儒术"文化政策的推行使儒学"定于一尊"，《诗》《书》《礼》《易》《春秋》被正式尊为五经，到了东汉，又增加《孝经》《论语》，合称"七经"。汉武帝以后，儒学传授出现了昌盛的局面，传经之学和注经之学形成专门学问，这就是汉代至清代的官方哲学——"经学"。

由于新兴地主阶级的生气勃勃，秦汉帝国表现出一种开拓进取、宏阔包容的时代精神，呈现出一派泱泱大国的盛大景象，由此决定了整个社会文化创造也处于一种不可抑制的开拓创新的亢奋之中。万里绵延、千秋巍然的秦长城，气势磅礴、规模浩大的秦始皇陵兵马俑，"究天人之际，通古今之变"的《史记》，"包括宇宙，总览人物"的汉赋等，无不是在开拓进取的时代精神统摄下创造出来的辉煌成果。宏阔、大气、雄伟成为秦汉文化精神的主旋律。同时，这种精神大大促进了中外文化的相互交融。这期间，中西文化交流中最具深远意义的是汉武帝时张骞通西域开辟的丝绸之路。通过丝绸之路，中国加强了同西域各国的经济文化文流，中国产品远抵西亚和欧洲，西域乃至印度的文明成果也源源不断地涌进中国，中国文化因此增添了灿烂的色彩。

(二) 魏晋——文化涅槃的新生

汉末董卓之乱犹如一股强劲的旋风，使久已摇摇欲坠的汉帝国终于崩溃瓦解。与军阀割据、王室贵族自相杀戮相推引，北方游牧人如洪水一般从高原上横冲直下，同农耕人激烈争夺生存空间。一场长达近400年的战乱由此展开。整个社会在"山岳崩溃""狼烟四起"的大震荡中呈现出茫然无期的无序错乱。所有的生灵都感到空前深重的生命危机，敏感的文化人感悟"兴废之无常"，哀"人生若尘露"，雄才大略的曹操也发出"对酒当歌，人生几何"的苍凉之声。面对生死瞬间转换的现实，人们被迫从源头思考个体生命与价值。

随着社会剧烈动荡，"经学化"了的儒家学说已无力为东汉统治粉饰太平，统治阶级的腐败与儒家学说所宣扬的"仁教""礼治"等社会伦理规范截然相悖，儒学陷入前所未有的危机。统治阶级需要一种新的意识形态替代汉代儒学，于是玄学应运而生。何晏、王弼、阮籍、嵇康、向秀、郭象等便是这一时期风度飘然潇洒的英俊人物。

"玄"出自《老子》的"玄之又玄，众妙之门"。意思是虚无玄远，高深莫测。玄学家们特别推崇《老子》《庄子》和《周易》，将其奉为"三玄"。

玄学以道家思想解释儒家经典，所以，就其思想内容特征来说是援道入儒、儒道兼综的。玄学一方面保留了儒学维护上下尊卑的纲常名教；另一方面又摒弃了董仲舒的天命论，糅进了道家的"道""无"，以"无"作为宇宙的根本准则。此外，玄学作为一种本体论哲学，其现实意义乃是对魏晋人所追求的理想人格进行理论上的构建。在玄学宗旨"贵无"思想的深刻影响下，当时的一些名人对现实极为不满，采取了远离政治、自命清高的态度。他们或讨论一些玄远高深的抽象哲理，隐喻时政；或徜徉山水之间，"琴诗自乐"，追求一种怡然自得的生活；或放浪形骸，"动违礼法"。玄学提倡在现实人生中特别是在情感中达到对"无限"的体验，这就使玄学与美学内在地联结在一起，成为魏晋美学的精髓。东晋时，玄学与佛学日趋合流且被佛学化。

于是，佛学渐盛，玄学渐衰。

玄学的兴盛体现出动乱时代人们对个体存在意义和价值的关注，而这样一种社会心理也成为道教与佛教兴盛的土壤。

道教自东汉末开始形成，迅速扩张，终在南北朝成长为与儒、佛抗衡的一大宗教流派。究其原因是它对"长生不死"的追求，满足了人惧死乐生的心理愿望。尤为重要的是，道教所谓的学道求仙绝非帝王贵族的专利，平民也一样能"举形轻飞"，因而极大地吸引了一般百姓，在动乱时代尤其如此。道教是一个包括了宗教化的道家学说、神仙说和修仙方术以及民间疗病去灾的鬼道在内的多层次的宗教体系。在教团组织上，道教分为上层神仙道教和下层符水道教两大层次。神仙道教以长生修仙为本，主要在皇帝、士大夫中间活动；符水道教以治病除祸为务，适应下层劳苦大众的需要。作为中华民族创立的宗教，它又具有鲜明的民族特征。老庄道家是道教的主要思想渊源。但是道家不同于道教，道家是老子开创的学术派别，而道教则是一种宗教。道教在形成过程中为了提高其地位，便假托老子为教主，奉《道德经》为经典，故而容易模糊两者的界限。原始道教里有反映下层人民要求生存权利以及平等互助的思想，道教文化中对古代医学、化学、药物学、养生学等都有自己独到的见解，提供了许多有价值的材料，对中国文化的发展产生过重大的影响。

佛教是外来宗教，起源于印度，公元1世纪传入我国。佛教宣扬人生如苦海，但它可以把人从这种痛苦中解脱出来，进入极乐净土的世界。由于对佛教理论的解释不同，分化为大乘佛教和小乘佛教。从两汉之际到南北朝佛教在我国的传播、发展大致经历了三个阶段：第一阶段自传入至三国，这一时期佛教多与迷信相混同，朝廷不允许汉人出家当和尚，佛教并未得到整个士大夫阶级和上层社会的重视；第二阶段是两晋时期，佛教依附于玄学；第三阶段是南北朝时期，佛教逐渐摆脱玄学，走上独立发展的道路。佛教文化的流传对中国文化产生了深远的影响。

（三）南北朝——二学二教的冲突与整合

儒、玄二学与道、佛二教的相互冲突，形成了文化结构多元激荡的文化奇观。

儒、玄二学的冲突。玄学推出之初，便大有"与尼父争涂"的势头（《文心雕龙·论说》）。玄学之士"以老、庄为宗而黜六经"（干宝《晋纪总论》），儒学之士则谴责玄学家"好谈老庄，排弃世务，崇尚放达，轻蔑礼法"（《晋书》），甚至将西晋覆亡归罪于玄学风行。同时儒、玄二学也在排斥中相互吸收。郭象、向秀相继提出"自然不离名教""名教即是自然""以道合儒"等命题，推动玄学向儒学靠拢。儒、玄的相互接近，导致"儒玄双修"之士大量涌现，从而显示了儒、玄合流态势。

道教从诞生之日起便与老庄之学结下不解之缘。立教以后，又积极调和儒学，"欲求仙者要以忠孝和顺仁信为本"。北魏道士寇谦之"专以礼度为首，而加以服食闭炼"。这些均是调和儒道姿态。佛教与玄、儒、道的关系颇为复杂。大体而言，玄、佛一拍即合。佛教与玄学的迅速调和，关键在于二者哲理意趣极相接近。魏晋时期流传于中国的佛学主要是大乘佛教中的般若学。般若学的整体特征是否认人的认识能力，凡属认识涉及的范围，都属幻化不实，此即谓之"空"。般若学的主"空"与玄学的以"无"为本几乎一拍即合，特别迎合那些高吟"人生似幻化，终当归虚无"的士大夫的心理，佛教以人生为"苦"，要挣脱"苦"的痛楚，就必须通过修习超越生死轮回而达到涅槃的境地，而所谓涅槃，即意味着一切烦恼永尽。这种"解脱"学说与魏晋士大夫亟求挣脱外物束缚、求得自我解脱的心理趋向颇相似。佛学在思辨方式上重视直觉体验式的对外部世界的把握，而玄学亦强调以心灵体验的直觉方式去把握玄奥的形而上的本体"道"，两者思维路线颇相一致。此外，玄学家主张淡泊无为，皈依自然，佛学家主张出淤不染，在祸不殃；玄学家擅长辩难，佛教机锋也咄咄逼人，两者意趣趋近。凡此种种，造成玄学率先欢迎佛学、兼容佛学的情势。于是，玄学家研读佛经，高士与名僧交学辩难成为一时风尚。

儒学排斥佛学，有"泾渭孔释，清浊大悬"之论。而佛学竭力迎合儒学。东晋后期佛教领袖慧远提出"佛儒合明论"，声称儒、佛为"内外之道，可合而明"。在佛教思潮的影响下，一些士大夫也开始主张儒佛不异。东晋著名文学家孙绰作《喻道论》声称："周孔即佛，佛即周孔，盖外内名之耳。"刘勰也在《灭惑论》中言："孔释教殊而道契，解同由妙。"

然而，作为宗教，佛教与道教具有相近的目标取向，其间隐藏着统一性或一致性。由于道教在组织结构上、宗教理论与宗教仪式上都远不如佛教那么严密，于是，道教在对抗佛教的同时，不断从佛教中汲取营养以完善自身。

魏晋南北朝时期儒、玄、佛、道二学二教的相互冲突、相互整合，造成意识形态结构的激烈动荡。同时在这个时期，匈奴、鲜卑、羯、羌等"胡"族先后进入内地，纷纷建立政权。不仅出现了游牧和农耕文化的冲突，而且也存在不同少数民族之间的文化冲突，更使魏晋南北朝的文化呈现出多样性、丰富性。在文化的多重碰撞与融合中，中国文化得到多向度的发展和深化，强健而清新的文化精神大放异彩。

三、隋代至元代：中国传统文化的成熟与辉煌

魏晋南北朝的多元文化激荡，终至推出气势恢宏的隋唐文化时代。隋唐帝国的宏伟造就了这一时期史诗般的文化。安史之乱后，中国文化也由此出现了大流转，即从唐型文化转向宋型文化。与唐朝开放、外倾、色调浓艳的文化相比，宋朝文化是一种相对封闭、内倾、色调淡雅的文化类型。

（一）隋唐——文化的隆盛期

帝国的规模奠定文化宽松的胸襟。它疆域辽阔，在极盛时代可延伸到东至朝鲜半岛、西北至葱岭以西的中亚、北至蒙古、南至印度支那，唐天子不仅是

汉天子,而且被诸蕃君长尊为"天可汗"。它军事力量强大、行政机构完备、法律制度严密、经济繁荣,使唐代中国成为向周边文化地区辐射的文化源地。"八面来风"是唐代文化宏阔的源头。隋唐皇室以胡汉混杂的血统统治天下,所以它把胡文化的一股豪强侠爽之气注入农业民族的汉文化系统内,达到了胡、汉文化相融合的文化效应。

1. 八面来风,汲纳异域

不仅如此,它还以博大的胸襟吸收外域文化并对此加以消化、改造,而且从其他文化系统中采集精华,使唐文化具有超越前朝的特有气派。首都长安作为世界性大都市,成为中外文化交汇的中心。隋唐时期,中国和尼泊尔、印度、巴基斯坦、印度尼西亚、缅甸、斯里兰卡以及中亚、西亚等国都有着广泛的文化交流。南亚的佛学、医学、历法、语言学,中亚的音乐、舞蹈,西亚的以西方世界的袄教(波斯人琐罗亚斯德所创)、摩尼教(波斯人摩尼所创)、景教(基督教的聂斯脱里派)、伊斯兰教等为代表的宗教以及医术、建筑艺术、马球运动等,如同八面来风,一齐涌入唐帝国开启的国门。

隋唐文化吸收外来文化的博大胸怀为世人赞叹。英国学者威尔斯在《世界简史》中比较欧洲中世纪与中国盛唐的差异时指出:"当西方人的心灵为神学所缠迷而处于蒙昧黑暗之中时,中国人的思想却是开放的,兼收并蓄而好探求的。"

2. 传播南北,泽润东西

盛唐文化,不仅"八面来风,汲纳异域",而且传播南北,泽润东西。首都长安作为一个世界性大都市,其鸿胪寺接待70多国外交使节,其国子监和太学先后接纳3万余名外国留学生。在百余万人口的长安城中,包括使臣、僧侣、商人、留学生在内的各国侨民达2%,加上客居长安的突厥后裔,其数量高达5%。这些外国侨民把先进的唐文化传播到世界各地。发生在645年的日本大化改新运动,就是由返日的日本留唐学生策动的。位于今朝鲜半岛上的高句丽、百济、新罗三国,竞相向唐朝派遣留学生,学习唐文化。唐风东渐,"自此益振"。强盛、深厚的唐文化不仅影响东亚各国的文化面貌,而且将其光辉辐射东西。中国的造纸术和纺织术在这个时期传入中亚、西亚各国,继而传入欧洲。中国的炼丹术的西传直接推动了阿拉伯炼丹术与欧洲炼丹术的发展,而现代化学便是在欧洲中世纪炼丹术的基础上发展起来的。此外,中国创立的十进制计数法在唐代传入印度,直接推动了印度数学产生位置码。唐帝国还开辟了由南中国海经印度洋到非洲的"陶瓷之路"。沿这条通道,中国陶瓷运到东南亚,甚至走得更远,穿过印度洋,到达波斯、叙利亚和埃及,也有些瓷器远达非洲东南岸。唐文化的对外辐射,有力地推进了世界文化的进程。

3. 气盛势飞，辉煌成就

这一时期的文化在很多方面都取得了辉煌的成就。

中国是诗歌的国度，而中国诗的辉煌极致就在唐代。这是一个全民族诗情郁勃的时代，一方面，文人创作的诗篇被"士庶、僧徒、孀妇吟唱，传诵于牛童、马走之口"；另一方面，社会的各色人等也竞相作诗，出现了"行人南北尽歌谣"的状况。就现存的《全唐诗》收录的诗作来看，有48900余首、诗人2300余名，这还不计湮没于历史尘埃中的作品和诗人。

盛唐时期的诗具有"气盛势飞""浑厚氤氲"的雄浑气象。这一时期诞生了雄盖千古的诗国天才——"诗仙"李白、"诗圣"杜甫、"诗佛"王维，同时期还有著名的边塞诗人王昌龄、崔颢、高适、岑参等大手笔，他们笔锋超卓、诗情盎然，用豪迈情怀讴歌祖国的壮美河山，缔造出中国唐诗的最高峰。

唐代是诗歌与书法的黄金时代，也是绘画的极盛时期。这一时期的画坛，题材广大而深厚，风格多彩多姿，绘画批评空前活跃，生气蓬勃。人物画辉煌富丽，豪迈博大；山水画金碧青绿，山水交相辉映。整个画坛新鲜活泼，充满生命活力。"画圣"吴道子是一位颇富创新精神的画家。苏东坡称他的画"出新意于法度之中，寄妙理于豪放之外"。吴道子的绘画革新具体表现为对线描技巧的改造。吴道子笔下的人物画，将衣纹的高、侧、深、斜、卷、折、飘举等复杂变化皆淋漓尽致地表现出来，具有一种"天衣飞扬，满壁风动"的神采。在画科上，唐代绘画也是全面发展，山水画、花鸟画成为独立画科，与人物画争芳斗艳。

与中国诗的历程几乎一致，中国书法在魏晋六朝开始走向美的自觉，而在唐代则达到了新的高峰。唐代书法充分吸收了魏晋南北朝南北文化的营养。南北朝时期书法因历史、地理、民族、政治等方面因素，形成南帖、北碑两大流派。南帖以流美为能，婉丽清媚，富有逸气；北碑以方严为尚，雄奇方朴，富有豪气。唐代书法承袭隋而来，而隋代书法集南帖、北碑之大成，大开唐风，成为唐代书法臻于极美的艺术根基。张旭的书法，以飞速流动的狂草著称。秉承张旭书法的怀素，其笔下的线条也是"风趋电疾"。这一时期篆书圆劲，阳冰篆法为后世所多循；草书飞动，"颠张狂素"将狂草带引至巅峰；行书纵逸，李邕、颜真卿的《麓山寺碑》《争座位帖》最为艺林所重。

另外，唐代雕塑艺术广泛应用于石窟、寺观、宫廷、陵墓的雕像和陶瓷、玉石等工艺品种，均达到前所未有的程度；唐代的散文、传奇、乐舞等都有丰硕的成果。孟子说"充实之谓美，充实而有光辉之谓大"，唐代便是古代哲人观念中"充实而有光辉"的文化繁盛时代。苏轼曾说："君子之于学，百工之于技，自三代历汉至唐备矣！故诗至于子美，文至于韩退之，书至于颜鲁公，画至于吴道子,古今之变,天下之能事毕矣。"中国文化发展至唐,显示出一种阶段性的集大成的灿烂风采,其辉煌令后世追慕不已。

(二) 两宋——共生的雅俗文化

爆发于1126年的"靖康之难"给予中国文化重心南迁以有力推动。是年,金人攻破汴京,随之统治北方100多年。宋室南渡江南,以此为契机,中国文化重心的南迁终于完成。这样南方的平湖秋月的清雅山水代替了北方的边塞瀚海,也意味着含蓄委婉的内秀人物品评心理代替了粗犷豪迈的征服性人物品评审美,这就进一步促进了宋代文化向内省、精致的方向发展。同时宋朝是一个积弱积贫的朝代,它用割地赔款以求得一时安宁与平静。而社会动乱以及北宋貌似繁华实则虚弱的状况,在士大夫心灵上投射下阴影。一部分士大夫反省人生意义、宇宙社会秩序以及历史文化的发展,充满了社会责任感;另一部分士大夫在社会文化由盛而衰的强烈刺激下,突然感到自信心的崩溃与人生理想的破灭,为了寻求新的心理平衡,他们逃遁于现实世界之外。

1. 理学的兴起

宋代文化最重要的标志是以程颢、程颐、朱熹为代表的理学的兴起。宋明理学被称为道学、新儒学,历时700余年,比历史上的经学、玄学、佛学统治时期都长。宋明理学是儒、道、佛三教合流的产物,抑或说是在儒学基础上批判地吸收了道教、佛教的思想而建构的一种博大精深的新儒学思想体系,理学是中国历史上一次重大的新的理论建构,在学术主旨和学风问题上较之前代有显著的变化。

理学内部学派纷呈,最有代表性的是程朱理学和陆王心学两大派别。前者以程颢、程颐、朱熹为代表,因为他们以"理"为最高范畴,认为"理"是世界的本源,世界一切均由"理"所派生,故称程朱理学派;后者以宋代陆象山和明代王阳明为代表,因为他们以"心"为最高范畴,认为"心"是世界的主宰,世界由"心"支配,故称陆王心学学派。

宋明理学是儒学发展中的一个极其重要的阶段,它将早期儒学进一步系统化和理论化,极具思辨性,标志着儒学进入了更成熟的形态。因此,理学亦称为"新儒学"。

与理学着意于知性反省、造微与心性之际的趋向一致,两宋的士大夫文化也表现出精致、内趋的性格。这主要体现在宋词、宋画上。

2. 宋词的产生

词本起源于市井歌谣,属于"胡夷里巷之曲"。后经文人的修改,渐渐雅化。宋词之"雅"实际上蕴藏着一种阴柔气质,而宋词的世界,也确是一个

阴柔美的世界。宋词侧重音律和语言的契合，语言精巧细致，造境摇曳空灵，极为细腻，极为精致。柳永的"衣带渐宽终不悔，为伊消得人憔悴"，秦观的"漠漠轻寒上小楼，晓阴无赖似穷秋。淡烟流水画屏幽。自在飞花轻似梦，无边丝雨细如愁。宝帘闲挂小银钩"，境界虽小而狭，但形象精致，含义微妙，此种细腻精美是宋词的总体风格。在词的文人化过程中，苏轼发挥了关键作用。这位于诗、文、书、画均有极高造诣的才子，其词作兼具精妙与宏阔，以一种"超然乎尘垢之外"的"逸怀浩气"，一新天下耳目。

虽然雅化了的宋词主要呈现阴柔美，但是宋词还有另一番风貌，这便是由苏轼开创，以辛弃疾为代表的豪放词风。但这类词数量少，手法也多用婉约的基调，所以有人说，豪放词派仅仅是婉约派的一个分支。

宋词雅，宋画也雅。士大夫参与绘画，向绘画输入自身特有的文人气质并非自宋代始。但是，至宋代，士大夫方以一种自觉的群体意识投入绘画，把绘画纳入文人生活圈。此种思潮的标志，便是"文人画"观念与理论的提出，它强调诗、书、画的一体，偏爱画竹、画梅、画菊，以寓示自己的高风亮节，抛弃绘画中的"形似"手法，高度强调神韵。

另外，宋代的瓷器、服饰也以清秀为雅。

3. 市井文化的勃兴

与宋上层雅文化并进的是世俗文化的崛起。北宋首都为东京开封府，又有汴京之称。北宋画家张择端以《清明上河图》展现开封城生动具体而又典型化的历史画面，反映出宋代的商品经济十分发达，商市的规模远远超过唐代。所以为适应市民阶层的需要，在一些繁华的大都市，出现了市民文化表现自我的固定游艺场所——瓦舍。瓦舍是百戏荟萃之地，每个瓦舍里划有多个专供演出的圈子，称为"勾栏"。众多勾栏上演令人目不暇接的文艺节目，如杂剧、杂技、讲史、说书、说浑话、散乐、诸宫调、角抵、舞旋、花鼓、舞剑、舞刀……瓦舍中的观众队伍也很驳杂，以市民为主，文士将瓦舍称为"放荡不羁"之所，表明这是一个充分展示市民情趣、市民口味的另一个文化世界。与此同时，为适应瓦舍演出需要，一批被人称为"书会先生"与"京师老郎"的文人应运而生。他们文化修养和艺术见解高于一般艺人，从而得以运用较为娴熟的文字表达功底和较丰富的历史知识创作戏剧脚本和"说话"话本，宋代说话有四大家之分。一为"小说"，二为讲史，三为讲经，四为合生或说浑话。在"说话"四家中，"小说"与讲史又最受听众欢迎。

4. 教育的发展

两宋文化还有一个重要内容，这就是教育的发达。宋代官学系统有三个特色：一是在学校教育制度上等级差别不断缩小，如官学向宗学转化后无任何亲疏，国子监向太学转化后无问门第，这样一种转化有利于低级官僚子弟乃至寒门子弟脱颖而出；二是重视发展地方学校，至北宋末期地方州县学发展到高峰；三是形成了一种新型教育组织——书院。据统计，宋代书院有近400所。儒生士大夫们不仅以书院为研究学术、推行道德教育的基地，而且追求精神上的自得，体现了"真正的学问研究不在学校而在书院"。这样一来，可以说教育的发展与深刻变化使宋代整个社会的文化素养超过汉唐。

5. 科技的文明

中国古代科技在宋代发展达到鼎盛，在中国四大发明中，指南针、印刷术、火药三项重大发明创造是宋代科技最为突出的成果；在数学、天文学、地理学、地质学、医药学、冶金术、造船术、纺织术、制瓷术等方面也都有耀眼的成就。可以说，在此前后的任何一个朝代，无论是科学的理论研究，还是技术的推广应用，比之两宋都大为逊色。

（三）辽夏金元——中国传统文化的嬗变期

从唐末五代始，西北草原荒漠的游牧民族再次对中原农耕世界发动了规模日益巨大的撞击。与北宋立国相先后，契丹、党项、羌、女真相继在东北、华北和西北建立政权，形成北宋—辽—西夏、南宋—金—西夏对峙的格局。13世纪初叶，一代天骄成吉思汗崛起大漠，剽悍的蒙古铁骑南征北战，在空前辽阔的版图上建立起蒙古帝国。大河上下、长江南北在中国历史上第一次统一于一个草原游牧民族之手。在这场瞬息万变、震荡迭起的历史大变动中，中华民族与中华文化经受了剑与火的锻铸，展示出包容万千的生命活力。

1. 游牧文化和农耕文化的交融

契丹、党项、羌、女真以及蒙古对宋人的长期包围与轮番撞击，产生了双重文化效应。一方面，北宋人因被动挨打而产生的悲愤，南宋人因国破家亡而生的悲愤，渗透于宋文化的各个侧面。李清照、陆游、辛弃疾、岳飞等优秀词人的忧患之作与悲愤之唱，范仲淹与王安石所推行的变法，就是这种忧患背景孕育的产物。另一方面，契丹、党项、羌、女真等游牧民族也从汉文化中吸收到丰富的营养。经济后进的游牧民族可以成为军事征服者，一旦深入汉地，则不可避免地被先进的农耕文明所同化，从而一幕接一幕演出征服者被征服的话剧。在辽朝，孔子备受尊崇，《史记》《汉书》被译成契丹文广为流传，苏轼的词更为辽人所喜爱。在西夏，《论语》《孟子》都有西夏文译本，而且西夏国还大量任用汉人为官。在金国，儒学被奉为国学，除学习汉学的经书以外，还要学习《老子》《荀子》等诸子典籍。在汉文化渗透辽、西夏、金文化结构之际，契丹、党项、羌、女真统治者并未轻易放弃本民族传统。西夏一方面有

"汉礼",另一方面又有"蕃礼"。为了阻止女真汉化,金统治者采取一系列措施,鼓吹"女真旧风",宣传"女真旧风最为纯真"。然而,在农耕世界的包围中,游牧民族文化的汉化是必然的、不以人的意志为转移的趋势。蒙古族在历史上是北亚游牧民族之一,无论是血缘、语言还是生活方式都与活动在北亚、中亚,以至南俄草原的突厥系民族一脉相通。忽必烈对中原文化采取欣然受容姿态。这位"思大有为于天下"的亲王,早在公元1244年就在"潜邸"延四方文学之士,"问以治道"。在他身边迅速集结了大批儒生士大夫,他们屡屡向忽必烈进言"行汉法"。忽必烈开始改革旧俗,推行汉制,儒家典章制度的各种细目都被作为一代国制继承下来。尽管忽必烈实行"汉法"并不彻底,漠北固有旧俗仍在汉地大量保留,但是,统治体系与文物制度的"汉化"面貌已十分明朗。

2. 对外开放与中外文化的交汇

13世纪蒙古的兴起,揭开了中西交通史上重要的一页。成吉思汗及其继承者建立了历史上前所未有的庞大帝国。在空前辽阔的帝国疆域内,元蒙统治者建立起了完善的驿站系统,从元大都或中国其他城市到中亚、波斯、黑海和黑海之北的钦察草原以及俄罗斯和小亚细亚各地,都有驿道相通。

元帝国对欧亚大陆的征服,使中国西部和北部的边界实际上处于开放状态,西亚和中亚的穆斯林大规模往中国迁徙。马可·波罗的游记中描述,当时中国各地均有穆斯林的足迹。《至顺镇江志》记载道,当时镇江总户数为3845户,其中穆斯林就有59户;总人口为10550人,其中穆斯林占374人。

随着回族的形成,伊斯兰教也有了较大规模的发展。随着蒙古族入主中原,景教又在中原地区盛行起来,其教徒遍及山西、陕西、甘肃、河南、山东、直隶(今河北)以及广东、云南、浙江等地。

元代中国对外部世界的大规模开放,使大批中亚波斯人、阿拉伯人迁居内地,他们之中有不少科技人才。异邦的先进科技,尤其是当时处于世界领先水平的阿拉伯天文学、数学,以他们为媒介,流入中国科技界。元代天文学家郭守敬在发展中国传统天文学的基础上充分吸取阿拉伯天文学成果,制定了中国历史上使用时间最长的历法《授时历》。在外域文化输入中国的同时,由于蒙古人的西征,中国文化向西传播的速度也大大加快,中国四大发明之一的火药,以蒙古军和阿拉伯人的战争为中介,传入阿拉伯,再传入欧洲。中国印刷术也经由蒙古统治下的波斯以及突厥统治下的埃及传入欧洲。中国历法、中国数学、中国瓷器、中国茶、中国丝绸、中国绘画、中国算盘亦通过不同途径,在俄罗斯、阿拉伯乃至欧洲世界广为传播,世界文化的总体面貌因此而更为辉煌灿烂。

3. 元杂剧的兴盛

杂剧是元朝文学的主流。元代杂剧是在宋、金以来民间讲唱文学的基础上，综合了宋词的成就，并发展了金代诸宫调，融合讲唱、舞蹈、表演等多种艺术而成的一种新的戏剧形式。它最初盛行于北方，后来流行于南方。

元杂剧的崛起与兴盛是我国历史上各种表演艺术发展的结果，同时也是时代的产物。元代民族矛盾、阶级矛盾非常尖锐，人民反抗民族压迫和阶级压迫的斗争，需要战斗性和群众性强的文艺形式加以表现，而元杂剧恰能适应这一需要，故应运而生。此时，文人也发生了变化，科举制度受到冲击，除了少数文人依附元统治者而成为官僚外，大多数文人和广大人民同样受到残酷的迫害，部分文人与民间艺人组成书会，投身于元杂剧的创作。另外，元城市经济发展很快，南北各大城市的勾栏瓦舍非常繁盛，为杂剧的兴盛准备了充裕的物质条件。在元代，出现了大批优秀的剧作家和剧本。当时知名的杂剧作家达79人。其中，关汉卿是最杰出的代表，他毕生写过多部剧本，保存下来的有18部。其中，《窦娥冤》《鲁斋郎》《拜月亭》《单刀会》等都是最为社会人群所喜闻乐见的作品。此外，著名的剧作家还有马致远、王实甫、白朴、纪君祥等人。马致远的《汉宫秋》、王实甫的《西厢记》和纪君祥的《赵氏孤儿》，都是数百年来脍炙人口的名著。

元杂剧的繁盛，标志着中国戏剧艺术的成熟。自此，中国成为世界上的一个戏剧大国。元杂剧作为中华文化大系统中的元素之一，毫不例外地表现出中国文化固有的特征。从表现手段来看，元杂剧主要以歌词文采和音乐曲调取得戏剧效果，其形式是叙事诗，其基调是抒情，而情节的推移，往往在戏剧构架中只有"过门"性质。这种风貌与西方戏剧的注重戏剧冲突、依靠情节构造张力的行吗形式大不相同。

四、明清：中国文化的继往与开来

明代至鸦片战争以前的清代是中国封建社会的末期。这一时期，民族矛盾、阶级矛盾十分激烈，社会结构、社会分工也发生了重大变化。明清之际的思想家黄宗羲将这一时期称为"天崩地裂"的时代。从文化形态上来看，这一时期也宣告了封建文化的没落和寻找、建构新的思想文化体系的开始。鸦片战争打开了中国的大门，也揭开了中国传统文化的崭新一页。

（一）明代——文化的专制与文人的觉醒

在中国历史上，朱元璋是一个"朝为田舍郎，暮登天子堂"的突出典型。他出身寒微，青年时当过和尚，又由"造反"起家。在门阀观念、等级思想

盛行的封建时代，上述几点都是颇伤大雅之事，因此又生发出一种无比敏感的忌讳，而忌讳的矛头下意识地指向文化水平远比自己高，又"善讥讪"的文化人，于是，大批儒生士人因文字而遭横祸。如北平府学训导赵伯宁为都司作《贺万寿表》，有"垂子孙而作则"之词，常州府学训导蒋镇为知府作《贺正旦表》中，有"睿性生智"等语，朱元璋把"则"念成"贼"，认为是讥讽他参加过红巾军，把"生"读作"僧"，认为指他曾出家当过和尚，统统被杀。另外，明朝政府设置了特务机构，如"锦衣卫""东厂"，由皇帝信任的宦官统领，他们对文人士大夫进行重点侦缉和迫害。万历时，一些知识分子结社被称为"东林党"，他们因上疏弹劾魏忠贤24大奸恶，被锦衣卫逮捕，一批知识分子如左光斗、魏大中受酷刑而死。

明统治者一方面大肆制造文字狱；一方面则推崇程朱理学，作为巩固统治的工具。但与此同时，与资本主义萌芽相适应，思想界也悄然兴起了一股启蒙思潮。

明代中后期新的文化因素的萌动，首先反映在社会风尚的变迁上。一反明初"非世家不架高堂，衣饰器皿不敢奢侈"的"简质"风尚，明代中后期的社会生活靡然向奢，"以俭为鄙"。在这种背景下，一种背离传统礼教的社会观念开始在明代中后期潜滋暗长。明代转向崇尚金钱。人们羡慕在现实物质生活中"甘美食，美其服"的商人生活，甚至在明代社会涌现出崇商弃农、崇商弃官的趋势。明代中后期的文学作品也从描写英雄豪杰、才子佳人转为描写以商人为主体的市民，"三言二拍"就是这类作品的代表作。在明代以前，婚姻家庭深切地渗透了伦理宗法的精神，"夫为妻纲"决定了妻子必须对丈夫保持忠贞，法律还规定：家长对子女的婚姻有主婚权，男女自由结合要严加制裁。然而，明代中后期的社会文化发展，使有悖于礼教规范的婚恋观开始出现。中世纪婚恋模式以理制欲，抹杀人对精神之爱的追求，而在明代中后期，涌起了追求真挚情爱的人文潮流。

这时，文人渐渐有了自我觉醒，人们意识到自我价值，理解到自我不是家族、社团团体上的一个简单的组成部分，而是一个独立的、能动的主体。人的价值、欲望得到了从未有过的重视。如明末清初之际的思想家王夫之、黄宗羲、顾炎武等人反对空谈，将一股"经世"思潮推向鼎盛阶段。经世思潮的特征主要表现在以下几个方面：一是对封建专制主义的强烈抗争，黄宗羲提出了"天子所是未必是，天子所非未必非"的观念；二是彻底清算空谈误国的恶劣学风，对程朱理学展开了全面的批判；三是经世致用的主旨是学问须有益于国事。明清之际的思想家极力倡导儒家经世致用的传统，顾炎武"国家兴亡，匹夫有责"的思想激励了一代又一代知识分子。明清之际的经世思潮，以东林党等进步士人发其端，至明末清初的王、黄、顾等达到鼎盛。这一时期，堪称学术大师辈出的时代，具有中国历史上又一次思想解放、百家争鸣的意义。

由于历史的局限性以及当时中国资本主义还处于萌芽状态，明清启蒙思想家虽然对封建专制制度进行了猛烈的批判，但是还提不出新的社会改革方案。虽然从实质上而言，还是在反对"坏皇帝"，拥护"好皇帝"，未能脱出封建政治思想的怪圈；但是，作为与传统尊君理论相对立的反专制精神，它已达到民本传统的极限，具有一种冲破千年封建网罗之潜势，一旦新的阶级出现在历史的地平线上，这种反专制的文化精神经过改造便将成为人们劈向专制牢笼的锐利刀剑。同时对个性自由的追求，包括孜孜追求人格独立、争取思想自由的趋向，在明清文化的各个领域中都有所表现。颇有意味的是，在14至17世纪的欧洲，与封建经济解体、资本主义生产方式萌芽相适应，也有一股新的文化思潮勃兴——"文艺复兴"，其思想核心同样反映了对封建蒙昧主义的反叛以及对人主体性的高扬。这种现象说明世界各主要民族在冲破中世纪藩篱的历史关口，都必然要兴起一次文化的启蒙运动。

(二) 清代——传统文化的总结与思变

清朝作为中国最后的一个封建王朝，一共经历了268年的时间，前后跨越了古代和近代两个时代。这一个时期的文化发展，既是对几千年中国古代传统文化的集大成，又开始了大规模地与西方文化相接触、相冲突、相融合的过程。通过这一过程，最终开创出了中国文化发展的新格局，实现了古代传统文化向近代化的转化和转型。

清代文化在内容上空前丰富，门类比较齐全，传统文化的各个方面，同以往历朝历代相比，总体来说得到了更为全面的发展，许多领域都出现了在境界上达到中国古代文化最高水准的杰出成果。

清代最为繁荣的文学形式，首推小说，这是中国小说史上的"最高峰"。人们熟悉的曹雪芹的《红楼梦》、吴敬梓的《儒林外史》、蒲松龄的《聊斋志异》、纪晓岚的《阅微草堂笔记》、李汝珍的《镜花缘》等，成为中国古代小说史上的最后辉煌。尤其是《红楼梦》，塑造出一大批真实生动、形神兼备、个性鲜明的人物形象，其宏大的场面，复杂的构思，精妙的语言，思想性和艺术性的高度统一，奠定了它在中国文学史和世界文学史上不朽巨著的崇高地位。

清代的诗词水平总体上不如唐、宋，但却超过元、明。诗人、词人的作品数量也要远远超过历朝历代。在清代词人中，影响最大，被誉为宋代以后词作

水平最高的是满族人纳兰性德,他的词缠绵悱恻,充满感伤情调,有李后主之风,相当于宋代的"婉约派"。清末梁启超曾评纳兰性德词:"容若小词,直迫后主"。王国维也称道纳兰性德,说他是自"北宋以来,一人而已"。散文方面,清代则出现了著名的桐城派古文。

在戏曲方面,清代也是一个大发展的时期。不仅诞生了像孔尚任的《桃花扇》和洪昇的《长生殿》这样在中国戏剧史上占有重要地位的著名昆曲杰作,还出现了像李渔那样杰出的戏曲理论家。绘画方面,绘画史家公认,清代是中国绘画史上的集大成时期。这一时期,出现了像石涛、八大山人、"扬州八怪"(郑板桥、金农、高翔、黄慎、李方膺、罗聘、汪士慎、李鱓)等众多的画派和杰出画家。他们破除摹古之风,不拘一格,勇于创新,是具有很强、很自觉的创新意识的画派、画家。

清代对于中国古代文化的集大成式发展,还表现为这一时期出现了一种对古代学术文化进行全面清理和总结的自觉意识和行动,不仅编纂了一系列大型的综合性文化巨著,带总结性的历史研究很是兴盛,而且以全面清理、贯通考辨古代文献为突出特色的乾嘉考据学也极为发达,最具代表性的是官修,因此成就了中国历史上至今保存最完整的一部类书《古今图书集成》和世界古代史上规模最大的丛书《四库全书》的编撰。

但也就在这一时期,随着传统文化走向顶峰,其背后已隐藏着文化衰落的危机。

鸦片战争之前,中国在几千年的历史发展中,形成了以儒家文化为核心的古老而悠久的文明,它曾以自己宽容的气魄接纳消融了周边民族文化乃至印度的佛教文化,从而形成了生生不息、千古不绝的文化长河。也正因为如此,中国的帝王和士大夫们不自觉地养成了一种历史文化的优越感。正是在这样一种文化意识的背景之下,专制没落的清王朝关闭了国门。闭关自守与虚骄自大是一对孪生兄弟。在鸦片战争之前,上至皇帝,下至庶民,对世界的无知程度是令人吃惊的。

明清之际,即16至17世纪,世界格局发生重大变化,发端于南欧地中海沿岸的资本主义在欧洲各国迅速发展。资产阶级革命先声——文艺复兴已达到极盛时期,与此同时,反对罗马教廷的宗教改革运动,也如火如荼地蓬勃兴起。在此关头,地理大发现缩短了世界交通的距离,于是幅员广阔、人口众多的中国自然成为基督教扩张的重点目标。这批传教士来到中国,努力顺应当地习俗,寻找基督教与儒学之间的共同点,同时又注意走上层路线,推行学术传教方针,取得了相当的成功。基督教学术传教的策略,给明清之际的中国带来西方文化信息,他们给中国带来的图书达7000余部。这些书籍除了文艺复兴时期的科技成就之外，还包括欧洲的古典哲学、逻辑学、艺术、神学等内容。同时他们也从中国文化中汲取了营养，不仅将中国的茶、丝绸、绣品、瓷器和漆器等传到欧洲，而且还将明清一些脍炙人口的小说内容转换成戏剧、绘画、雕塑等艺术形式，在世界其他民族中进行广泛传播，这些已成为世界人民共同拥有的宝贵文学遗产。但由于宗法制专制社会结构的强固以及伦理型文化传统的深厚沉重，"西学东渐"的过程在明末清初进展缓慢。到了雍正年间，随着基督教传教士被逐出国门，"西学东渐"几近中断，中国对外部世界的大门日益关闭。

当中华帝国驱逐传教士，封闭国门，陶醉于"天朝上国"之时，欧亚大陆的新兴的资本主义呼唤来工业革命，瓦特发明的双向运动蒸汽机，使欧洲人获得了一盏"阿拉丁神灯"。产业革命催化国际分工，资本以魔力无穷的巨掌将全世界卷入商品流通的大潮之中，宗法农业社会的中国也在劫难逃，工业先进的西方国家是绝不肯放过如此巨大的一个商品倾销地、投资场所和原料产地的。中西方的冲突已成不可避免之势。1840年爆发的鸦片战争，以血与火的形式把中国文化推入了一个蜕变与新生并存的新的历史阶段。

(三) 近代——中国传统文化的变革

对于中国文化在近代发生变革的过程和规律，陈独秀在《吾人最后之觉悟》一文中作了明确的表述："欧洲输入之文化，与吾华固有之文化，其根本性质极端相反。数百年来，吾国扰攘不安之象，其由此两种文化相触接相冲突者，盖十居八九。凡经一次冲突，国民即受一次觉悟……最初促吾人之觉悟者为学术，相形见绌，举国所知矣；其次为政治，年来政象所证明，已有不克守缺抱残之势。继今以往，国人所怀疑莫决者，当为伦理问题。"这段文字实质上揭示了中国文化从传统向近代转变经历的三个阶段：物质层面的文化变革、制度层面的文化变革和观念层面的文化变革。

1. 物质层面的文化变革

从1840年的鸦片战争到1894年的甲午战争期间，中国文化发生了物质层面的变革。林则徐成为睁眼看世界的第一人，主持编译了《四洲志》，开启了中国人放眼看世界的序幕。继林则徐之后，魏源在《海国图志》中提出"师夷长技以制夷"的主张，并提倡学习西方的军事技术和民用科技。这些文化观念的深刻变化最终形成了颇具规模的近代化运动。

1861年，林则徐的学生冯桂芬写成《校邠庐抗议》一书，论述了学习西方的必要性、紧迫性和可行性，并就如何处理中西文化的关系提出了"以中国之伦常名教为原本，辅以诸国富强之术"的见解，这一主张实际成了此后

30年洋务运动的纲领。洋务派李鸿章认为:"中国文物制度,事事远出西人之上,独火器万不能及",因而要向西方学习"船坚炮利",以求"自强"。

可见,洋务运动在政治上企图以西方先进军事技术来巩固衰老的封建制度,在文化上企图用西方先进科技来弥补儒家文化的不足。

为了给封建国家奠定"千古不拔之基",洋务派向西方"觅制器之器",兴办了一批近代军事工业和民用工业,并设译馆、办书局,引进西方的自然科学。据梁启超在《西学书目表》中统计,到1895年共译西学书籍354部(不包括宗教类),其中大部分是科技书籍,也有少量史地、政法类书籍。所翻译的科学书籍已包括数学、物理、化学、天文、生物、医学等门类,所翻译的技术书籍包括兵工、造船、铁路、化工、矿山、冶金、纺织、印刷等门类,形成了中国近代第一次译介西学的高潮。西方科学技术的引进和传播影响着中国人的文化观念和意识形态,推动了中国近现代科学的世界观和方法论的诞生,可以说,中国传统文化与西方近现代文化第一次交锋时,它就基于自己的主导观念对西方文化中的科技物器因素做出了肯定的选择和尝试性的借鉴。

2. 制度层面的文化变革

1894年的甲午战争使洋务派苦心经营30年的北洋水师毁于一旦,宣告了洋务运动及其文化纲领的破产,历史现实迫使人们的政治意识再次发生转变。此后,革新政治、变革"国体"成为这一阶段文化变革的中心,中国文化也由物质层面变革推进到制度层面变革的新阶段。

1895年,维新派登上政治舞台,主张在中国实行君主立宪制度,他们的文化宣传也是围绕这一主题进行的。康有为、梁启超是当时的风云人物,从西方文化中搬来民权论,主张仿效日本明治维新和俄国彼得一世改革,强行变法,在中国建立资产阶级君主立宪国家,从"公车上书"到"戊戌变法"都集中体现了这一观点。虽然维新变法由于资产阶级改良派的软弱和封建顽固势力发动政变很快就失败了,但其间对西方政治制度和学术理论的介绍和宣传,使封建君主专制和正统思想发生了动摇,揭起了中国近代第一次思想解放的浪潮。

1898年"百日维新"和1900年义和团运动相继失败以后,以孙中山为代表的资产阶级革命派登上了政治舞台,他们高举民主主义革命的旗帜,从西方文化中进一步搬来天赋人权论和民主共和国的方案,发动了推翻封建专制统治的武装斗争,目的是建立资产阶级民主共和国。自此以后民主革命思潮逐步取代维新改良思想成为时代的主旋律,以国内新式学堂师生和留日学生为主体的新式知识分子群体开始形成,他们译介了大量西方政治学说,大力宣传资产阶级民主主义的新理论。据《东西学书录》记载,1900年以前翻译的西学书籍中，自然科学类有437部，占总数的75%；社会科学类仅有80部，占14%。与此同时，这一时期的许多思想家、宣传家都是用鲜明的时代语言表达资产阶级的新思想，无论在内容方面还是形式方面，资产阶级新文化都有了更加独立的形态，为辛亥革命做了思想上的准备。

3. 观念层面的文化变革

辛亥革命后，中国建立起资产阶级民主共和国——中华民国。这是中国近代政治制度上的重大变革，但国家体制的变革并没有使中华民族走向独立进步，袁世凯和张勋的两次复辟帝制使人们认识到仅有制度层面的改革是不够的，还必须发动全面的思想启蒙。于是，以1915年《新青年》的创办为契机，新文化运动的狂飙猛然而起，陈独秀、李大钊、鲁迅、胡适等人举起民主、科学和人权的旗帜，用西方资产阶级的新文化、新道德、新思想、新观念向统治中国两千多年的封建思想文化、纲常名教发起了猛烈冲击，从而将中国文化的变革推进到观念层面。

五四新文化运动时期面临的主要任务是如何巩固共和制度，新文化运动的先驱者们认为最重要的是提高国民觉悟。而提高国民觉悟的主要方法是培养国民的科学与民主意识。新文化运动正是要在最内在、最深层的伦理层面改变以伦理型文化为特征的中国传统文化，因而表现出十分强烈的反传统倾向。

新文化运动在进步青年中破除了封建主义的枷锁，唤起了人们对国家、民族命运的关心和救国救民真理的追求。这样，中国文化从鸦片战争开始，到五四新文化运动，就大体实现了从传统向近代的转变。应该说，五四新文化运动具有划时代的意义，是中国文化近代化道路上的一个重要里程碑。此后，无产阶级领导的新文化逐渐取得主导地位，近代的新文化运动也从旧民主主义文化转变为新民主主义文化。

第二节　中国传统文化的开放与交流——古代"丝绸之路"

一、中国丝织品西传与丝绸之路的正式开通

丝路可能早在汉以前就已出现。《穆天子传》关于周穆王西征中曾有"自西王母之邦，北至于旷原之野，飞鸟之所解其羽，千有九百里"的记载，以及苏联巴泽雷克古墓出土的许多精致的中国丝绸制品和刺绣着凤凰图案的茧绸，表明中国和西方之间可能很早就存在着一条商路，中国丝织品已沿着这条

商路运往中亚甚至欧洲。公元前5世纪,"中国的丝绸已成为希腊上层社会追求的时装衣料,其根据是,在希腊雕刻和陶器彩绘的人像上有细薄透明的丝绸文物,当时人们认为,这样细薄透明衣料只有遥远的东方国家'塞里斯'国才能制造。"① 近年来,在埃及、德国的巴登—符腾堡、希腊等地的考古发现也表明中国丝织品的西传早在商周时期,甚至之前就已经开始了。

张骞"凿空"西域后,丝路正式开通。原来游牧民族垄断的丝路贸易被打破,中国与中亚、南亚、西亚诸王国间建立起了直接贸易往来。结果,东来的"商胡贩客,日款于塞下"。②

在公元前108年赵破奴率军进攻楼兰、车师,并在酒泉至玉门关一带设立亭驿,及公元前104年李广利战败大宛后,西域的交通更加顺畅,西域各国和汉的商业往来也更加频繁。

之后,中国经由丝路的对外经济文化交流迅速发展,一直到唐中期的千余年间,丝路始终是中国与欧亚各国间最主要的交通要道。

二、丝路兴盛时期的中外文化交流

在丝路兴盛时期,中国的丝绸和蚕丝技术、铁器以及铸铁技术、穿井法、造纸术等都沿丝路先后西传;同时,欧亚各国的土特产、音乐舞蹈、宗教艺术等也都沿丝路逐渐东来。丝路正式开通后,丝织品西传速度加快。汉代丝织品花色品种十分丰富,有纨、绮、缣、绨、缦、素等数十种,并且出现了彩锦,丝织业发达促进了丝织品西传。"公元前2年,汉朝政府给匈奴运来8.4万匹绸缎,7.4万斤丝棉。其结果使中亚市场饱和。"③ 中国输入罗马的丝绸数量也迅速增加。公元前53年卡尔莱之战后不久,"罗马人便开始以使用丝绸为时髦","丝绸这种新颖的异国产品"很快就"深入到民众的风俗习惯中了"④。唐代丝织业更为发达,丝织品名目繁多,花样丰富,图案文饰形成了写真与浪漫相结合的特殊风格。唐朝打败突厥以后,丝路畅通无阻,因而对外丝绸贸易更为发达,出现了"无数铃声遥过碛,应驮白练到安西"的繁荣商贸景象。

丝织品西传给西方带去了先进的纺织技术和理念,促进了当地纺织技术的发展。在罗马和地中海地区,人们"将成本较低的素织物拆开,取其丝线与

---

① 金秋. 古代丝绸之路乐舞文化交流史 [M]. 上海:上海音乐出版社,2002.
② 范晔. 后汉书 [M]. 北京:中华书局,2006.
③ 袁建平. "丝绸之路"溯源 [J]. 社科纵横,2001,(2).
④ 布尔努瓦. 丝绸之路 [M]. 济南:山东画报出版社,2001.

当地的亚麻布纱线交织，或以丝为原料重新纺织纱线，织成轻薄半透明的织物"[1]。对此，《通典》记载说：大秦"常利得中国缣素，解以为胡绫绀纹，数与安息诸胡交市于海中"。一些国家还在模仿中国平纹经锦的过程中，织造出了新型的平纹纬锦。中国的铁器及铸铁技术、穿井法和井渠法、造纸术也先后沿丝路西传。本地"无丝漆，不知铸铁器"的安息，"及汉使亡卒降，教铸作它兵器"[2]；"宛城中无井，汲城外流水"，及至李广利伐大宛，"宛城中新得汉人知穿井"[3]；751年唐将高仙芝在怛逻斯被阿拉伯人战败后，因被俘士兵中有些是造纸工匠，阿拉伯人从而学会了造纸。

造纸术后经阿拉伯人传到埃及、摩洛哥以及欧洲。交流总是双向的。在中国的丝绸和先进技术西传的同时，欧亚各国的良种马、胡萝卜和苜蓿等植物也都传入中国。公元前1世纪左右，"骡驴䭾驼，衔尾入塞，䮻騠䮼马，尽为我畜，鼲貂狐貉，采旄文罽，充于内府，而璧玉珊瑚琉璃，咸为国之宝。"[4] 出使西域的使节还"采蒲陶、目宿种归"[5]，丰富了中国的物种。

乐舞杂技、服饰、佛教和伊斯兰教等宗教，也随丝路东传。中国与西域各国的乐舞交流在汉代达到一个高潮，形成了汉代突出的历史乐舞特色，即"百戏""俗乐"。魏晋南北朝时期，佛教乐舞迅速普及中国，"龟兹乐""天竺乐""西凉乐"成为人们喜闻乐见的佛教乐舞和传播佛教的重要工具。隋唐时代的宫廷乐舞中也包含了大量的外来因素[6]。西域的服饰、乐器等也纷纷东来，风靡一时。"灵帝好胡服、胡帐、胡床、胡饭、胡箜篌、胡笛、胡舞，京都贵戚皆竞为之。"[7] 早期佛教徒与丝路上的商人结伴而行，佛教因之自西向东逐渐传播开来，现存的许多佛教石窟就是佛教东传的见证。从永徽二年到贞元十四年的148年间，伊斯兰教也随大批阿拉伯商人涌入中国西北，沿丝路与中国贸易而传入中国。此外，祆教、摩尼教和景教也先后沿丝路传入中国，并产生一定程度的影响。

三、丝路衰败时期的中外文化交流

唐代中期以后，随着造船业和航海技术的发达，海路交通空前繁荣。而原

---

[1] 屠恒贤. 丝绸之路与东西方纺织技术交流 [J]. 东华大学学报, 2003, (4).
[2] 班固. 汉书 [M]. 北京：中华书局, 1999.
[3] 班固. 汉书 [M]. 北京：中华书局, 1999.
[4] 桓宽. 盐铁论 [M]. 北京：中华书局, 1984.
[5] 班固. 汉书 [M]. 北京：中华书局, 1999.
[6] 金秋. 古代丝绸之路乐舞文化交流史 [M]. 上海：上海音乐出版社, 2002.
[7] 范晔. 后汉书 [M]. 北京：中华书局, 2006.

来的丝路，却因安史之乱，西亚纺织技术的发展，恶劣的风沙气候，运输工具的限制，诸多游牧民族对丝路贸易的劫掠，以及中国经济重心的南移，由盛而衰，从东西交通的主导地位退居次要地位。然而，尽管丝路在唐中期以后逐渐衰弱，但它仍然是中国与外界联系与交往的主要通道之一。在西夏控制河西走廊的时期，尽管对过往客商抽取重税，十中取一，并择其上品，商人苦之，但西夏还是在回鹘商人和汉族商人的共同影响下在丝路上经营着贸易。在明代，外国商人以贡使的名义通过丝路与中国进行广泛而频繁的商贸活动。

对于他们带来的商品，除粗劣之物外，明朝一概准许入境，于是，西域商人携马匹、骆驼、钻石、地毯、金银器皿等东来，运载瓷器、丝绸、布匹、茶叶、桐油等西去。当时，明朝政府还制定了一系列严格的管理措施，确保了丝路贸易的正常进行。结果，汉唐以来的丝路在明代大放异彩，丝路贸易再度繁荣。

以上所述表明，唐中期以后，丝路虽然丧失了它在东西交通中的主导地位，但仍然是中国对外交往的重要通道之一。

第三节　中国传统文化的传播

人类文化是一个不断进行交流的动态开放系统。世界各地区各民族间长期不断的文化交流是推动世界文明不断进步的强大动力。中国传统文化在其漫长的发展历程中，与境外文化的交流、碰撞和融合从来没有间断过。一方面，中国传统文化源源不断地向外辐射和传播，如中国的丝织品、瓷器和四大发明等文明成果传往世界各地，对世界文化的发展做出了巨大的贡献。同时，中国传统文化在其自身成长过程中，善于学习各种文化系统的长处，并加以消化和吸收，使自己不断丰富和发展。如古代印度佛教的传入和被改造，近代吸收西方先进的思想和科学技术等，都是鲜明的例证。

一、中国文化在东亚的传播

（一）中国文化在朝鲜的传播

中国与朝鲜唇齿相依，远在商周时代，双方便有了密切交往。据史书记载，商纣王末年，王叔箕子被纣囚禁，武王灭商后，箕子出走朝鲜，建立国家，史称"箕氏朝鲜"。箕子教当地居民以田蚕礼仪，传播中华文化于朝鲜半岛。战国至秦汉，燕、齐、赵等地人民多避乱于朝鲜，带去中国的文字、器皿和钱币。平壤地区曾出土了大批西汉漆盘、铜钟、漆耳环。1世纪，《诗经》《尚书》《春秋》等儒家典籍开始流行于朝鲜。东汉时，朝鲜半岛"三韩（马韩、辰韩、弁韩）"并峙，其中辰韩国的当权者自称秦亡人，他们的政治制度、风俗习惯均与秦朝相似，因此又被称为"秦韩"。

汉代以后，中国文化对朝鲜的影响尤为广泛。魏晋南北朝时期，朝鲜半岛分裂出高句丽、百济和新罗三个国家，他们竞相吸收中国文化，中国的经史书籍及医药、历法相继传入朝鲜。新罗在唐朝帮助下实现统一后，经常派大批留学生到长安（今陕西西安）学习，在唐朝的外国留学生中，以新罗人居多，他们在吸收和传播唐代文化方面起了重要作用。受唐朝影响，新罗人改穿唐人服装，采用唐朝历法，并相继设立医学、天文和漏刻博士，研究唐朝的医学、天文和历法。新罗参考唐朝的政治制度，改革了从中央到地方的行政机构，并模仿唐朝设立国学，实行科举制度，以《左传》《礼记》《孝经》等中国的儒家经典为主要考试内容。7世纪末，新罗学者薛聪利用汉字，创造新罗文字，称为"吏读"，这对于朝鲜的文化普及和中国文化的传播起了很大作用。在中国文化的影响下，新罗人知诗书能文辞者甚多，故新罗有"君子国"①之称号。

元朝时，高丽王朝（918—1392）从中国引进程朱理学，以图挽救社会危机，振兴国家。李朝（1392—1910）建立后，更将程朱理学作为正统思想。

（二）中国文化在日本的传播

中国与日本是一衣带水的邻邦，中日文化交流源远流长。相传秦始皇为寻长生不老之药，遣齐人徐福率数千童男童女入海访寻。徐福浮海东向，在熊野浦地方登陆，创立了日本文化的基业。在日本文献中，也常将3世纪前移居日本列岛的居民称作"秦汉归化人"。东汉时，中日文化交流更加频繁。东汉初年，日本国遣使来贺，光武帝赐以印绶。这颗刻有"汉委奴国王"的金印已经在日本福冈的志贺岛出土。这一地区还发现过许多汉代铜镜、铜剑，表明这里当时是中日文化交流的中心。

4世纪中叶，大和政权统一日本，与中国南朝多有交往。南朝梁武帝时，司马达赴日本，把佛教传入日本。佛教主张忍耐、顺从，并且兼容儒家的忠孝思想，很适合日本统治阶级的需要。因此，它一传到日本就得到了贵族的积极支持，迅速发展起来。佛教经由中国的广泛传播，对于吸收和传播中华文化起

① 《新唐书·新罗传》.

了重要作用。

隋唐时期，日本一改从前主要通过大陆移民间接学习中国文化的做法，直接向隋唐派遣使者、留学生和学问僧，积极主动地学习中国文化。特别是唐代文化在物质生产技术、政治社会制度和意识形态诸方面对日本产生了全面而深刻的影响。

在政治方面，646年日本开始"大化改新"，进入了封建社会，唐朝的典章制度成了日本学习的榜样。他们模仿唐朝的均田制和租庸调制，施行班田收授法和租庸调制；仿照唐朝的官制，改革了从中央到地方的官制；根据隋唐律令，制订颁行了《大宝律令》。

在教育方面。日本在京都设立太学，分明经、纪传、明法、书、算等学科，学习内容与唐朝相仿。学校制度和书籍都是由唐朝传去的。

在语言文字方面，日本古代曾使用汉字作为表达和记述的工具，后来利用汉字表达日语的声音，逐渐发展形成两套"假名"（字母）——片假名和平假名。"片假名"大体取自楷体汉字的一部分，"平假名"多为整个草体汉字。这两种"假名"分别由留学生吉备真备和学问僧空海创制。同时，日文的词汇和文法也受到汉语的影响。

在文学方面，唐代著名作家的诗文集相继传入日本，特别是白居易的诗很受日本人喜爱。平安时代的诗集《和汉朗咏集》，共收录589首诗，其中白居易的诗就占137首。白居易的长诗《长恨歌》和《琵琶行》流传更广，甚至编成戏曲演唱。许多日本人擅长于汉诗、汉文的写作，如留学生晁衡（阿倍仲麻吕）、吉备真备等人对中国诗文都有很深的造诣。用汉文写成的文学著作在日本不断出现，著名的有《怀风藻》《凌云集》《经国集》等。

在艺术方面，唐朝的音乐、绘画、雕塑、书法、工艺美术等也纷纷传入日本。日本宫廷曾请唐乐师教授音乐，唐朝的一些乐书、乐器相继传入日本。日本人喜爱唐朝的绘画，日本画家经常仿效摹绘。

在科学技术方面，唐朝先进的生产技术、天文历法、医学、数学、建筑、雕版印刷等相继传入日本。中国式的犁和名为唐镂的大型锄传入日本并开始普遍使用。日本仿照唐朝的水车制成了手推、牛拉、脚踏等不同类型的水车。在日本历史典籍中还保留着唐锹、唐竿、唐箕、唐碓、唐臼等器物名称。唐朝的《大衍历》《宣明历》也被日本所采用。

中国著名的医学著作先后传入日本，他们结合自己的医疗实践经验，创建了"汉方医学"。日本的京都设计建造，全仿唐式，几乎和长安城一样，也有所谓东市、西市等名称。

在生活习惯方面，唐人打马毬、角抵、围棋等体育活动，也先后传入日本。茶叶传入日本后，日本也兴起了喝茶之风。唐服传入日本，也为日本人所喜爱。另外，端午节饮菖蒲酒、七月十五盂兰盆会、九月九日重阳节等习俗，也是在唐朝传入日本的。

大批日本人来中国的同时，也有不少中国人去日本传播文化。

唐代年逾花甲、双目失明的鉴真和尚和他的弟子历尽艰险终于抵达日本。他不仅带去了佛教各宗经典，建立佛教律宗，还把唐代建筑、雕刻、书法、美术、文学和医药方面的文化带到了日本。

受中国文化的影响，日本出现了奈良时代（710—794）和平安时代（794—1192）的文化高潮。镰仓时代（1192—1333），日本文化以反映武士的生活风尚为主要特色。武士道德，要求忠君守义，重名轻死。适应这种要求，具有神秘主义思想的宋代理学和禅宗佛教发展起来。以朱熹为代表的理学宣扬伦理纲常是永恒不变的"天理"，人们必须无条件地服从，并且要人们以"天理"克服人欲。这种主张很适合强调君主专制和忠君守义的武家思想要求，在他们的提倡下，日本因此形成了十分独特的封建道德观念。

明代医学家李时珍所著《本草纲目》传到日本后，被日本医学界视为药物学范本，他们深入研究《本草纲目》所载药物，编写了适合日本的药物学著作。中国宋元时代的山水画，深受日本人民的喜爱。日本僧人雪舟于1467年来到中国，虚心向明代著名画师李在学画，并精心研究宋元以来水墨画家的多种技巧，三年后回国，入云谷寺，创立"云谷画派"。日本另一著名画家狩野之信把中国宋元水墨画的劲健线条与日本"大和绘"的丰富色彩结合起来，形成了日本画坛的"狩野画派"。

到明末清初，还有一位中国名儒在日本备受推崇，他就是带着明亡遗恨东渡日本的朱舜水。他长期在日本讲学，介绍中国的服制、礼制、官制、学制、科举制度等各方面传统文化；他还擅长各种工艺及实用之学，把中国的工程设计、建筑技术、农艺、生物、地理知识、衣冠制裁等技术介绍给日本；他的"尊王攘夷"思想，后来成为日本明治维新的主要口号；他的勤王反清、宁死不屈的精神，启导了后来日本反抗异族侵略的思想。

二、中国文化在东南亚的传播

中国文化不仅对朝鲜、日本产生了深远的影响，而且也广泛传播到周边的东南亚地区，形成了以中国为中心的"中国文化圈"。

(一) 中国文化在越南的传播

中国文化早在距今2000年前就传播到了越南。若干年前在越南出土的一

批青铜器物，据考古学家鉴定认为具有秦汉时期的风格。越南的古老铜鼓，其形制花纹与我国云南晋宁汉墓出土的铜鼓样式非常相似。

可见古代越南文化深深地烙下了中国文化的印痕。

汉武帝灭南越赵氏政权后，在越南北部设立交趾、九真、日南三郡，进行统治。西汉末年，汉中人锡光任交趾太守，教越人种植庄稼，建立学校。东汉初年，南阳人任延任九真太守，教当地人始用牛耕，铸造铁制农具，开荒种地。同时还制定婚娶礼法和衣服式样。

随着时间的推移，中国文化更加广泛而深入地在越南传播。中国的乐器，早在汉魏时期就传到越南。三国时期，士燮统治越南时，他的出行仪式、钟磬鼓吹，几乎全是中原的样式。宋朝时，在越南还曾找到在中国早已失传的"黄帝炎"杖鼓曲。而且中国的文字对越南影响很深，越南曾长期使用汉字。直到13世纪初，越南人民才创造出自己的文字，称为"字喃"（意即"南国之字"），它是采用汉字的结构和形声、会意、假借等造字方法创造出来的，在越南通行了几个世纪之久。中国著名古典小说《东周列国志》《三国演义》《水浒传》等在越南民间也广泛流传，家喻户晓。长久以来，越南人民的健康得益于中国的古老医术，故越南朝野对中国古代的医药学家十分敬重。19世纪中叶，越南阮朝政府设立"光医庙"，把中国古代名医岐伯、仓公、扁鹊、葛洪、孙思邈、张完素等，都列为祭祀对象。①

（二）中国文化在柬埔寨、泰国、缅甸等国的传播

中国和柬埔寨的文化交往历史悠久。三国吴时，就有使臣朱应、康泰二人出使当时称为"扶南"的柬埔寨。元朝初年，著名游历家周达观来到柬埔寨，当时叫"真腊"。他们分别写出了《吴时外国传》和《真腊风土记》，成为了解柬埔寨古代历史的宝贵资料。周达观在书中曾生动具体地写到了中国侨民在柬埔寨开发中的贡献。他游历柬埔寨时带去了荔枝种子，后来人们把栽种这种荔枝的一座山称为"中国荔枝山"。周达观还记载了真腊人民十分喜爱从中国传去的瓷器、丝绸和生活用具等，由此可以看出中国文化在那里的深远影响。

中国文化对泰国也产生了很大影响。18世纪泰国王郑昭建都吞武里时，每年用帆船从中国运回制砖黏土和贝壳等作为建筑王宫的材料，并在建筑样式上完全仿效中国。建国于17世纪后期大城王朝的御苑，就是聘请中国技术人员，按中国宫殿样式建造的。宫殿里布满了各种中文楹联，摆列各种名贵中国瓷器，完全一派中国风格。泰国人民还十分喜爱中国古典小说，中国的《西

---

① 陈玉龙，汉文化论纲［M］．北京：北京大学出版社，1993.

汉通俗演义》《三国演义》于19世纪初被翻译成为泰文，在泰国广为流传。①

中国文化也很早就传播到了缅甸。早在诸葛亮治蜀的三国时期，汉族的先进农业技术传到了缅甸，促进了缅甸农业生产的发展。因此，缅甸人民十分尊敬诸葛亮，称他为阿公，建有诸葛武侯庙。②

早在公元前2世纪，中国和印度就有经济往来。西汉张骞第一次出使西域，在大夏（今阿富汗北部）曾看到中国的邛竹杖和蜀布，询问大夏人得知是从身毒（yuān dú，古印度音译）贩运去的。唐代高僧玄奘西行取经，曾把中国文化介绍给天竺，是一位伟大的文化传播者。他带去了有名的《秦王破阵乐》，成为天竺人民十分喜爱的音乐。他将老子的《道德经》译成梵文，流传该地。

另外，在老挝、马来西亚、印尼和菲律宾等地，很早就有了侨居的华人，他们带去了先进的中国文化，开发了当地经济。

三、中国文化在中亚和西亚的传播

西汉张骞出使西域，除到中国新疆外，还到达中亚和西亚的一些国家。从此，汉朝和这些国家都不断派遣使者往来，政治、经济和文化交流日益频繁。当时通往中亚、西亚各国的道路有南、北两条，皆东起长安。中国的丝织品被当时的中亚各国视为珍品，大量的丝绸经南、北两路运往中亚各国，甚至再经这些国家的商人转运到欧洲的大秦（罗马帝国及近东地区）等地。因此，历史上称这两条道路为"丝绸之路"。除丝绸外，中国的冶铁技术、铁器和井渠法等也沿丝绸之路传往中亚、西亚各地。

中国与南海以西的沿海各国的海上交通和贸易往来也始于汉代。随着造船技术和航海技术的不断提高，海外贸易的日益频繁，逐渐开辟出了一条"海上丝绸之路"。这一海上通道东起中国的广州、泉州、扬州等沿海港口，途经东南亚，过马六甲海峡，到达天竺，越印度洋、阿拉伯海，最后到达大食（阿拉伯帝国）。"海上丝绸之路"的开通更便利了中国文化在中亚和西亚的传播。举世闻名的中国古代四大发明（造纸、印刷、火药、指南针）就是由陆路或海路先后传入阿拉伯，然后再传入欧洲的。

便捷的海陆交通，对中国文化源源不断地输入中亚、西亚十分有利。8世纪中叶，唐人杜环因战争而沦落中亚，回国后著《经行记》一书，曾谈到他在中亚见到了不少大唐工匠，如绫绢匠、金银匠、画匠等，说明中国的这些手

---

① 暨南大学. 东南亚史论文集 [C]. 郑州：河南人民出版社，1987.
② 暨南大学. 东南亚史论文集 [C]. 郑州：河南人民出版社，1987.

工业技术早就传入了中亚。唐代孙思邈的《千金方》在元代被译为波斯文。在蒙古人统治时期,中国式的帽子、服装和宝座风行伊朗。中国画的题材,成为伊朗画家常用的题材,其画风酷肖中国。①

四、中国文化在非洲的传播

中国和非洲远隔千山万水,文化交流却源远流长。西汉张骞出使西域后,中国的丝和丝织品通过丝绸之路输往埃及。公元前1世纪,埃及女王克娄巴特拉就曾身着中国丝袍。随着中国丝织品的大量输入,大力推动了非洲的丝织业。亚历山大里亚城成为当时非洲丝织业的中心,它用中国生丝为原料加工成品或把中国缯彩拆成丝缕另行重织。随着当地丝织业的需要,中国的提花机传入埃及,促进了埃及丝织技术的发展。

唐宋时期,中非交往更为频繁。在北非和东非的许多地方发现了唐宋的瓷器和钱币。埃及的富斯塔特遗址曾发掘出唐、宋瓷片数以万计。在东非的肯尼亚有唐代的青白瓷器,基尔瓦的瓷器和瓷器碎片多到不可胜数的地步。甚至在内陆地区,像津巴布韦、马庞古布韦等地都有宋代瓷器发现。中国钱币也在这一时期流入非洲,在桑给巴尔等地区发现了大量宋代的钱币,表明唐宋时期中非文化交流已从北非发展到东非海岸,甚至内陆地区。

这时,中国先进的科学技术传入非洲。751年,阿拉伯帝国掠走中国织匠、金银匠和画匠,中国的造纸术也由此传入非洲埃及等国家(莎草纸)。10世纪末,纸张已取代埃及的纸草纸。10世纪初,中国雕版印刷技术传入埃及等非洲国家,出现雕版印刷的《古兰经》。

元朝形成的中国大一统局面,使中国和非洲的文化交流更加密切。

1260年埃及马穆鲁克王朝击败蒙古军,统治叙利亚,使中国与北非的交往又增加了一条通道,往来更加频繁。明代,郑和七次率大型船队下西洋,到达东非海岸,访问了木骨都束(索马里首都摩加迪沙)、剌哇(索马里的布腊瓦)、竹步(索马里的朱巴河口)和麻林(肯尼亚的马林迪),把中国文化直接传播到非洲的土地上。在非洲的埃及、苏丹、埃塞俄比亚、索马里、肯尼亚、坦桑尼亚、马达加斯加以及津巴布韦和南非等国都有中国的瓷器和瓷器碎片出土。中国的瓷碗、瓷盘、瓷壶,备受非洲人民喜爱,瓷器还被作为房屋和坟墓的装饰品。

中国的纸币、火药也传入非洲。中国隋唐时期发明的火药,宋代时已使用于军事,1260年埃及人在叙利亚击败蒙古军,一部分蒙古军投降埃及,带去

---

① 沈福伟. 中西文化交流史[M]. 上海:上海人民出版社,1985.

蒙军的火药，埃及由此获得火药和制造火器的工匠。埃及人把硝称为"中国雪"。

明代以后，由于西方殖民主义者的入侵，中非文化交流基本中断。

五、中国文化在欧洲的传播

中国与欧洲很早就有接触，然而双方的频繁交往则在12—13世纪以后。蒙元时期，成吉思汗的蒙古骑兵横扫亚欧大陆，将亚欧大陆连成一体。而且，那时欧洲也出现了一批来华的冒险者和旅行家，意大利人马可·波罗就是其中之一，这些人把在中国的所见所闻，用生动传奇的笔调加以介绍，引起了更多的欧洲人对中国古老文明的无限向往。如中国瓷器由马可·波罗的游记向欧洲人宣传之后，不久就在欧洲风行起来，于15—16世纪成为欧洲各国上层人物的抢手货。17—18世纪，欧洲洛可可艺术风格兴起，它以生动、优美、轻俏、自然为特色。而中国艺术风格的精致、柔和、纤巧和幽雅，正好与这种风格相近。由此，中国的工艺品，特别是瓷器，一时成为风靡欧洲的商品。从中国运往欧洲的瓷器逐渐增多，开始成为生活用品。这时，欧洲仿制中国瓷器也获得了极大成功。中国的漆器也成为欧洲争相购买的物品，法国路易十四时代，凡尔赛宫中陈设着整套中国漆制家具。17世纪末，法国工匠仿制华漆获得成功，他们的仿制漆器在当时颇负盛名。18世纪，英国上层妇女以学绘漆为时尚，中国式的绘漆成为女子学校的一门必修美工课。

这时，西欧丝制品的色调和花纹也多仿效中国。中国风格的壁纸，也是欧洲豪华家庭必备装饰品。这时，中国式风格和韵味也影响到美术界，当时不少欧洲画家模仿中国画法，意大利和法国都出现了以中国山水画为背景的笔调。中国的园林艺术对欧洲的影响最为突出。中国园林艺术寓自然美于人工创造之中，既强调完美和谐的整体布局效果，又注重多姿多彩的个体特色，每一座园林都堪称一幅优美、含蓄、高雅的立体风景画，令人赏心悦目、流连忘返，被欧洲人称为"一切园林艺术的典范"。18世纪的法国、德国、荷兰、瑞士、意大利、西班牙等欧洲国家，掀起了一股园林中国化热潮，成为"洛可可风尚"的重要内容。中国园林艺术在欧洲的传播，对欧洲人的建筑艺术和生活情调产生了重大影响。

在17—18世纪，欧洲对中国文化的推崇，也影响到了文学界，德国和法国都出现了一批宣传和模仿中国文学的知名作家，德国大诗人歌德就是其中的代表。歌德在求学时代就十分偏爱中国哲学和文学，曾在家临摹过中国花卉画，还研读过儒家经典"四书"，又迷上了中国式的建筑和园林。他崇拜孔子，认为孔子是最完美的"道德哲学家"。后来他阅读了大量中国文学作品，

曾试图把中国元代杂剧《赵氏孤儿》改编成德国式悲剧。与歌德相同，德国的洪堡兄弟、法国的雨果等人，都对中国古代文化产生了浓厚的兴趣，他们都从中国文化中汲取了丰富的营养。

中国文化经过欧洲传教士的努力西传后，被欧洲思想文化界加以吸收利用。18世纪欧洲启蒙运动时期不少重要的思想家，如莱布尼茨、伏尔泰、歌德、卢梭、孟德斯鸠、狄德罗等，以及后来的古典经济学家魁奈、亚当·斯密等，都不同程度地崇拜中国孔子和儒家思想，儒家思想成为他们"自由、平等、博爱"等民主思想的一个重要根据和来源。近代德国哲学思想，曾受到中国哲学思想广泛而深刻的影响。作为17世纪末至18世纪初德国哲学的代言人莱布尼茨，对中国文化表现出了巨大的热情。他在《中国新论》等著作中，认为中国儒家的理论同基督教的教义有许多共同之处。他把自己追求欧洲和平的"大和谐"理想与中国的"大同"及"大一统"思想联系起来，借儒家的"秩序"和"道德"表达对当时德国封建割据和诸侯暴虐的不满。莱布尼茨还发现《周易》中的阴阳二爻排列成象法与数学二进制有惊人的相似之处，对他完善二进制起到了促进作用。在此后的德国哲学中，无论是康德的道德哲学，还是费尔巴哈以人本主义为根基的"爱"的宗教，无不与中国儒家道德和人本主义相吻合。在法国，从启蒙运动的思想家到重农学派的代表人物，都受到儒学文化和孔子思想的影响。法国启蒙运动的核心人物伏尔泰，对中国文化尤其对孔子推崇备至，他从人类文明发展的高度称中国为西方人的"先生"。他认为孔子"重人道、轻天道"的思想和以"仁"为本的哲学理念，充满着人道主义精神；而西方的道德观却存在着问题，应当用儒家道德来医治欧洲社会的弊病。他认为提倡人的权力与尊严，与孔子的"爱人"学说完全一致。他以儒家学说中的道德理想主义为根据，对教会的蒙昧主义和法国的专制主义展开了猛烈的批判。

法国著名哲学家孟德斯鸠认为，与一般专制主义国家不同，中国注重利用伦理道德规范人们的行为。他还援用中国资料论述自己关于国家和法的观点，批判法国的封建专制制度。重农学派的创始人、法国著名经济学家魁奈，一生热爱中国文化，对儒家思想颇为推崇，被称为"欧洲的孔子"。他把中国社会的自然秩序、开明的君主政治、儒家的道德理想作为欧洲社会的理想目标，并在《中国专制制度》中宣称："中国的学说值得所有国家采用为楷模"。狄德罗在《百科全书》中，承认中国人具有许多欧洲人所不及的优点。霍尔巴赫在《社会的体系》一书中，极力主张政治与道德的统一关系，赞美中国是最好的政治典范，他在该书第二卷中得出一个结论说："欧洲政府非学中国不可。"

第三章

重塑大国形象——中国传统文化艺术魅力展示

第一节 中国传统汉字的书法艺术

一、中国传统汉字艺术

文字是记录语言的书写符号体系，是人类重要的交际工具之一。它既能突破时空的限制，将人类的文化创造与生活经验记述下来，使之流布八方、垂迹千古，又能推动社会发展，提高人类的精神素质。汉文字是汉族人民在长期的社会实践中创造出来的一套记录汉语的书写符号体系，是世界上历史最悠久的文字之一。

（一）汉文字的性质与特点

世界上通行的文字可以分为拼音文字和表意文字两大类。拼音文字是用一套字母来拼写每个词的声音，一般情况下，看到形体就能念出词的声音，也就能了解词的意义（如英文、法文、德文、藏文、维吾尔文等）。而汉文字则是典型的表意文字，同拼音文字比较起来，具有几个显著的特点。

第一，从形体上看，每个字都是独立的方块形状，即所谓方块字。

第二，从读音上看，汉字是一字一音，每个字代表一个音节；汉字有四声，即一种声音有四种声调。

第三，从表意上看，汉字常常利用形体来表示意义。这种情况在汉字发展

的初期非常明显，如"山""水""鱼""鸟"等的古文字，就是把实物外表的主要特征描画出来，使人一看便知。以后，虽然出现了表音的成分并发展为汉字的主体，但是，人们还习惯于依靠表意的成分来了解字义，即使字的表音部分原来也是表意字。所以，汉字实际上是一种表意文字，每一个汉字都有与其形象相符的意义。

（二）汉文字的形体与构造

1. 汉字的形体

汉字的体系是在不断演变中逐渐完善起来的。它的演变既表现在字式——字的构造上，即由独体到合体，从单纯表意到表音又表意，从异体并存到定型为一；又表现在字体——字的形体方面，即由繁入简。总的说来，汉字字式的变化较小，字体的变化则较为显著、频繁。因此，汉字的演变主要是形体的演变。

汉字的演变过程，大致可分为"甲骨文—金文—篆书—隶书—楷书"。它们之间有着一脉相承的关系，在一种字体通行的时候，往往还有其他字体作为辅助的书写形式。

甲骨文是商代后期刻在龟甲、兽骨上的文字，是现存公认的、能够确定年代的最古老文字之一。金文是商周时期刻、铸在青铜器皿（主要是钟和鼎）上的铭文。青铜是铜和锡的合金，古人称"铜"为"金"，因此称青铜器上的文字为"金文"。

篆书，有大篆、小篆之别。大篆是古象形文字的统称。西周后期，周宣王主政时，有位太史名叫籀，他对我国文字做了第一次大改革，著大篆十五篇，大篆因此得名。与大篆相对的是小篆，秦统一中国后，进行文字改革，统一文字，由大篆改为整齐、简化、规范的小篆。小篆的写法较以前的古文字有明显的区别，即把不规则形体改为平直或带弧形的线条，象形的意味明显减少，符号性却加强了，并由此奠定方块汉字的基础。小篆结束了因先秦诸侯割据造成的长期"文字异形"的状态，促进了汉字的发展和政治、经济、文化水平的发展和提高。

隶书创于秦代，定型并通行于汉代，是对汉字形体的又一大改变、又一次进步。它把小篆的长方改为扁方，改曲线为直线，使书写速度加快，改变了甲骨文以来的古文字构造，使文字失去了原来的图画意味，成为有一定笔顺的书写符号。

楷书创始于汉末魏初，至晋代渐趋成熟，并通行至今。楷书字的形体由隶书的扁方变为正方或竖长方，偏旁部首也随之标准化，有了固定的形体。这种文字，结体端端正正、中规中矩，完全成了由点画组成的方块形，在摆脱古汉字的图画意味这一点上，楷书较隶书又进了一步。

此外，还有草书和行书两种各具特色的形体。草书是一种比较潦草的字体，书写速度很快；行书是介于草书与楷书之间的字体，既不像草书那样潦草，也不像楷书那样端正，兼有两者之长而去其短，是一种很合用的手写体。

从几千年汉字的进化历程来看，其形体演变的规律，一方面表现出一种"简化"的趋势，另一方面表现为其象形成分的逐渐消失；文字作为一种工具，必然经历由繁到简的历史过程，以适应日益频繁的社会交际。而汉字由表形到表意则是由文字的本质决定的。"文字"从本质上说是"语言"的记录，写出来的"字"都是可以读出来的。"语言"不是物象的镜子，其本身与世界的关系只是"指示性"的符号关系，"语言"的这一特点影响了文字的特点。文字总是要向语言靠拢，而不是向图画靠拢，这又势必导致文字中象形成分的消亡。

2. 汉字的构造

汉字是在原始的绘画、锲刻的基础上发展起来的，其构造方式可分为两大系统：表意系统——象形、指事、会意；表音系统——形声、假借。

象形：用线条来描画实物的造字法。人类早期只有语言，没有文字，一些事情只能口耳相传。这样必然不能传之久远。后来，人们开始用图画来记事，这便形成了象形文字，视而可识，察而见意。象形文字数量不多，但它是表意字的基础，是汉字的字根，如"口""一""⊙"等。

指事：用简单的线条表示抽象的意义。这是因为有的事物难以用图画来表示，所以人们在象形文字上另加标记来指示事物所在或表示事物特征，这就是指事文字。如"刃"，在"刀"字上加上一点，表明刀口就在这里。指事字的数量极少，但也是表意字的基础。

象形字和指事字一般都是独体，古人称之为"文"；两个以上的独体合在一起，便成为合体，古人称之为"字"。"文"与"字"本来是有区别的，后来则连用成为合成词。

会意：把两个以上的独体组合起来，借以表示一个新的意义。这样就可以表达那些既无象可形，又无事可指的抽象概念。如"休"，由"人"和"木"两个独体完成，人依靠着树木，表示休息。会意字把若干图形合起来表示意义，表意的倾向比较明显，是一种较为能动的造字方式。

形声：由形符和声符两部分组成，如"粮"，由"米"（形符，表意）和"良"（声符，表音）合成。这是一种最易把握的造字法，在甲骨文中，形声字就占了20%左右，以后越来越多，终于成为汉字的主体。

假借：借用已有的同音字来代替要造的字。如"容易"的"易"字，本来有音无字，古人便借用"晰易"的"易"来表示它。假借完全摆脱了"表意"，走上了纯粹的"表音"阶段。传统的文字学把象形、指事、会意、形声、假借，加上"转注"（为了适应方言分歧或语音发展而造的字），合称为"六书"。

（三）汉文字的文化功用

中国社会早在几千年前就进入了文明社会，在数千年的历史中，创造了光辉灿烂的古代文化毫无疑问，汉文字对中国古代文化的创造起到了重大作用。

文字是文化最基本的创造工具，也是文化最重要的社会载体之一。任何一个古老民族的文化，都在史前就有了语言，以后发展出各自相对独立的象征性符号，成熟的符号便演进为文字。自从文字产生以后，文化的传承开始具有较为固定的形式，可以循着一脉相承的系统持续发展。这时候，文字不仅承载了历史的遗传资讯，更犹如一面镜子，映照出民族文化的方方面面。汉文字记载了中国的历史，谱写了浩如烟海的文献典籍，保存了丰富而宝贵的文化遗产，而且对于国家统一、文学艺术的创作以及人们思维方式的形式与发展都具有不可忽视的意义。

1. 汉文字是中华民族"凝聚力"的体现

中国是一个地域辽阔、人口众多的以汉民族为主体的多民族国家，在漫长的历史进程中，汉民族内部始终以统一和融合为主要发展趋势，并以"和"为与周边民族融通的主要指导思想。这其中，象形表意的文字作为一种共同的认知工具，无疑在增强民族凝聚力和向心力方面起着重要的促进作用。

战国时期，言语异声、文字异形，给政策法令的推行与文化的传播带来很大的障碍。秦始皇正是看到了这一点才非常重视文字的改革和统一。他重用丞相李斯创制小篆，统一六国文字。此外，当时搜集和整理出隶书的程邈，本是一介囚犯，也正因为他对文字改革有所贡献，秦始皇不仅将他从牢狱中释放出来，而且委以御史重任。秦统一了文字，不仅仅是对中国古代文字的一大改革，更重要的是对汉民族文化的发展起到了推动作用。共同的认知工具突破了地理上的限制和语言上的阻碍，使人们在心理上得到相互的认同，感情得以交流。汉文字以其特有的功能成为汉民族乃至整个中华民族统一的最基本条件之一。

2. 汉文字是中国文学艺术形成和发展的基础

如果说文字是语言的艺术，那么汉语言和作为汉语言符号的汉文字则有着更为明显、更为独特的表现能力。中国文学之所以呈现出独具一格的风貌，与汉文字的影响密切相关。

汉文字具有象形表意的特征，容易引起具体意象，这在中国文学的发展中曾受到自觉的利用，如赋和骈文就大量地运用同形旁的字。虽不无堆砌之病，却自成一体。这些文字的排列，本身就极易引起对某种具体的"意象"的联想，构成一种独特的审美效果。国外许多研究中国文字的汉学家们都注意到了这一点。如美国的东方学家费诺罗萨提醒人们：在汉字的表意字中，"联想在眼前颤动。丰富的汉字结构使人们有可能挑选一些词汇，在所选的词汇中，单独一个带支配性的联想，便可给每一层意思抹上一层色彩"①。

一般来说，汉字是单音节字，一节一音，用这种文字作诗，便形成了中国诗歌在音节变化上的独特规律，而且外观上呈现整齐对称的形式美。中国古诗被誉为世界上最为精严的格律诗，与中国文字的这种特别的表现工具是有很大关系的。另外，中国古诗简约凝练，婉而不露，虽寥寥数语，却能启动读者对其意象的领悟。如唐人崔颢的《长干行（其一）》："君家住何处，妾住在横塘。停船暂借问，或恐是同乡。"全诗仅20个字，但"墨气四射，四表无穷，无字处皆其意也"②。那年轻女子对素昧平生的男子的爱慕之心，她大胆直率而又唐突羞涩，掩饰冒失之情却欲盖弥彰……只写问候语，但其情自见，这也与汉文字的丰富表现力分不开。

与文学相似，中国古代艺术也是力图追求由象达"意"的创造。"以追光蹑影之笔，写通天尽人之怀"③，是中国艺术最后的理想和最高的成就，如颇具中国传统文化特点的中国画，画家从文字中"借取草情篆意或隶体表达自己心中的韵律，所绘出的是心灵所直接领悟的物态兴趣、造化和心灵的凝合"④。其一山一水，一树一石，一花一鸟，无不蕴含着无限的深情。书法艺术也是如此，那一点一画，一撇一捺，无不意态纵横，情趣盎然。然而这一切都与汉字有很大的关系，用最通俗的话来说，中国书法就是"写字的艺术"。"写字"就是写汉字，汉字不仅是中国书法的表现对象，而且是书法艺术的载体。可以说，没有汉字就没有中国书法。中国早期的书法（汉魏之前）本来就是与汉字合二为一的。那时候的书法就是那时候的文字——甲骨文、金文、大篆、小篆等。

3. 汉文字对汉族人民思维方式有深远的影响

语言是思维的工具，作为书面语言的文字是一种符号性的知觉媒介，能够

---

① 张隆溪. 比较文学译文集 [M]. 北京：北京大学出版社，1982.
② 王夫之. 姜斋诗话·诗绎》[M].
③ 王夫之. 姜斋诗话·诗绎》[M].
④ 宗白华. 美学散步 [M]. 上海：上海人民出版社，1981.

为思维的形成和传播提供认识程式。文字的造字法及自身的特点，都不可避免地会对使用它的人的思维模式产生不可小觑的影响。

汉字形象如画，形意相合的特征使人们在使用它们时，几乎无须了解其读音，往往可以直接从形体上就能把握它所标识的概念和意义。所以，认识汉字的过程就是以象达意的过程。这种方式的长期重复操习，便把人的思维导向一种直观把握的途径，这是中国人偏重形象思维的客观原因之一。由于大量的思维活动都在直觉的认识中进行，借"象"的认识去领悟其中的"意"，去认识和把握世界，而往往忽略了其中的分析与逻辑推理。同时，由于汉字符号化功能的弱化，也在一定程度上影响了古代中国人以简约的符号方式进行复杂的推理。可见，直观性与意会性之所以成为汉民族乃至所有中国人的一般的思维方式，汉文字起了推波助澜的作用。这就难怪那些古代哲学家如老子、庄子在论述"道之极"等本体问题时，总是点到即止，让读者自己去心领神会，或者用描述形象的寓言故事来说明抽象的道理。究其原因，除了中国人的含蓄与"和"的文化心理特征之外，大概还有汉文字功用上的约束——"难以言传"深邃的思想这个原因。

汉文字是世界上历史最悠久的文字之一，也是至今得以保存下来的典型的表意文字之一。它以独特的表意、表音方式传载了中华民族深刻久远的传统，使中国文化历经数千年而绵延于今。汉文字注重由象达意，这本身就是一种内容与形式相结合的艺术，其中既表现了中国传统对称和谐的外在美，又反映出传统文化重意重悟的思维方式。汉文字作为中国文字的主体，在构筑中国"和"文化体系方面起着不可磨灭的作用。

二、中国传统书法艺术

（一）中国书法的基本特点

书法是中国特有的传统文化艺术。书法所研究的就是写字的法度，着重研究如何按照美的规律，在点画的间架结构与气势中，生动曲折地表现审美感情，间接曲折地反映出产生这种感情的生活，以优美的形象和多样字体的形式来满足欣赏者的审美情趣。在中国文化中，书法成为了一门举足轻重的艺术，其独特性在于以汉字为表现对象，以毛笔为表现工具。

方块汉字的独特结构与丰富的内涵，为书法艺术提供了深厚的表现基础。中国书法的各个流派都是通过书写汉字来体现自己的艺术风格的。中国古人在创造这种方块字的时候，已经融入了中国人对造型美的基本见解，即结构平衡、线条流畅、整齐而有变化、均匀而有对比，每一个汉字都有艺术上的合理性。另一方面，汉字一开始就有象形意义，能够体现自然之美。因此，以方块汉字为对象的书法艺术，既能表现汉字的结构美，又能表现天地万物之美。伴随着文字从甲骨文演进为大篆、小篆、隶书、楷书、行书、草书，人们为了审美的需要就创造了美化各种字体的书法艺术。如果说文字是第一度的人类文化的伟大创造，那么书法就是以汉字为基础的中华民族第二度的伟大文化创造。书法是借助于文字来表达书法家思想、修养、爱好、情感等审美意向的艺术符号。

书法的书写是用中国特有的毛笔完成的。毛笔柔软而富有弹性，最适于用来表现变化多端的书法作品。书法线条用毛笔一笔书成，不加修饰，可以得出万千效果，并且书写不同大小的字、不同书体的字，可以分别选取不同的毛笔来达到所希望的效果。一幅优秀的书法作品，其实就是"笼天地于形内，挫万物于毫端"，能够给人以美的享受。

（二）中国书法艺术的发展

书法的起源，可推商代的甲骨文和钟鼎文，同时它们也开创了中国书法艺术先河。甲骨文已经具备用笔、结字和章法这样三大基本要素。甲骨文看似错综变化、大小不一，但字字各有均衡、对称、稳定的格局，字形构造可谓"天生丽质"或"遒丽天成"。殷、周的金文书法，雄浑多姿。周代的金文，在成王、康王以后，已经趋于成熟，形成了点画圆浑，体势雍容、工整的"宗周风格"，著名的"大盂鼎"和"毛公鼎"被誉为登峰造极之作。周朝的文字笔画繁多，称为大篆或"籀文"。周代出现的"石鼓文"，更为石刻中之精品。石鼓文的出现可看作是从大篆向小篆的过渡，其不仅在结字上有明显的规律性，而且在笔画的借让方面也注意均衡和虚实。自秦朝起，中国文字统一，简化大篆，风行小篆与隶书，并有刻符、虫书、摹印、署书、殳书等共八体。相传为李斯所写的颂扬皇帝功德的《琅琊台刻石》《泰山刻石》，表现了一种典丽精工、一丝不苟的风格。这种风格一方面展示了大秦帝国的辉煌功业，另一方面也树立了一种书写规范，表现了小篆的谨严的面目。汉承秦制，以隶书为主。当时文字的应用更广泛，刻石纪功颂德成风，书家渐多，于是书法独立门户，在中国传统艺术中举足轻重。古书描述过宰相萧何为了一个题额，而"覃思三月"，写成之后，"观者如流水"。

书法艺术的审美性由此发扬光大。汉代书法上最为重大的变革就是隶书的定型化，亦称"隶变"，已成当时法度森严的官方标准书体。它既承袭秦篆书之规矩，又下启魏晋南北朝隋唐真书（即楷书）之风范，初学书者，多从汉隶起。一般来说，在早期的汉隶中，大多用短画方笔，是以劲和拙为特征的。

汉以后，三国两晋时期真、行、草三体具备。三国时的隶书就已经向楷书演化，此时的楷书虽有隶意，但是楷书的形制初具。钟繇的带有隶意的楷书可为代表，而且出现了王羲之这样的书法大家。王羲之被称为秦汉以来集大成的"书圣"，他的作品亦流芳百世。到了隋代楷书渐趋定型，发展到唐朝已成刚健雄强之势，书法中"大唐风范"已成。初唐由于唐太宗的提倡，王羲之的书法盛极一时。初唐四家中的欧阳询、虞世南、褚遂良等，都与"二王"的书法有着或多或少的承继关系，但亦各成一家。颜真卿则步王羲之后尘，开创了"阳刚之美"的书法艺术审美流派。而李邕、张旭、怀素在行草上均有重大突破，使中国书法在盛唐时大放异彩。宋代书家代表人物是苏轼、黄庭坚、米芾、蔡襄，他们开创了"尚意"书风之先河。元代书法的特征是"尚古尊帖"，代表人物是赵孟頫。明代祝允明以行、草为上乘，文徵明的书法以行书与小楷为佳。明代晚期最有影响的书法家是董其昌，他注重古人的成就，但又凭着自己的眼力和心思去摄取古人笔法与结构上的奥秘，从而形成了自己的书法风格。清代书坛最具有特色的是碑学的兴起以及伴随着对碑学的新阐释而出现的篆隶书风，与上千年来的宗帖书风相抗衡，字体日益规范，文字应用极为普及发达，而考古发现的甲骨文与篆书重整旗鼓。整个清朝，真、草、隶、篆与欧阳询、颜真卿、柳公权、赵孟頫四家，尽领风骚，古代书法借此日臻完善。

综上所述，中国书法历经了甲骨文、金文、大篆、小篆、隶、楷、行、草这样的演变。这个演变的过程贯穿了简化与美化这两条基本主线，由繁至简，由难到易，既要实用，又要美观。这些正是认识书法发展史的一个切入点。

(三) 古代书法名家举要

1. "书圣"王羲之

王羲之，东晋书法家，字逸少，琅琊临沂人，早年书法师从卫夫人，后博采众长，长于小楷，行草诸体，自成一家。王羲之书法"字势雄逸"，也有人说是如"清风出袖，明月入怀"。其书诸体备精，正书形密势巧，行书逸媚劲健，草书浓纤折中。他的《兰亭序》（图3-1）被誉为天下第一行书。公元353年（永和九年）3月3日，王羲之和谢安等人在兰亭聚会，与会者饮酒赋诗，后把这些诗篇汇编成集。《兰亭序》就是王羲之为这个诗集所写的序。原帖由王羲之用蚕茧纸、鼠须笔写成。据说王羲之事后又写过许多幅，但都没有当时写的这一幅好。此帖的字极富变化，有人指出帖中有二十个"之"字，每个都不相同，叹为一绝。相传唐太宗非常喜爱王羲之的墨迹，甚至死后还把他的《兰亭序》真迹带入昭陵。《兰亭序》被称为天下第一行书，真迹今已不存，流传下来的都是唐代书法家的临摹本。王羲之一生刚正、淡泊，其书法与精神相似，自有仙风道骨，少有后世书法家可比。

王羲之的儿子王献之与他齐名。据说王献之少年时期到处寻找成名成家的捷径，王羲之告诉他，只要把庭院中十八口大水缸装满水，然后将水研成墨汁，把墨汁写尽，捷径也就找到了。王献之心领神会，勤学苦练，进步很快。王献之的行书和草书比其父亲更加简易流畅，其书挺然秀出，气势开张，风流英俊，传世墨迹有《鸭头丸帖》《送梨帖》等。

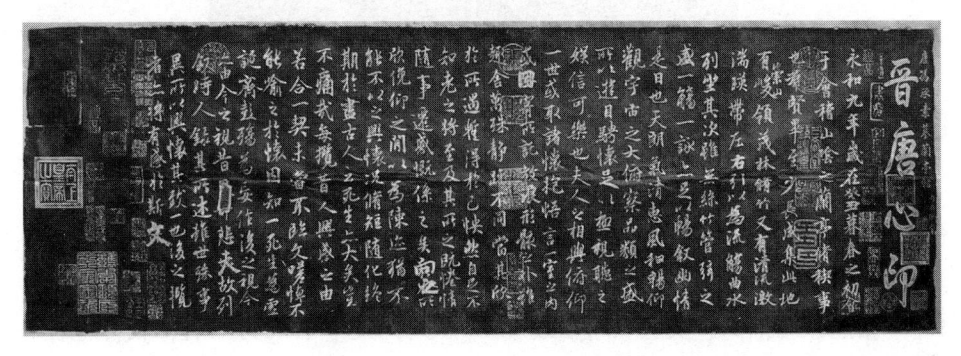

图 3-1　王羲之《兰亭序》（全图）

2. "天下第一"楷书颜真卿

唐代的雄阔书风以颜真卿为代表。颜真卿，字清臣，祖籍琅琊临沂。颜真卿曾浴血疆场，他的戎马经历给他的书法带来刚劲雄健之气。他综合百家，向民间学习，锐意创新。颜体楷书端庄厚重、气度伟岸，最能反映盛唐繁荣强大、富有生机的社会风貌，世称"颜体"。颜真卿的《勤礼碑》（图 3-2）等作品，代表了楷书的最高成就。

颜真卿的《祭侄稿》被后人称为"天下第二行书"，可同王羲之的《兰亭序》相媲美。唐代颜真卿、柳公权，其书法风格号称"颜筋柳骨"。《祭侄稿》写于公元 758 年。公元 755 年，唐朝爆发了安史之乱，北方许多地区落入叛军之手。颜真卿所在的平原郡得以固守，其兄也固守城池，其侄颜季明在自己父亲与叔父之间起着重要的联络作用。后来安禄山攻打常山，经过三天激战，城池被攻破，颜真卿的兄长被俘，侄子颜季明被砍头示众。颜真卿获悉凶信后，肝肠寸断，悲痛万分，以血和泪写下了这篇祭文草稿。

图 3-2 颜真卿《勤礼碑》（局部）

3. 草书之圣张旭

张旭，字伯高，吴县（今江苏苏州）人，其草书最为知名，相传他往往在大醉后呼喊狂走乃落笔，世人称"张颠"。杜甫在《饮中八仙歌》中这样形容："张旭三杯草圣传，脱帽露顶王公前，挥毫落纸如云烟。"他的草书，被称为"狂草"，他被人称为"草圣"，代表作《古诗四帖》（图3-3）等，其书简直就是舞蹈、音乐，充满激情，"伏如虎卧，起如龙跳，顿如山峙，控如泉流"。评者只有赞颂，没有微词，书法史上，唯张一人。

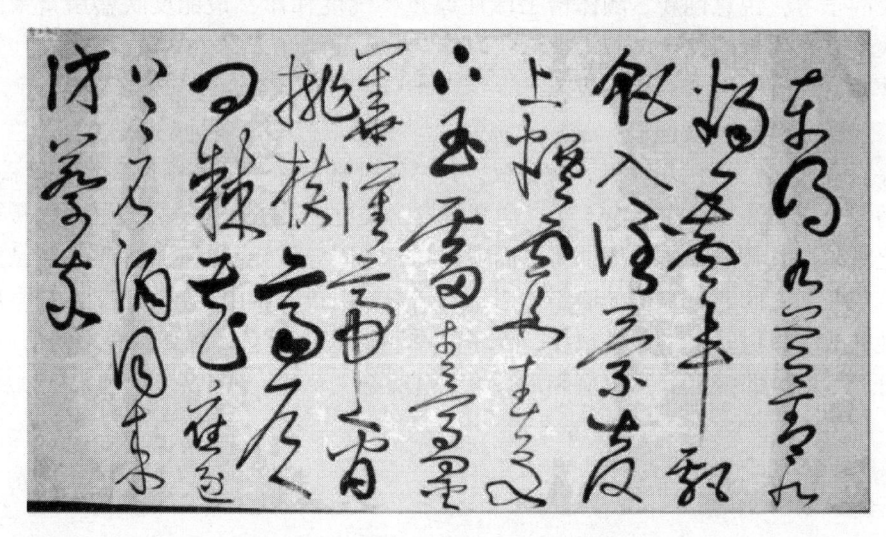

图 3-3 张旭《古诗四帖》（局部）

4. 醉僧怀素

怀素，僧人，长沙人。他性格疏放、不拘小节，相传秃笔成冢，以蕉叶练字。其好酒，兴酣时在墙壁、器皿、衣裳上随意书写，因此被称为"醉僧"。怀素草书得张旭真传，并在张旭的大草上有所革新，故称"癫张狂素""以狂继癫"。其草书千变万化，虽率意癫狂，而不失法度。其书风至晚年趋于平淡，笔老而意新。

《自叙帖》（图3-4）是怀素的代表作，笔力最为狂纵，全文纵横奔放，一气呵成，其势如长江大河，奔泻千里，于参差变化中得匀称，给人以巧夺天工、奇趣天成之感。

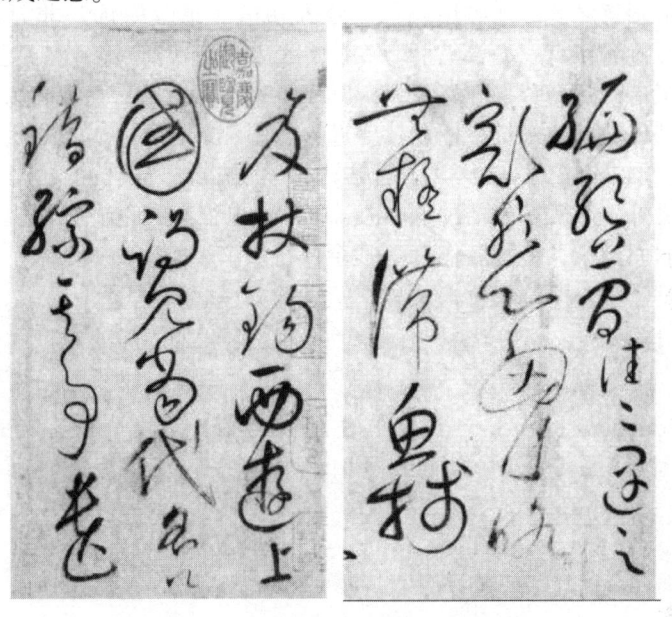

图3-4 怀素《自叙帖》（局部）

5. 宋代（北宋）四大家

宋代"苏黄米蔡"四大家，各具风貌，苏轼擅长"画"，黄庭坚擅长"描"，米芾擅长"刷"，蔡襄擅长"勒"。也有人说四家中的"蔡"是指蔡京，但后人实在是厌恶蔡京的人品，遂改为蔡襄了。

宋四家中之首要，当推苏东坡，他独擅"四绝"，即诗、文、书、画均绝佳。黄庭坚曾云："文章妙天下，忠义贯日月"，当不属为过。苏东坡的《黄州寒食诗帖》（图3-5），人称"天下第三行书"。《黄州寒食诗帖》，纸本，行书。苏轼自作五言诗二首，凡十七行，计有207个字。后有黄庭坚大行书跋，明代董其昌小行书跋，现藏于台北故宫博物院。龙协涛先生曾评论《兰亭序》

是雅士超人的风格,《祭侄稿》是圣哲贤达的风格,《黄州寒食诗帖》是学士才子的风格,从中也可悟出中国书法美之精髓。

黄庭坚精通书法诸体,草书取法怀素,楷书学习颜真卿。"晚入峡见长年荡桨",顿悟书法,书艺大增。其行书、大草尤佳。他的行书奇拙中寓浩逸之气,纵横开阖,遒劲恣肆如长枪大戟;草书沉着而又痛快淋漓,用笔圆润,随心所欲,代表作有《诣旨上庚帖》《松风阁诗》(图3-6)等。

米芾,人称"米南宫",工行、草书,是宋四家中又一书画绝佳之大师。苏轼称其书超妙入神。他的字潇洒脱俗,气韵酣畅,字的大小、粗细、浓淡、枯润、断续、藏露,刻意精心,又不露痕迹,就像他的山水画一样跌宕绚丽,书法具诗情画意之美。他妙用侧锋,令人知道"笔笔中锋"非万古不变的法则。他的传世名作有《苕溪诗卷》(图3-8)以及《蜀素帖》《虹县帖》等。

蔡襄工楷、行、草书,善章草。学虞世南和颜真卿,兼取晋人法。他的书法,行笔结体端庄、稳健、遒劲、飘逸,有温和、含蓄、宽厚之美,代表作有《自书诗卷》(图3-9)以及《山居帖》《离都帖》《万安桥记》等。

四家之外,宋徽宗赵佶独创"瘦金体",也很有特色。它外观瘦硬,内蕴丰腴,秀丽而挺拔,传世名作有《瘦金体千字文》(图3-10)。

图 3-5　苏东坡《黄州寒食诗帖》(全图)

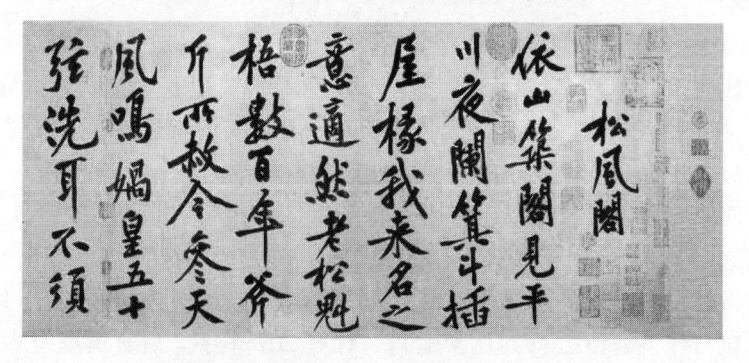

图 3-6　黄庭坚《松风阁诗》(局部)

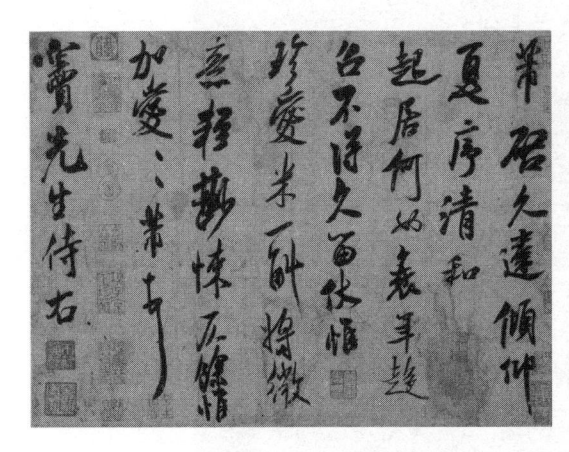

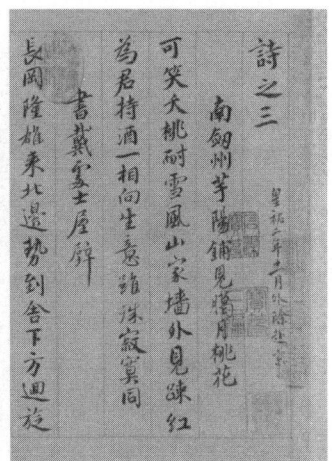

图 3-8　米芾《苕溪诗卷》（局部）　　图 3-9　蔡襄《自书诗卷》（局部）

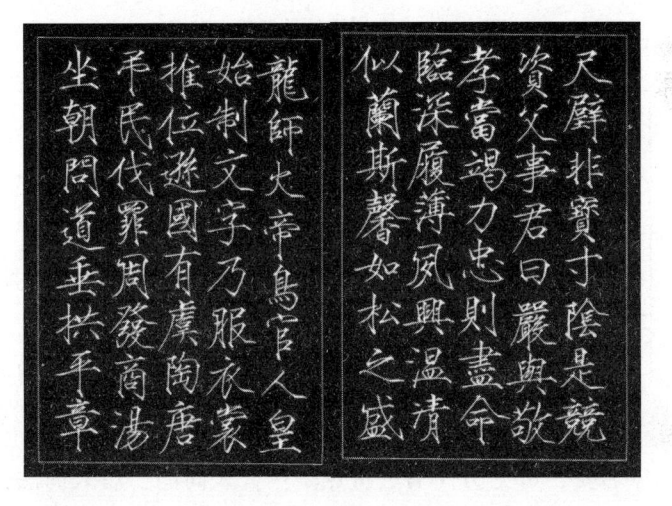

图 3-10　宋徽宗赵佶《瘦金体千字文》（局部）

(6) 清代郑板桥

郑板桥为画竹（图 3-11）大师，他的书法"隶篆参合行楷，非古非今，非隶非楷，纵横错落，自成体貌"（图 3-12）。他下笔如作画，方圆不拘，特别强调左右倚合，字的形体夸张，如长字更长，宽字更宽，斜者更斜，散者更散，舒缓者更舒缓，亦书亦画，穷极外形变化，为书界一大奇才。

图 3-11 郑板桥的竹子图（全图）

图 3-12 郑板桥《难得糊涂》（全图）

纵观书家名要，可见历代书法特点是：晋人尚韵，唐人尚法，宋人尚意，明人尚姿，清人尚变。正所谓王羲之代表平和含蓄，颜真卿代表遒劲雄健，苏东坡代表自由豪放。中国书法之博大精深，既玄妙又不失章法，是中国古代文化之重要瑰宝。

第二节 中国传统绘画艺术

中国绘画（简称"中国画"或"国画"）历史悠久，与西方油画有截然不同的特色。6000多年前，中国人已开始用线条在当时的陶器上绘出鱼、蛙等图形。夏商周三代青铜器上的精美图饰，标志着当时的绘画技艺已经达到相当高的水平。此后，中国人又在丝织品、石窟的墙壁、宣纸等物体上用墨作画，逐步形成中国绘画的独特风格和技法。

一、中国绘画的特点

（一）中国绘画中的"诗情画意"

中国绘画追求绘画的意境，强调借助自然形象表现人的思想、情感、意趣、品格、精神，画中寓有诗意。意境这种艺术概念常常是易于意会，难于言传。

它是情与景、意与境的统一。意和境的关系也就是心与物的关系，它既是客观景物的真实再现，又是艺术家思想情感的充分抒发。王国维认为"境界"应包括情感与景物两方面，"境非独谓景物也。喜怒哀乐，亦人心中之一境界。故能写真景物，真感情者，谓之有境界。"（《人间词话》），他所提出的"境界"说即是意与境的统一。宗白华先生对意境有一段评说，他指出人与世界接触，因关系的层次不同，可有五种境界：为满足生理和物质需要，而有功利境界；因人群共存互爱的关系，而有伦理境界；因人群组合互制的关系，而有政治境界；因穷研物理，追求智慧，而有学术境界；因欲返本归真，冥合于人，而有宗教境界。因此，欣赏一幅中国画，就像在吟诵一首中国诗。例如，看宋代马远的画《寒江独钓图》，就会想起唐代柳宗元的诗《江雪》："千山鸟飞绝，万径人踪灭。孤舟蓑笠翁，独钓寒江雪。"唐代诗人刘禹锡讲："境生于象外"，艺术家只有创造出"象外"悠远无际的艺术空间，才能收到"言有尽而意无穷"的神奇效果。显然，画与诗的表现内容与意境非常接近。中国的诗与画经常是相互融合、相互启发的。

（二）中国绘画中的"以形写神"

"形"指外部的形象、形态，"神"指精神、情趣、人格等。中国画家很

早就有不求形似的主张。宋代苏轼所写的"论画以形似，见与儿童邻"的诗句就是对这种艺术主张的概括。中国传统的画法主张绘画不应以表面的形似和制造幻象为目的，而应该"以形写神"，将艺术化地展现所画对象的精神气质作为绘画的最终追求。如画梅花，就要画出凌霜傲雪的姿态和孤芳自赏的意味，而不强求朵朵梅花如何真实。五代的荆浩曾说："似者得其形，遗其气，真者气质俱盛"，"似"就是指形似，"真"就是指对事物的气质和神韵的完美表现。荆浩的话中已经将"似"与"真"相提并论，从而指出"真"就是应该完整地表现对象的风神气度。中国绘画不以模拟对象的质感为目的，而是在充分发挥中国绘画工具材料的艺术表现力的同时，力求摄取对象的神韵，达到"不似"而"真"的目的。中国画中的"皴法"就是一种很有特点的表现手法。"皴法"最初指在勾定的对象轮廓之中加上一些不规则的线长来代替原来瓶图的颜色，以增加对象的质感。在唐末，皴法刚创立的时候，还有模拟的倾向，但到了宋代以后，它越来越远离了对物体质感的表现，而逐渐成为一种表示画者笔墨风格的绘画符号了。

(三) 中国绘画中笔和墨的有机结合

中国绘画的主要工具是毛笔和水墨。用毛笔绘画是中国画最主要和最基本的技法。毛笔柔软、绵长、伸缩自如，精细灵活，用它来画线造形、构图设墨、施彩敷色，接近于书法。所以，中国有"书画同源"的说法。元代赵孟頫在《秀石疏林图》上题道："石如飞白木如籀，写竹还应八法通。若也有人能会此，方知书画本来同。"意思是说，画石头用飞白笔法，画树木用篆书笔法，画竹子要用八种基本笔画的写法，能够做到这些，就明白书法原理和绘画原理是相通的道理了。

中国绘画因而显示出一种抽象与虚空，表现了中国文人所追求的出神入化。中国绘画用笔有粗、细、转、折、顿、挫、提、按、轻、疾、徐之分，画家以此来描绘自然界各种物体的不同形象、势态，表达自己的喜、怒、哀、乐。

用墨是中国绘画的另一个特点。中国画家认为水墨为上，墨分五色，即以黑墨为主，其他色彩为辅。他们以焦、浓、重、淡、清等不同墨色代替别的颜色，并用干、枯、湿、泼、渲、刷、破、积等水墨调和与运笔的不同技法，展现出不同的色彩与线条效果。所以中国画又被称为水墨画。中国画中，"笔""线"好像筋络骨骼，"水""墨"则如肤肉血液，两者浑然一体、相互映衬，达到"以形写神""形神兼备"的艺术效果。中国画家因此而能用寥寥数笔、几点水墨，就勾画出栩栩如生的花鸟、鱼虫、山水、树草、泉石、屋桥等。如齐白石画虾，寥寥数笔，活灵活现的虾便跃然纸上了。

(四) 中国绘画中的"风骨劲健"

中国画家异常重视的笔法内涵就是"风骨"。所谓"风骨"，是指绘画作品通过形式表现思想精神的内在强度和感染力。南北朝的谢赫在《古画品录》中提出描绘艺术形象的六条法则或评判绘画优劣的六条标准，世称"谢赫六法"。其中第二条是"骨法，用笔是也"，即把画家的笔以及画面所显示的笔法与"骨"的概念联系起来。宗白华指出："骨"就是笔墨落纸有力、突出，从内部发挥一种力量，虽不讲透视却可以有立体感，对我们产生一种感染力量。风骨是创作主体的感受、情感、旨趣的一种对象化的反映，也就是说画家的气质、神采可以通过笔下的形象体现出来，让观赏者感受到。风骨劲健是中国画的一大精神特色。刚健有为是中国传统文化的基本精神之一，长期以来这种思想也影响着中国古代的绘画创作，使中国的绘画创作追求一种个体精神的寄托和抒发，体现出强劲的风骨特色。

(五) 中国绘画中的动态散点透视

中国绘画不固定在某一个点上来观察事物，而是用流动的眼光看待世界，采用"移动透视"的表现手法处理构图。近代画家把这种画法叫作"散点透视"，也有人叫作"不定点透视""运动透视"等。因此，中国画不受时间和空间的限制。中国画家采用"三远"法和"以大观小"法等来进行画面的结构布局。

"三远"就是"高远""深远""平远"，即"自山下而仰望山巅谓之高远，自山前而望山后谓之深远，自近山而望远山谓之平远"。"以大观小"是一种俯视画法，好像人站在更高的山上或空中进行写生一样，再大再高的山峰也尽收眼底，形成居高临下之势。中国的山水画作者常把高耸的山峰、涓涓的流水、曲折的小径、茂密的树林、活动的人物，统统组织到一个画面中，使人看得全、看得远、看得细，可以浮想联翩。所以中国画中的山水因而显得重重叠叠、缥缥缈缈、变化万千、气象雄伟。北宋范宽的《溪山行旅图》和元代赵孟頫的《鹊华秋色图》等作品，都能体现这些特点。尤其是《清明上河图》中拱桥的那一段，桥上桥下、屋内屋外，表现的内容极其丰富，这就是运用了"移动透视"的构图法。

中国画家还喜欢在画面上留出一些空间，让观者去想象、补充，即所谓"空白"。中国画描绘事物以含蓄而鲜明的描绘主体为重，除必要的点缀和陪衬之外，大多不画背景，剔出一切多余之物，在画面上留有较多的空白。"画

了鱼儿不画水，此间亦是有波涛。"宗白华就以宋代马远的画为例说："中国画很重视空白。如马远就因常常只要一个角落而得名'马一角'，剩下的空白并不填实，是海，是天空，却并不感到空。空白处更有意味。"如现当代著名画家齐白石画虾不画水、画蝌蚪不画青蛙，就是这个道理。

近代中国画吸收了西方绘画的一些技法，如焦点透视（固定一个点观察与取材）、块面造型、色彩涂抹等，在传统的基础上，又增添了新的时代气息。

二、中国画分类

中国画的种类很多，可按不同的标准进行分类。

按照绘画的创作思想与审美情趣分类，中国画可分为文人绘画、宫廷绘画、宗教绘画、市民绘画和民间绘画五种。

文人绘画又称"士大夫写意画"，是中国画的主体，主要表现中国封建文人和士大夫的创作理念和艺术品位。他们最热衷的是将水墨写意和诗、书、画相结合，作品大都取材于山水、古木、竹石、花鸟，并赋予这些景物以强烈的抒情特征，不拘形似，强调神韵。宫廷绘画是指宫廷专职画家创作的带有富贵豪华气息，细致高雅的图画。宗教绘画是指画在寺庙与石窟的壁上，表现宗教人物故事及教义的图画。市民绘画主要指小说戏曲读本中的插图。民间绘画是指普通平民创作的乡土气味浓郁、质朴无华的作品，主要与民间习俗有关，如财神、门神、送子图、福寿图之类。

按照绘画的内容分类，中国画可分为人物画、山水画和花鸟画三大类。

按照绘画的技法分类，中国画有工笔画、写意画和半工写（兼工带写）等。工笔画用工整细致的线条勾勒轮廓，有的涂的是重彩，有的是淡彩，有的不着色。不着色的工笔画也叫白描。写意画是中国画的主流，它用较自由放纵的笔法描绘自然景象，以表达作者的主观意愿。其中又分水墨写意，重彩、泼墨、泼彩写意以及大写意、小写意等。

三、中国著名绘画作品鉴赏

（一）《五牛图》——韩滉

韩滉（723—787），字太冲，长安（今西安市）人，擅长画人物及农家风格景物及马、牛、羊等动物。其代表作有《五牛图》（图3-13）以及《文苑图》《田家移居图》等。

《五牛图》纵20.8厘米，横139.8厘米，现藏于北京故宫博物院。画中五头牛一字排开，神态各异，或行，或止，或侧头蹭痒，或回首顾盼，整幅画除最右侧一丛小树外，别无其他衬景；五头牛既可独立成图，又能前后呼应，构成一个统一的整体。画家用粗重厚朴的线条，准确地描绘出牛的形体结构，再以浅色渲染牛的眼、鼻、蹄趾、皮毛的花色等，使之具有一定的体积感和质感。画家深得"以形写神"之法，把牛特有的沉着磊落、温驯敦厚的气质与神态生动自然地描绘出来。在牛的形体塑造上，《五牛图》打破了汉代只画牛侧面和平面的装饰性格局，生动地表现牛的各种动态。尤其是中间一头牛，正对观画者，角度独特，由于画家准确画出了牛的透视关系，立体感极强，因此也是形神毕备。《五牛图》画在吸水性强、着色效果好的麻纸上，画家利用绘画材料的特点，发挥了用笔设色的长处，既追求画面整体上的厚重效果，又不失细节（如牛的眼睛）的精确刻画，显示了中国画描绘对象的优长之处。

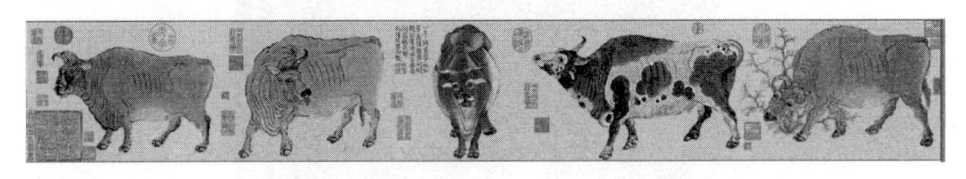

图3-13 韩滉《五牛图》（全图）

（二）《步辇图》——阎立本

阎立本（约601—673），唐初画家，雍州万年（今陕西临潼）人。隋代画家阎毗之子，阎立德之弟。唐太宗时，阎立本任刑部侍郎，后代兄做工部尚书，总章元年为右丞相。他继承家学，并师法张僧繇、郑法士，而能"变古象今"。他擅画人物，笔力圆劲雄浑，能刻画出人物性格特点和神态气度，是唐代人物画的先驱，流传作品有《步辇图》（图3-14）以及《历代帝王图》《职贡图》《萧翼赚兰亭图》等。

《步辇图》，又名《唐太宗步辇图》，现藏于北京故宫博物院。此画以唐太宗贞观十五年（641年），吐蕃王松赞干布与文成公主联姻的历史事件为题材，描绘了唐太宗接见吐蕃王派来迎接文成公主的使臣禄东赞的情景。画的中央上方有《步辇图》三字，是宋高宗赵构的手笔，并盖有印记。画的右面正中是唐太宗盘膝坐在步辇上，神态自若，雍容大度；有二宫女一前一后，肩挽辇带、手扶辇柄，徐徐前进。辇的两侧，分列四个宫女一同扶辇。辇的外围有持

宫扇及红色伞盖的三名宫女分列在辇的两边和后面。画的左面，后为一穿白袍的内官，前面是一朱衣执笏引班的礼官，中间是吐蕃使者禄东赞。使者彬彬有礼，着平顶小帽，团花窄袖长袍，双手合掌，表现出真诚迎接文成公主进藏时的友好心情。阎立本可能参与了这次会见，此画真实地再现了当时的情景。作品对不同人物的身份、气质、仪态和相互关系表现得恰到好处，衣纹简劲纯熟，设色单纯沉着。从作品看，他的画法是先钩墨线，而后敷色，设色中有平涂、有渲染，但色上不再以色线勾勒。整个画面线条流畅，色彩和谐，是一幅出色的工笔重彩人物画卷。

图3-14　阎立本《步辇图》（局部）

（三）《送子天王图》——吴道子

吴道子（约680—759），唐代画家，又名道玄，阳翟（今河南禹州）人。

吴道子初从张旭、贺知章学习书法，未成而罢，转习绘画，年未二十，崭露头角。他曾任小吏，浪迹洛阳时，被唐玄宗召入长安宫中，授以"内教博士"。其擅画道释人物，亦善画鸟兽、山水，在长安、洛阳两地寺观，作壁画三百余间，"奇迹异状，无一同者"。其画佛像圆光，屋宇柱梁，皆一笔挥就，不用规矩；所画衣褶，笔势圆转，表现出当风飘舞的状态，故有"吴带当风"之说。其画被列为"神品上"，历代论者尊他为"画圣"。吴道子画迹有《明皇受篆图》《十指钟馗图》，著录于《历代名画记》；《孔雀明王像》《托塔天王图》等93件，著录于《宣和画谱》；传世作品有《送子天王图》（图3-15）。

《送子天王图》，又名《释迦牟尼降生图》，纸本、白描、无款，传为吴道子所作，一说是宋人摹本。画面上是释迦牟尼降生后，他的父亲净饭王抱他去拜谒天神的情景。画分两段：前段描绘天王召见送子之神，送子之神及瑞兽奔驰前进，然后天王骑上瑞兽神态自若，流露出激奋愉悦之情，侍臣牵着瑞兽奔跑；后段描绘净饭王抱着初生的释迦牟尼，缓步来到神庙中，诸神慌忙匍匐下拜的情节。从对净饭王和天神形象的刻画以及表现他们的动作，有力地烘托出褓褓中婴儿的不凡。全画描写了众多人物和神怪，个个生动逼真，其动作和表情足以揭示其各自不同的心理活动。此画基本造型手段是线条，其挺拔有力，具有准确和生动的节奏感。

图 3-15　吴道子《送子天王图》

（四）《清明上河图》——张择端

张择端（约1085—1145），北宋画家，字正道，琅琊东武（今山东诸城）人。他早年游学汴京，后学习绘画，宋徽宗时供职于翰林图画院。张择端喜欢画城市、宫室景物，尤工舟车、市街、桥梁，皆惟妙惟肖，独具风格。其传世画作有《烟雨风雪图》《西湖争标图》，代表作是《清明上河图》（图3-16）。

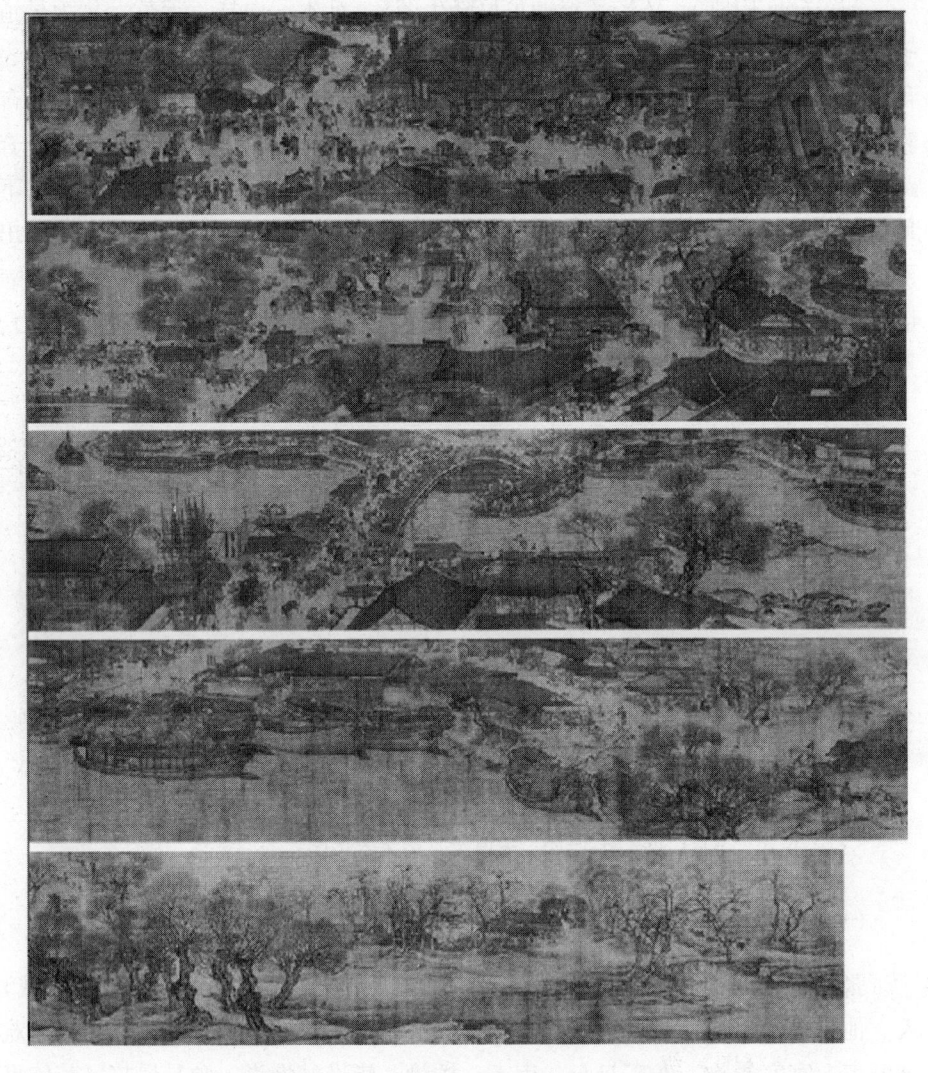

图 3-16 《清明上河图》张择端（全图）

《清明上河图》，画幅呈长卷，纵 24.5 厘米，现藏于北京故宫博物院。画面描绘 12 世纪的一个清明时节，北宋首都汴京东角楼部分街区和郊外汴河沿岸一角的景象。画出各种人物 500 多个；驴、马、牛、猪、骡、骆驼各类牲畜五六十头；各种车、轿 20 有余；大小漕运舟船 20 多只；楼台、农舍、店铺 30 余栋。人物活动有赶集的、贩卖的、饮酒的、问卦的、剃头刮脸的、骑驴的、乘轿的、买药的、闲谈的、打盹的，还有推车拉舟、探亲上坟、说书杂耍、井边汲水等，形形色色，生动活泼。此画从郊外起首，渐渐接近繁华闹市。郊外水塘、小溪、小桥、茅舍、古柳、丛林，清新寂静；赶集的人群和驮运的骡马，沿着乡间小路渐次奔赶市街；汴河流贯市街，河内船只有的停靠岸边、有的在激流中行驶。再向前到了拱桥，这是长卷的高潮处，一只船放下桅杆正待过桥，桥上的人群奔向两侧扶栏为船工呐喊加油；一个人站在船篷上提醒船工，船篷下还有两人伸手呼叫。过了拱桥便是街市中心，街道两旁酒楼店铺、达官宅府各异其趣。街市上熙熙攘攘，热闹非凡。画家运用散点透视法，让观者观赏了北宋社会颇具代表性的一角。作为史料，北宋的农业、手工业、交通运输、商业贸易、建筑修造以及世俗生活、文化活动等都可以在这帧长卷里找到具体形象。作为艺术品，它以宏阔的场面、丰富的内容、纯熟的技巧，表现了中国风俗画的最高成就，浓缩了北宋市民艺术的审美趣味和审美理想，是中国古代绘画史上的伟大著作。

（五）《雪景寒林图》——范宽

中国山水画在盛唐时期已颇具特色，五代、宋初是山水画大发展的时期，产生了许多影响深远的山水画大家。画史上把董源、李成、范宽称为北宋初年的三大家。董源画草木葱茏、烟雨迷蒙的江南景色，李成画平远萧疏、林木清旷的齐鲁风光，范宽则画峰峦浑厚、雄博苍劲的关中山川。三家三种风格，形成北宋山水画的三大主流，均有"百代标程"之誉。

范宽生卒年不详，据画史记载，他生于五代末，在宋仁宗天圣年间（1023—1031）还健在，陕西华原（今陕西铜川耀州区）人。因为他性情宽厚，不拘成礼，时人呼之为"宽"，遂以范宽自名。他的山水画早年师从李成、荆浩等山水名家，后来潜心自然，有"与其师人，不若师造化"的感悟，对景造意，自成风格。范宽擅长创造"雪山"景致。画面上，白雪皑皑的群山与参差错落的寒林形成强烈对比，气势高旷磅礴，画境逼人。《雪景寒林图》（图3-17）堪称其代表作。

《雪景寒林图》纵193.5厘米，横160.3厘米，绢本，现藏于天津市博物馆。此图群峰耸立，山势峻峭，深谷处寒气逼人，一片雪景，溪水畔空旷寂寥；山石起伏处，村居、寺院掩映其间，尤添生气。范宽"笔力老健"，并恰到好处地运用细密的"雨点皴"和润泽的墨色，描绘出雪后山巅的圆实之感。山间寒气的弥漫和树石的坚实感对比鲜明，强化了画面意境的幽静、雄壮、浩莽。在笔墨运用上，范宽可谓匠心独具，以水墨渲染，空绢为雪，积雪处不着笔墨却形质突出，用苍笔勾寒林枝干，繁复之中见严谨，充实之中见疏密，枝干上虽不着雪，但寒冬林木、冷寂劲拔的气度却表现得极为充分，给人以身临其境之感。明代山水大家董其昌曾对范宽的画作评论道："瑞雪满山，动有千

里之远；寒林孤秀，俨然三冬在目。"范宽的作品正所谓"画山画骨更画魂"，画家笔下的山水气骨和灵魂令人感奋。

图 3-17　范宽《雪景寒林图》(局部)

第三节　中国传统戏曲与曲艺艺术

戏曲和曲艺是我国传统文化中的瑰宝，有着悠久的发展历史，是人民群众喜闻乐见的艺术形式，二者彼此汲取营养，有着千丝万缕的联系。戏曲和曲艺虽然联系紧密，但却是两种不同的艺术形式，在很多方面都有不同之处。

一、中国戏曲艺术

(一) 中国戏曲艺术的产生

在音乐、舞蹈和说唱艺术形式基础上产生的戏剧艺术，是伴随着社会商品经济的发展、社会物质生活日渐丰富而出现的一种文化休闲娱乐方式。唱、念、做、打是中国传统戏曲表演艺术的"四功",也是集声感、形感于一体的表演方式,即通过语言、动作的表演,表现各种人物和跌宕起伏的故事情节。其中的唱,包括唱腔和唱词以及乐队伴奏,这些均属于戏曲音乐的范畴,是戏曲表演艺术的精华之一。中国的传统戏曲表演,不仅通过唱词表现人物的内心世界、性格和故事情境,还通过"做"表现故事情节和特定环境,更通过或激昂、或委婉、或悲愤、或凄凉的唱腔,感染观众的情绪,以烘托唱词所表现的气氛。可以说,中国的传统戏曲将说唱艺术和舞蹈表演艺术融为一体,通过视觉和听觉,给观众一种特定的情景感受,使人在欣赏的同时,获得心理或感情上的共鸣,这也是中国传统戏曲艺术的魅力所在。在中国古代社会,从事百戏表演的艺人多为世代相传。有些百戏经过一代代艺人的不断加工、提炼和改进,在吸收说、唱、舞(做)等各种表演形式的基础上,表演内容和方式被长期固定下来,成为一种固定的表演艺术形式。唐代的参军戏就是在不断的演进中,吸收其他表演艺术形式,而逐渐发展为一种新的表演艺术形式——戏剧。

中国传统戏剧作为一种集说、唱、做(舞)为一体的表演艺术,不仅是社会发展与进步的产物,也是中国古代传统的百戏、乐舞、散乐等传统音乐、舞蹈艺术以及说唱艺术不断发展的必然结果。

中国的戏剧表演艺术兴起于宋金时期。这一时期的戏剧有杂剧、讲唱戏、歌舞戏、南戏、傀儡戏、影戏等几类。其中,尤以杂剧最具代表性。

通过对出土的杂剧砖雕进行分析,可知宋代杂剧在表演时,一般有四五个角色。表演者的服装多为生活中的常装,或稍加装饰。道具也是人们日常生活中的用具,或稍加夸张性的处理。从扮相看,角色有庄重和滑稽两类:庄重者多带幞头,穿圆领长袍或大袖袍服;滑稽者多为短衫打扮(图3-18)。

据文献资料记载,一部完整的杂剧,分为艳段、正本、杂扮(亦称后散段)三部分,一般都有固定的话本,即剧本。艳段和杂扮,是杂剧的序幕和尾声。这两部分的内容多为"寻常熟事",属于打诨、滑稽性的表演,旨在吸引观众,与正本没有什么联系。正本是杂剧的正戏,多为谐趣又富含讽刺意味的内容。表演时,多以叙事性的说唱为主,再辅以一些动作表演,以更好地表现故事情节和人物内心。

河南偃师酒流沟和温县两地出土的宋代杂剧砖雕画面上,位于中间的头戴簪花、幞头,手持立轴或扇者,是艳段的人物形象;头戴展脚幞头,手持笏者,与头戴东坡巾,手托包袱,或手持骨朵者,为正本的人物形象;吹口哨,手托鸟笼或叉手者,则为杂扮的人物形象(图3-19)。这些人物所扮演的角色,可分为引戏、末泥、副净、副末、装孤五种。

图3-18 辽壁画《散乐图》（河北宣化张民家族墓张匡正墓出土）

图3-19 宋杂剧砖雕（临摹，河南偃师酒流沟水库宋墓出土）

"杂剧中，末泥为长，每四人或五人为一场，先做寻常熟事一段，名曰艳段；次做正杂剧，通名为两段。末泥色主张，引戏色分付，副净色发乔，副末色打诨，又或添一人装孤。……大抵全以故事世务为滑稽，本是鉴戒，或隐为谏诤也，故从便跣露，谓之无过虫。"（耐得翁《都城纪胜·瓦舍众伎》）

杂剧中的引戏，是从乐舞的引舞演变而成的。在剧中主要是剧情的叙述者和解说者，起着开场和衔接剧情的作用。

末泥在杂剧中，是一个核心角色，主要起着协调其他角色的作用，以保证剧情的衔接和表演的延续。

副净在杂剧表演时，主要用滑稽、幽默的语言和动作，逗引观众笑乐。

副末主要负责发挥和烘托副净所制造的笑料，以求产生更好的逗乐效果。

杂剧中的四个角色既有分工，又相互默契配合，通过语言、动作表演，共同演绎一个情节跌宕起伏的故事。考古发现的这些杂剧文物，充分反映了这种艺术表演形式在当时已比较普及，并深受人们的喜爱。更重要的是，在杂剧表演中，已经产生依据角色类型划分的行当，并且有了特定的扮相。角色也因此成为戏剧的行当，为此后戏剧的发展奠定了重要的基础（图3-20）。

图3-20　金杂剧砖雕（山西侯马董玘坚僎墓出土）

宋代兴起的杂剧，在元代继续兴盛。不仅文献资料对此有较多的记载，还有很多杂剧壁画的发现加以佐证。这些壁画形象、生动地描绘了杂剧演出时的情景：杂剧演出时，舞台上有乐队和演员扮演的各种角色。乐队在后，表演者在前。山西洪洞水神庙明应王殿内的《忠都秀作场》壁画绘制于元泰定元年（1324）（图3-21）。画面十分细致地描绘了杂剧舞台上的人物形象。五个角色，从左向右分别为：引戏、副净、装孤、副末、末泥。从这五个角色的扮相、穿着和表情，不难看出他们在杂剧表演时各自所担当角色的功能和作用。通过他们说、唱、做的表演，展示故事情节，更有利于观众理解戏中的人物和剧情，增强艺术感染力。所以，在以后的历史中，这种集说、唱、做为一体的表演形式，更普遍地植根于社会生活中。同时，也因各地文化传统和生活习俗的不同，而逐渐演变出一些地方剧种。

戏剧的产生，不仅丰富了我国古代的社会文化生活，也标志着我国古代文

化艺术和表演艺术发展到一个新的水平。这种艺术形式通过说、唱、做等表演方式，能很好地展示剧情和人物性格、情感，极易感染观众情绪，很容易被人们接受，故而拥有广阔的文化市场和众多的观众。同时，戏剧表演的内容大多贴近社会现实和生活，且能揭露社会的黑暗和积弊，讽刺和抨击社会的腐败和罪恶，这也为戏剧文学的创作提供了广阔的天地和便利的条件。因此从元朝开始，戏剧文学异军突起，涌现出一批具有现实主义风格特点的剧作家，成为中国古代社会后期文坛上的一支生力军。他们的创作又极大地丰富了戏剧舞台的表演内容，推动着中国传统戏剧艺术的发展。

图 3-21　元代壁画《忠都秀作场》（山西洪洞水神庙明应王殿）

（二）戏曲艺术的种类

中国古代戏剧种类繁多，流传到现在的有 300 多种，其中比较著名的有京剧、昆剧、评剧、越剧等剧种（京剧在后文作具体介绍）。

昆剧又叫"昆山腔""昆腔""昆曲"。原来是在江苏一带流行的民间戏曲，经过元末顾坚等人改进，到明初时已有"昆山腔"之称。经过许多艺人的改进，曲调婉转细腻，后来流行地区渐渐扩大，对现代中国大部分剧种都产生过深远的影响，比如京剧和越剧。京剧的很多唱法都是在昆剧基础上发展起来的。昆剧的伴奏乐器有笛、箫、笙、琵琶以及鼓、板、锣等，并有其完整独特的表演体系。昆剧中的对话多是江南方言，而且文字优美、典雅，唱腔也很华丽，是中国民族传统戏曲中最完整的表演体系。

评剧是流行于中国北方的戏曲形式。评剧，旧时称"蹦蹦戏""落子"。1910年左右形成于唐山，流行于华北和东北地区，基础为河北东部一带流行的民间说唱"莲花落"和民间歌舞"蹦蹦"，先后吸收河北梆子、京剧等剧目发展而成。其表演活泼自由，生活气息浓郁，语言通俗，伴奏乐器以板胡为主。

越剧流行于浙江、上海及周边许多省市。1910年前后，由浙江一带的"落地唱书"受绍剧、余姚腔等影响发展形成，初时只用笃鼓和檀板伴奏，故称"的笃班"或"小歌班"；1921年后称"绍兴文戏"，初时由男演员演出；1923年后，出现了女演员组成的"文武女班"；1936年后，女班盛行，男班及男女合演渐趋淘汰；1938年（一说1942年）始称越剧。其主要曲调有四工调、弦下调等，大都细腻委婉，长于抒情。

豫剧又称"河南梆子""河南高调"。明末秦腔与蒲州梆子传入河南后与当地民歌、小调相结合而成豫剧（一说由北曲弦索调演变而成）。其流行于河南及毗邻省的部分地区，有豫西调和豫东调两个支派。豫西调以洛阳为中心，多用真嗓、音域较低，俗称"下五音"，唱腔悲凉；豫东调以商丘、开封为中心，多用假嗓，音调高亢，俗称"上五音"。

川剧流行于四川省及云南、贵州部分地区。清雍正、乾隆年间，昆腔、高腔、胡琴、弹戏和当地的灯戏同时流行，后因各腔经常同台表演，相互影响，形成了较多的共同点，于是统称川剧。川剧有一套完整的表演程式，真实细腻，生活气息浓郁。

黄梅戏旧称"黄梅调"，流行于安徽及江西、湖北等省部分地区。清乾隆末期，湖北黄梅的采茶调传入安徽安庆地区后，与青阳腔、徽剧及民间歌舞、音乐、说唱融合而成黄梅调，其唱腔委婉清新，表演真实细腻。

沪剧流行于上海和江浙部分地区，源于太湖流域的吴淞江及上海浦东民歌，清末形成上海滩黄（当地称"本滩"），1914年后易名为"申曲"，后来用文明戏的演出形式，发展成小型舞台剧，抗战后定名为沪剧。其曲调优美，富有江南水乡气息，擅长表现现代生活。

秦腔又称"乱弹"，源于西秦腔，流行于我国西北地区的陕西、甘肃、青海、宁夏、新疆等地，又因其以枣木梆子为击节乐器，所以又叫"梆子腔"，俗称"桄桄子"（因以梆击节时发出"咣咣"声）。明末无名氏《钵中莲传奇》中使用了"西秦腔二犯"的曲牌，故知其源于甘肃。甘肃古称西秦，故名之。清康熙时，陕西泾阳人张鼎望写《秦腔论》，可知秦腔此时已发展成

第三章 重塑大国形象——中国传统文化艺术魅力展示

熟。到乾隆年间，魏长生进京演出秦腔，轰动京师。秦腔对各地梆子声腔的形成有着直接影响。

河北梆子流行于河北和北京、天津、东北三省及内蒙古自治区的部分地区。清乾隆年间，由山西蒲州梆子传入河北逐渐演变而成，曾有"京梆子""直隶梆子"之称，1952年定名为河北梆子。此剧种以梆子按节拍，音调高亢，善于表现慷慨悲壮的感情。

（三）京剧艺术

京剧是我国文艺百花园里一枝最绚丽、最鲜艳的花朵。它是传统戏曲中剧目最丰富、表演最精细、观众最普遍、影响最深远的一个剧种。中国的戏曲和古希腊戏剧、印度梵剧一起，被称作世界三大古老戏剧。

1790年，为了给八十岁的乾隆皇帝祝贺生日，浙江一名官员带着安徽艺人组成的戏班（徽班）"三庆班"进京演出。因节目丰富，表演出色，很快就压倒了当时流行于北京的"秦腔"，很多"秦腔"的演员转入徽班，形成了"徽秦"两腔的合并。徽班的唱腔主要是"二黄"，秦腔的主要声腔是"西皮"，合流后便产生了京剧中最主要的两种唱腔"西皮"和"二黄"，因此，当时京剧又叫作"皮黄戏"。

在北京形成的"皮黄戏"，受到北京语音和语调的影响，就有了"京音"的特色。后来这些戏班到上海演出，上海人把它叫作"京戏"，也叫"京剧"。京剧被称为"国剧"，不仅在中国是影响最大的剧种，而且在世界上也享有盛誉。"唱""念""做""打"是京剧四种主要表演手段，其中"唱"就是唱腔，在京剧表演中尤其重要。京剧的基本唱腔是"西皮"和"二黄"，二黄调比较深沉委婉，适合于表达追忆、沉思、悲慨之情；"西皮"则较明朗激越，适合于表达喜悦、激动、高亢之情。在发展过程中，又有"反二黄"和"反西皮"两个调系，使京剧具有更强的抒情表意功能。但不同的演员在演唱时会有所创新，这样唱腔的差异便形成了京剧的不同流派。比如京剧旦行中的梅兰芳、程砚秋、荀慧生、尚小云，被称为"四大名旦"，就是由于他们在艺术上各树一帜，形成了旦角表演中的梅、程、荀、尚四派。此外，京剧艺术在上海的发展形成了海派京剧，海派京剧更符合都市人的欣赏口味，周信芳是其中的代表人物。

在京剧表演中，各种动作，包括走路、上楼、开门，甚至表情等，都要求符合一定的格式，叫作"程式化"。京剧表演的程式，是根据生活动作，用艺术的方法予以组织、提炼、夸张而形成的。也就是说这种表演格式来源于生活，又美化了生活。把生活动作提炼成为具有舞蹈性和节奏感的舞台动作，再把这种动作的程序、方法、姿态固定下来，作为演员创造舞台形象的共同手段。

看过京剧表演的人都会对演员脸上富有特色的妆容印象很深，这就是脸谱。至于脸谱的来历，一般的说法是：来源于北齐兰陵王作战时所戴的面具，后来把花纹直接画在脸上，就形成了脸谱。脸谱由面具发展而来，是夸张性的化妆艺术，不同的人物性格或者角色，脸谱都不一样，而且比较固定，比如红色表示忠勇耿直的人物，如关羽；白色代表奸诈，如曹操；绿脸代表强横，如程咬金；黑色代表耿直，如包拯；金脸、银脸多为神怪仙佛，如如来佛为金脸。

京剧表演中的角色也固定为生、旦、净、末、丑五种，叫作"行当"。每个角色（行当）都有严密细致的分工要求。"生"是男性角色的统称，宋元南戏里已有生角。此后除元杂剧外，历代戏曲都有这行角色。从南戏到明清传奇，生角大都扮演青壮年男子，是剧中的主要角色。根据所扮演人物的年龄、身份的不同，生又划分为许多专行，如老生、小生、武生、巾生等，表演上各有特点。"旦"是女性角色的统称，按扮演人物的年龄、身份、性格及其表演特点，又可分正旦、老旦、花旦、武旦和彩旦等。正旦（青衣）主要扮演性格刚烈、举止端庄的中青年女性，如秦香莲；花旦扮演天真活泼或爽朗的青年女性；武旦扮演擅长武艺的女性，如穆桂英；老旦扮演老年妇女，如佘太君；彩旦扮演女性中的喜剧、闹剧人物，如戏中媒婆。"净"，也叫"花脸""花面"，它是从宋杂剧的"副净"发展而来的，此后历代戏曲里都有这行角色。净角一般是扮演性格、品质或相貌上有特异之点的男性人物，如曹操、严嵩、张飞等，其面部勾"脸谱"，唱用宽音或假音，动作幅度大，以突出其性格、气度和声势，根据所扮演的身份和性格又分为正净、副净、武净等，表演上各有特色。"末"，宋杂剧中有副末；元杂剧的正末是同正旦并重的角色；明清时成为独立行当，扮演的人物的社会地位比生低，表演上唱做并重。"丑"扮演喜剧角色，由于在鼻梁上抹一小块白粉，俗称"小花脸"，又称"三花脸"。传统戏中丑角扮演的人物种类繁多，有语言幽默、行动滑稽、心地善良的人物，也有奸诈刁恶、品行卑鄙的人物。按扮演人物的身份、性格和技艺特点，又可将丑角分为文丑和武丑。这几种行当的"唱、念、做、打"都分别有一定的程式。程式也不是一成不变的，一些失去生命力的程式会逐渐废除（如轿工），而演员们根据生活内容的要求和艺术积累，又可以不断创造新的程式。

京剧表演就像中国的国画一样，注重写意，而不要求对实际生活作真实描写。如京剧表演中以鞭代马，持桨当舟，这种虚拟的动作，是根据生活而加以

合理的夸张，唤起人们对某些舞台上并不存在的生活形象的自然联想。京剧的舞台，如果粗略一看，也许要被认为是一片空白，没有布景，只有一桌两椅。但是，京剧演出所要求的时间、地点、环境、气氛等，却并不会因为没有布景而模糊一片。京剧舞台上的桌椅用处很多，绝不仅仅表示桌椅而已，根据摆放位置的不同，可以表示不同的环境：舞台正面放一张桌子，桌前即是外场，桌后即是内场；椅子放在桌子前面，表示是迎门的大厅，放在后面则是内室；有的桌椅还可以起到其他的作用，如登桌表示上山，于是桌子就代替了山；椅子也可以代替墙，登上椅子从椅背跳过去，就表示越过一堵墙，诸如此类的例子很多。京剧的剧情环境就是通过这样多种的方法来表明的。演员通过种种程式化的表演来介绍情节发生的时间和地点，表现舞台上没有的布景，为观众们创造出一个想象中的环境。所以说，京剧表面上没有布景，实际上，布景就在演员的身上。

在京剧的发展过程中，出现过很多技艺优秀、影响深远的艺术家，但是能够让京剧真正走向世界则应归功于梅兰芳。

梅兰芳的祖父和父亲都是著名的京剧演员。梅兰芳从小就受到京剧艺术的熏陶，拜了不少名师。他8岁上台演戏，20岁已经蜚声南北，25岁出国表演，是将中国的京剧艺术传播到海外的第一人，成为中外闻名的京剧艺术大师。京剧表演的艺术特色也因此被称为"梅兰芳表演体系"，成为世界三大表演体系之一。

梅兰芳对旦角的唱腔、念白、舞蹈、音乐、化妆、服饰等方面都进行了深入的研究，发展和提高了京剧旦角的演唱和表演艺术，并形成了自己的艺术流派——"梅派"。

二、中国传统曲艺艺术

戏曲是中国传统的戏剧形式，是一门综合类艺术，以歌唱、舞蹈为主要表演手段，包括昆曲、京剧和各种地方戏等。而曲艺则是说唱艺术的总称，包括弹词、大鼓、琴书、道情、评话、相声、快板等。

曲艺是中华民族各种说唱艺术形式的统称，是由民间口头文学和歌唱艺术经过长期发展演变形成的一种独特的艺术形式。据不完全统计，至今流传在我国民间各族的曲艺曲种约有400个，这些曲种各自独立存在，自有其个性，同一曲种中又有不同的艺术流派，即使是同一流派，也因为表演者的差异而各有特色，从而形成了曲坛上百花争艳的繁荣景象。众多的曲艺曲种虽然各有各的发展历程，但都具有鲜明的民间性、群众性，具有共同的艺术特征。

(一) 古代歌舞

曲艺最早起源于原始歌舞。原始歌舞是古代先民节日庆典中的内容，它表现氏族采集、渔猎、驯养、农耕、战争和男女爱悦，表达对天地、神灵、图腾的敬畏以及对生殖的崇拜。最初的歌舞都是集体性的，后来出现了擅长歌舞的专门人才，即巫觋。巫觋们的表演因不同地区的文化环境而有差异，名称也不同。一般在北方叫"跳神"，在南方叫"巫舞"。在无论是在"跳神"还是"巫舞"的表演过程中，先民们相信他们可以传授神的旨意，表达人的祈愿，可以在人神之间起重要的交流作用。而这些巫觋们的作用也确实不可小觑，他们虽属装神弄鬼之徒，但在他们装与扮的过程中，是要从衣着、动作、形貌上做一番改变的，是要有化身表演的成分的，因而其中存在着戏剧的萌芽。

汉代武帝时期，经济发达，国力强盛，表演艺术也繁荣起来。汉代的表演艺术统称为"百戏"，又叫"散乐"（相对于殿堂雅乐而言）。汉帝国的强盛，疆域的辽阔，表现在审美观上是"以巨为美，以众为美"，因而才会有各种表演艺术共聚一堂，彼此竞赛。东汉张衡的《西京赋》中有一段专门描写当时的百戏演出情况，有歌、舞、蔓延、扛鼎、寻橦、冲狭、走索、吞刀吐火等。此外，还提到一个"东海黄公"的故事："东海黄公，赤刀粤祝，冀厌白虎，卒不能救。挟邪作蛊，于是不售。"东晋葛洪的《西京杂记》中也记述过这样的故事："有东海人黄公，少时为术，能制蛇御虎。佩赤金刀，以绛缯束发。立兴云雾，坐成山河。及衰老，气力羸惫，饮酒过度，不能复行其术。秦末，有白虎见于东海，黄公乃以赤刀往厌之。术既不行，遂为虎所杀。"这是一种以人虎相斗为题材的故事表演，其间有人虎相斗的过程，有虎的咆哮和人的挣扎，还有与所扮演对象相适应的装扮：黄公头裹红绸，身佩赤金刀；白虎是人装成虎形。可见，它带有一定的戏剧因素。

(二) 滑稽戏

春秋时期，从古巫中又分化出"优"。优以歌舞、诙谐、作乐、杂耍等服侍于帝王左右，娱人而不娱神。优都是由男子充任的。据《列女传》记载："夏桀既弃礼义，求倡优侏儒狎徒，而为奇伟之戏。"汉朝人所记载的夏朝时的"戏"，究竟是什么样子，现在已难以考证。但公元前774年周幽王的宫廷里已经出现了"优"，这却是有史实记载的。当时有一条不成文的规矩：国王行事不当，别人不能批评，但优却可以以调笑讽刺来输送批评的信息，即使说错了也不要紧，不受责罚不算犯罪。这就如同《诗经》产生时期以诗歌讽刺某人某事一样，"言之者无罪，闻之者足以戒"。

第三章 重塑大国形象——中国传统文化艺术魅力展示

古代的优,一开始都是由侏儒充任的。可能侏儒如同人的模型一样的可笑样子既使国君觉得稀奇好玩,又不便与之一般见识,只是逗趣开心。而侏儒却因自己特殊的身型,有可能在国君不计较或开心之时发表自己或他人的重要见解。可能是由于侏儒充任的优起到了一般文武大臣想起而起不到的政治作用,后来皇帝的宫廷中专门给优设定了一个位置,使其成为似乎必不可少的一个"编制"。优可以说俏皮话以博一笑,还可以模仿别人的言语行动,可以讽刺国君,也可以受国君指使编排故事讽刺文武大臣或某个事情。优还进一步和倡,即乐人,合为倡优,显然,这就把说、唱甚至音乐初步融合在一起了。因为倡优得到国君的喜爱,政治家的认同,所以,其演技也逐渐地得到提高。

魏晋南北朝这三百多年,是在战乱与分裂中走过来的。虽然社会动乱不安,但作为戏剧因素的各种文艺表演形式却仍在继续发展着。值得一提的是三种有名的歌舞戏:钵头、代面、踏摇娘。它们都是带有故事性的表演节目。王国维认为:"古之俳优,但以歌舞及戏谑为事。自汉以后,则间演故事。而合歌舞以演一事者,实始于北齐。顾其事至简,与其谓之戏,不若谓之舞之为当也。然后世戏剧之源,实自此始。"生活中的偶然事件,促成了俳优和歌舞交织在一起由许多人演出,但这种偶然,因为包含着符合艺术规律性的必然,所以就在以后被继承、发展以至发扬光大了。

(三) 说唱艺术

曲艺历史悠久,古时民间的传说、宫廷中俳优(专为宫廷演出的民间艺术能手)的弹唱歌舞、滑稽表演,都含有曲艺的艺术因素。

汉代民间极为盛行说唱表演,于四川成都天回山出土的东汉击鼓说唱陶俑正反映了这一时期平实感人的生活气息和艺术风格(图3-22)。

唐朝时期,随着佛教的传播,僧侣将佛经译成文雅的经文,为向人们进行宣讲,又把经文和其中的动人故事编成通俗文字加以演唱,先用说白(散文)叙述事实,然后用歌唱(韵文)加以铺陈渲染,这种演唱佛经的形式,称为"俗讲",即通俗讲经之意。俗讲是唐朝说唱艺术的一种,随着俗讲和民间曲调的流行,说话技艺、歌唱技艺逐渐兴盛起来。自此,曲艺作为一种独立的艺术形式开始形成。

说唱表演艺术在唐代还有了新的发展。这一时期兴起的"参军戏",是一种由两个角色表演的艺术形式。参军戏,原称"南参军",最初为一个节目名,后发展为一种表演形式。角色分为参军、苍鹘,通过两人的幽默对话和滑稽动作引人发笑,内容为讽刺时政或社会现象。

宋朝时期,由于商品经济的发展、城市的繁荣、市民阶层的壮大,说唱表演有了专门的场所，也有了职业艺人，说话技艺以及鼓子词、诸宫调等演唱形式极其昌盛。说唱艺术在宋代有了长足的发展。据《东京梦华录》记载，北宋时期出现了一种被称为"说话"的艺术表演形式。"说话"即讲故事，分为"说经"（佛经故事）、"讲史"（历史故事）、"小说"（独立短小的故事）三种。

从事这一职业者称为"说话人"，"说话"所用的文字底本称为"话本"。"说话"取材广泛，有历代名人故事、历朝典故、民间传说等。见于宋代文献记载的"说话人"多达百余人，有男也有女。其中不少"说话人"以专说一书而出名，如北宋都城开封城内，"霍四究，说《三分》（三国故事）。尹常卖，《五代史》"（孟元老《东京梦华录·京瓦伎艺》）。

在张择端的《清明上河图》中，也有"说话"的场景（图3-23）。"说话人"一般在城市中的勾栏或瓦舍等固定场所演出，也有沿街卖艺、闯荡江湖的"说话人"，或到乡村去"说话"，称为"打野哈"。《清明上河图》中描绘的就是在街头卖艺的"说话人"。

图3-22　击鼓说唱俑　　图3-23　《清明上河图》中的"说话"场景

宋元时期，百戏更加兴盛，已成为社会上十分流行的一种文化娱乐活动。每逢元宵节，北宋的都城汴梁（今河南开封）"歌舞百戏，鳞鳞相切，乐声嘈杂十余里"（孟元老《东京梦华录·元宵》）。与此同时，源于民间百戏的散乐亦逐渐兴盛。出土的这一时期的壁画就常见这种艺术表演形式。宋代的散乐在乐队的伴奏下，采用动作表演的方式，以表现特定的情节或情景。从画面的内容分析，散乐的动作表演已不局限于舞蹈，而已具有叙事表意的特征。也就是说，通过说唱和形体动作等形式，表现一些简单的故事情节（图3-24）。

图 3-24　辽壁画《散乐图》（河北宣化张氏家族墓张世卿墓出土）

明清两朝到民国初年，城市数量猛增，大大促进了说唱艺术的发展。一方面，城市周边地带赋有浓郁地方色彩的民间说唱纷纷流向城市，并在演出实践中日臻成熟，如道情、莲花落、凤阳花鼓等；另一方面，一些老曲种在流传过程中，结合地域和方言的特点发生着变化，如散韵相间的元、明词话逐渐演变为南方的弹词和北方的鼓词。这一时期新的曲艺品种和新的曲目不断涌现，不少曲种已是名家辈出、流派纷呈。

曲艺作为说唱艺术，虽有悠久的历史，却一直没有独立的艺术地位，在中华艺术发展史上，说唱艺术曾归于"宋代百戏"，在勾栏、瓦舍表演；到了近代，则归于"什样杂耍"，大多在诸如北京的天桥、南京的夫子庙、上海的徐家汇、天津的"三不管"、开封的相国寺等民间娱乐场所表演。新中国成立后，这些已经发展成熟的说唱艺术才有了一个统一而稳定的名称——曲艺，并进入剧场进行表演。

（四）相声艺术

相声原指模拟别人的言行，后来相声逐渐从一个人模拟口技发展成单口笑话，名称也随之转变为相声。

相声有三大发源地，分别是北京的天桥、天津的劝业场和南京的夫子庙。一般认为，相声形成于清朝咸丰、同治年间，在华北地区民间说唱曲艺的基础上融入了口技、说书等曲艺形式，到了清朝末年形成了现在的特色和风格。

相声是以说笑话或滑稽问答引起观众发笑的曲艺形式，寓庄于谐，以讽刺笑料表现真善美，以引人发笑为艺术特点，以"说、学、逗、唱"为主要艺术手段。相声主要采用口头方式表演，表演形式有单口相声、对口相声、群口相声三种。单口相声由一个演员表演，讲述笑话；对口相声由两个演员一捧一逗；群口相声又称"群活""三人活"，由三个以上演员表演。

相声是扎根于民间、源于生活、深受群众欢迎的曲艺表演形式。相声传统曲目以讽刺旧社会各种丑恶现象和通过诙谐的叙述反映各种生活现象为主，代表作有《关公战秦琼》《戏剧与方言》《贾行家》《扒马褂》等。新中国成立后，除继续发扬讽刺传统外，也有歌颂新人新事的作品。在相声的发展历史中，涌现出了许多著名的相声表演大师，代表人物有马三立、侯宝林（图3-25）、刘宝瑞等。

图3-25　相声大师侯宝林（左）和郭全保（右）

（五）评弹艺术

评弹（图3-26）又称"苏州评弹""说书"或"南词"，是苏州评话和弹词的总称，是一门古老、优美的传统说唱艺术。评话通常由一人登台开讲，内容多为金戈铁马的历史演义和叱咤风云的侠义豪杰。弹词一般由两人说唱，上手持三弦、下手抱琵琶，自弹自唱，内容多为儿女情长的传奇小说和民间故事。评弹有说有唱，演员均自弹自唱，伴奏乐器为小三弦和琵琶。2006年5月20日，苏州评弹经国务院批准列入第一批国家级非物质文化遗产名录。

图 3-26　苏州评弹

(六) 徐州琴书

徐州琴书（图 3-27）原名"丝弦"，清代用扬琴伴奏，故又称"扬琴"。徐州琴书已有三百多年的历史，起初是徐州地区农闲时的自娱活动，人们在村头场院吹敲碟子，围坐演唱并演奏。徐州琴书演唱韵味独特，艺人坐在中间打板击琴，伴奏者列于左右。唱词源于百姓日常生活，多为家长里短，因而唱琴书又称"唱针线筐"。徐州琴书的表演形式多样，有单人唱、对唱、三人坐唱和多人联唱等。2008 年 6 月 7 日，徐州琴书经国务院批准列入第二批国家级非物质文化遗产名录。

图 3-27　徐州琴书

在不断创新中得到持续发展的中国古代表演艺术，既满足了社会各阶层的娱乐和消遣需要，也显示出中国传统文化的巨大魅力，成为中国古代精神文明的重要标志。

第四节　中国传统建筑艺术

建筑与人类的关系十分密切，人自一出生就生活在建筑所构成的空间中。而建筑又是一种既有文化艺术形象，又有不同物质功能的构筑物。中国的古建筑无论是宫殿、坛庙，还是园林、住宅，它们的个体和群体形象都与一个时期的政治、经济、文化、技术等诸方面的因素有关。

一、中国古建筑的起源与发展

旧石器时代（距今约300万年至距约1万年），旧石器时代原始人类的住所都是在自然界形成的山洞里。经过漫长的岁月到了新石器时代的后期，人类在居住栖息地已有了很大的进步，从穴洞已经过渡到泥墙或者干阑式的房屋，他们已经下意识地开始造自己的房屋。例如在浙江余姚河姆渡村所遗留下来的干阑式建筑，距今大概已有六七千年的历史了，至今尚有榫卯技术的印记。再比如半坡村（西安）与姜寨（陕西临潼）两地最典型的就是木骨泥墙建筑，其中姜寨的布局是有五座特别大的房子并且它们所朝向的是一个供人们娱乐的大型广场，而在每座大房子的周边都围着好多小房子，看上去胜似迷宫却不失风趣，这种布局无论从外观还是内在都反映着一个事实，即母系氏族社会的聚落风格。以上所述都是仰韶文化时期所遗留下来的建筑，而所谓的大房子实际上是母系氏族社会共同商量开会的处所。拿西安客省庄的"吕"字形平面的房屋来举例，这是在龙山文化时期的遗址，论房屋的大小，稍微比仰韶时期的房屋略小，这个时期有个特点是室内会设置有窖穴，这一特征很显然地证明了父系氏族社会中，他们各自藏有的私有财产较为多，论建筑的档次，可以明显地看出地面是用"白灰面"所造成的，称得上是建筑技术上的一大进步。

至公元前21世纪的夏朝，出现了夯土建筑，有了建于高大夯土台上的宫室。更为重要的是，在建筑中逐渐开始体现人与人的关系和等级制度。"天子之堂九尺，诸侯七尺，大夫五尺，士三尺"（《礼记·礼器第十》）。同时，还出现了专门管理工程的官职——司空。从春秋到秦汉，建筑进一步发展，形式不断变化，逐渐形成一套完整的建筑制度，形成了质朴开放的早期建筑风格。

魏晋至南北朝时期的社会动荡造成国家分裂，佛教在这种社会条件下得到广泛传播。在佛教文化的影响下，宫殿与佛寺之建筑活动极为澎湃，遗存至今者有石窟、佛塔、陵墓等。到了隋唐时期，佛道两教兴盛，宫殿、寺观之建筑均为活跃。其建筑风格以倔强粗壮取胜，其手法以柔和精美见长，形成了雍容华贵的盛唐风格。

中国古建筑的重大转变时期是在宋代。宋代虽然比唐代的建筑在规模上显得略小但是宋代建筑更为华丽，设有各式各样的阁楼，以及以极为潮流的砖石塔和墓葬为代表的优美作品。宋代的建筑格外绚丽多彩就是因为它在唐代建筑的基础上不断学习、不断总结，在操作上极为细致并且有讲究，以至于最后总结出一套专门针对建筑文献的书，即《营造法式》。宋代的建筑有一大普遍特征就是屋顶的坡度增大，在前檐的设计比前代较浅，一般比较重要的建筑，在门窗设计上都会花费很多精力，会采用菱花隔扇，从整体上看显得极其柔和美观。

元代是中国古建筑体系的又一发展时期。元大都按照汉族传统都城的布局建造，是自唐长安城以来又一个规模巨大、规划完整的都城。元代城市进一步发展了各行各业的作坊、店铺和戏台、酒楼等娱乐性建筑。这一时期，藏传佛教和伊斯兰教的建筑艺术逐步影响到全国各地。中亚各族的工匠也为中国工艺美术带来了许多外来因素，使汉族工匠在宋、金传统风格上创造的宫殿、寺、塔和雕塑等表现出若干新的趋势。现存元代的建筑有山西芮城永乐宫、洪洞广胜寺等。

明清时期是中国古建筑体系的最后一个高峰时期。明朝由于制砖手工业的发展，砖的生产大量增长，明代大部分城墙和一部分规模巨大的长城都用砖包砌，地方建筑也大量使用砖瓦。这一时期，琉璃瓦的生产，无论数量或质量都超越过去任何朝代。官式建筑已经高度标准化、定型化。清朝于1723年颁布了《工部工程做法则例》，统一了官式建筑的模数和用料标准，简化了构造方法。

民间建筑的类型与数量增多，质量也有所提高。各民族的建筑也有了发展，地方特色更加显著。皇家和私人园林在传统建筑风格的基础上有了很大的发展，在明末出现了一部总结造园经验的著作——《园冶》，并留下了许多优秀作品。北京明清故宫和沈阳故宫就是明清宫殿建筑群的实例。

二、中国古代建筑的特点

中国是世界四大文明古国之一，古代的中国建筑与古代埃及、古代西亚、古代印度建筑同属古代东方建筑体系。但在复杂漫长的历史发展过程中，其他的几支古建筑体系都已中断，只有中国建筑一脉承袭，流传至今，并且以其独具特色的建筑结构和建筑外观与后起的伊斯兰建筑和欧洲建筑并称为世界三大建筑体系。

（一）单体建筑的木构框架结构

中国古代建筑在单体结构上最重要的一个特征是木构框架结构，这种建筑体系明显有别于西方的砖石架构体系。

所谓木构框架结构，其基本原理是：择地夯土筑成房基，房基之上设立前后相对的柱础，柱础之上树立檐柱，前后檐柱之间安置梁架，梁架之间再横架额枋（又称檐枋，也称阑额），如此就按具体需求在前后额枋和左右梁架之间分出了若干房间。尔后，在梁架之上架起出顶的檩木，檩木之上再铺设用以承托前后屋顶的椽木，由此构成房屋的框架。

木构框架的承重原理是屋顶与房檐的重量通过梁架传递到接地的檐柱，房屋的墙壁只起间隔、填空和加固作用，并不荷载上部屋顶重量，故有"墙倒屋不塌"之说，这句老话形象地概括出了中国建筑这种框架结构的基本特点。由于木构框架结构主要以柱梁承重，因此赋予建筑物以极大的灵活性。墙壁的位置可以按所需室内空间的大小而设，并可以随时根据具体需要而改动。位于墙壁上的门窗也可以按需要开设，可大可小，可高可低。又由于木材建造的梁柱式结构是一个富有弹性的框架，因此具有异于寻常的防震、抗震功能，它可以把巨大的震动能量抵消在弹性很强的木构节点之上。因此，有许多建于地震重灾区的古代木构建筑仍然保存完好。如高度超过67米的山西应县辽代木塔和高达23米的天津蓟县辽代独乐寺观音阁，百余年来，曾经经历过多次强烈地震的冲击，仍能巍然屹立，安然无恙。

中国古代的木构框架有抬梁、穿斗、井干三种不同的结构方式，其中以前两种较为常见，特别是抬梁式，使用范围最为普遍，居于三者之中的首位。

抬梁式（也称为叠梁式）木构框架是沿着房屋的进深方向在石础上立柱，柱上架梁，再在梁上重叠数层矮柱和短梁，自下而上，逐层收缩，逐层加高，至最上层梁上立脊瓜柱以承脊檩，脊檩两侧再依次横架若干檩木，檩上铺设椽木，从而构成双坡顶房屋的空间骨架。这种结构方式的特点是可以使建筑物的面阔和进深加大，以满足扩大室内空间的要求。因此成为大型宫殿、坛庙、寺观、王府、宅第等豪华壮丽建筑物所采取的主要建筑结构形式。

穿斗式（又称立贴式）木构架（穿逗桨）也是沿着房屋的进深方向立柱，但柱的间距较密，房柱直接承受檩的重量，每柱上架一檩，檩上布椽，屋面荷载直接由檩传至柱，不用架空的抬梁。每排柱子用穿透柱身的数层穿枋横向贯

穿起来，形成排架，这种木构架的主要特点是用料经济、施工简易、抗震，但较难建成大型殿阁楼台，所以南方民居和较小的殿堂楼阁多采用这种形式。

井干式木构架主要是用天然木或方形、矩形、六角形断面的木料，层层累叠，在转角处木料端部交叉咬合，形成房屋四壁，形如古代井上的木围栏，再在左右两侧屋壁上建立矮柱承接脊檩构成房屋。这种木构框架最早可见于商代墓椁，后世的汉墓和辽墓木椁仍有沿用。由于井干式木构架结构用料较多，在建筑的空间设计和门窗的开设方面都要受到很大限制，此结构形式通用程度不如抬梁式构架和穿斗式构架。中国目前只在东北林区、西南山区尚有个别使用这种结构建造的房屋，如云南南华的井干式结构民居。

在框架式木结构建筑体系中，最具中国特色的建筑构件应属斗栱。所谓斗栱，是一种置于柱头和额枋之间，用来支撑荷载梁架、挑出屋檐，兼具装饰作用的标准构件。"斗"是斗形垫木，"栱"是弓形的横木。栱架在斗上，向外挑出，栱端之上再安斗，这样逐层纵横交错叠加，形成上大下小的托架。斗栱出现的历史可以追溯到战国时期，最初是置于重要建筑的柱头或挑梁外端，分别起传递梁的荷载于柱身和支承屋檐重量以增加出檐深度的作用，出檐的深度越大，斗栱的层数越多。中国古代建筑由于受到礼制传统的规范，只有宫殿、寺庙和其他高级建筑才允许在柱上和内外檐的枋上安装斗栱。因此，斗栱不仅起着结构、装饰的作用，还象征着建筑物及其主人的等级地位，因此往往可以从建筑物使用斗栱层数的多少来判定其重要程度。唐宋之际，斗栱与梁、枋结合为一体，样式也趋于统一，除了支承荷载梁架功能之外，栱的高度还用以作为梁枋比例的基本尺度。明清以后，由于结构简化，将梁直接放在柱上，致使斗栱的结构功能趋于消失，成为单纯的装饰构件。

（二）群体建筑的均衡对称布局

受到"天人合一"哲学理念的深刻影响，中国古代建筑文化十分重视工程建筑与自然环境、人文环境的群体协调与有机组合。中国传统建筑与西方建筑的显著区别之一就在于不片面追求某一单体建筑的纵向高耸，而在于表现群体建筑的有序分布。其基本空间组合原则即是均衡对称的中轴线群体组合布局。

所谓中轴线，是指在群体建筑的整体规划布局中具有控制全局、起到基准作用的中心轴线。中轴线规划布局的建筑设计理念最早可以追溯到新石器时代晚期。数千年来，小到普通民居，大到王侯宫庙乃至整座城邑，中国古代建筑的平面布局始终遵循着中轴线布局的基本原则，即比较重要的建筑（主体建筑）都设计在纵轴线上（由于中国地处东半球的北半部，出于采光和避风的需要，古人建造房屋多取坐北朝南方向，故古代建筑中的中轴线多表现为南北方向的纵轴线），次要建筑（附属建筑）设计在它前后左右两侧的横轴线上。如此便出现了以中轴线为基准，主次有别、均衡对称、层次分明、秩序井然的庭院式群体建筑组合模式。这种沿中轴线排列分布、讲究平面对称的规划理念和空间布局，是中国古代建筑文化的一大传统，同时也是中国建筑体系有别于其他建筑体系的基本特征之一。

所谓"庭院"，是由若干以"间"为单位的单体建筑组成的群体建筑。这是中国古代官式建筑群体组合的基本单元，同时也是中国古代民居的基本形态。大体说来，中国式的庭院主要有两种布局形式：一种是分别在纵轴线和横轴线上安置主体建筑与附属建筑，建筑之间建造回廊，使之衔接主、次建筑，形成建筑包围庭院的"廊院"；另一种是在按纵轴线和横轴线分布排列的各种建筑四周建造围墙，形成以围墙包围建筑、建筑包围庭院的院落。这两种形式的闭合空间庭院，俗称"四合院"。

古代规模较大的建筑群，诸如皇宫、官衙、庙宇，本质上都是一些或大或小、或繁或简的四合院。其中规模最大、形态最美、结构最为复杂的四合院群体建筑当属明清宫城，即北京故宫。

从本质上说，以北京故宫为代表的中国古代官式建筑群，都是以南北中轴线为基准、以庭院为基本单元，分别沿纵轴线和横轴线向四方层层扩展而形成的有条不紊、层层深入的空间组织。这种独具特色的庭院式建筑群体组合，充满着重和谐、求安定的中国情调，体现着顾全局、识大体的民族精神。它所具有的艺术效果，有如一幅幽深的画卷，必须逐步展开，仔细欣赏，才能看清它的全貌。

由于中国幅员辽阔，民族众多，各地风土有异，民俗不同，因此决定了中国古代建筑的多样性和复杂性。但就古代建筑的群体组合形式来说，中国古代建筑的平面布局总是以中轴线为基准、以庭院为中心的组合模式，其实都是"四合院"的布局方法。所不同的只是庭院的平面投影有方有圆，形状有大有小，木构框架结构形式有异，建筑材料和装饰样法有别而已。

（三）雕梁画栋与"大屋顶"式的外观形态

与木构框架的基本结构方式相适应，中国古代建筑在长期的发展过程中，形成了一系列独具特色的外观特征，其中犹以雕梁画栋的装饰手法和反宇飞檐的大屋顶造型最具中国建筑艺术特点。

就单体建筑而言，论其细部区分可谓千差万别，但其整体结构却又不外乎基础、墙体架构和房顶三个部分。

古代较为重要建筑一般都是建于高出地面的台基之上，以壮其势，故有"高台榭，美宫室"之说。早期的高台基采用垒土夯筑的方式建成，唐宋以后，多采用砖石砌成须弥座形式。重要建筑的台基四周多有栏杆围护，并在栏板、望柱上采用雕刻、彩绘等艺术手法饰以各种动物、植物或几何形图案，从而赋予笨重的台基以灵动的生气。

中国古典建筑的墙体架构主要是木质的房柱和屋梁。房柱用以支撑屋梁，为了防潮和防止下沉，房柱之下往往垫以石质柱础。高级建筑的房柱和屋梁常以彩绘、贴塑和雕像等艺术形式施以各种彩绘花纹装饰，柱础则常以单层浮雕或多层立雕、透雕等手法加工出各种花草、神兽、人物等精美纹饰。雕梁画栋是中国古代建筑显著的民族特点和外观装饰特征。

中国古代建筑另一个显著的外观特征就是反宇飞檐的大屋顶。所谓反宇飞檐，是指屋檐向外反曲，檐角向上起翘。出于防雨、美化等各种实用与装饰功能需要，中国古代的木结构建筑的屋顶一般都前后出檐，甚至是四面出檐，所以屋顶都比较大，因称大屋顶。中国古代大屋顶木构架殿堂建筑的向外出檐，通常是利用檐下立柱与横梁之间的斗栱来缓解屋顶的压力。这种层层相扣、错落有致的中国传统建筑构件，不仅使形体巍峨雄巨的大屋顶重量得到了合理的分解与承托，还明显地增加了建筑外观的装饰美感。

古代单体建筑的大屋顶形式很多，最常见的有六种式样：两坡五脊，两侧山墙与屋顶平齐的"硬山顶"；两坡五脊而屋顶挑出到山墙外侧的"悬山顶"（即挑山顶）；无明显屋脊，两坡相交处呈弧状曲面的"卷棚顶"；四坡五脊的"庑殿顶"；上半是悬山而下半是四坡九脊的"歇山顶"以及四角、六角、八角或圆形的"攒尖顶"。其中，庑殿顶建筑在官式建筑中规格最高，多见于宫殿、陵寝和大型寺庙。歇山顶建筑的规格略次于庑殿顶，常见于官式建筑中较为重要的殿宇。这两种建筑的屋顶之下均可施加下檐，构成重檐屋顶。

古代的建筑师充分运用木结构的优长，通过屋顶的举折和出翘等设计，使房屋的各个檩、梁产生不同的高度变化，从而使屋顶出现了上陡下缓的坡面和有如鸟翼般向外舒张延展的檐角。这样的曲面、曲线处理，既有排水、防水、遮阳、采光和通风的实用功能，又使庞大笨重的大屋顶具有了向上飞升的美学效果，显得轻盈而灵动。《诗经》里有"如鸟斯革，如翚斯飞"和"作庙翼翼"等文句，说明3000年前的周代的建筑师就已经利用木结构的特点，建造出了这种屋檐反曲、檐角上翘、舒展如翼的祖庙屋顶。

一般情况下，在具体表述一座建筑物时，通常都称面阔几间，进深几椽（或几架）几间，上覆某种屋顶。大体说来，古代的木构架建筑正面宽度通常都以间为单位。正面每二柱之间称为一间，间的宽度称"间广"，若干间并联组成一座横长的矩形单体建筑,再由若干座单体建筑围合成向心内聚的院落。单体建筑的进深以梁架上的椽或檩数计算,宋代以前一般称几椽(指椽的跨距),入清以来称几架(指梁上檩数)。大型的官式建筑在侧面(山面)也分间,一般以两椽或两架椽为一间。

三、中国传统建筑中的传统文化

作为中国传统文化的重要组成部分,中国传统建筑与中国传统文化有着内在的联系。

(一)中国传统建筑体现的儒家思想

中国传统建筑,无论是单体建筑,还是建筑群,都注重对称布局。对称布局体现了平衡的原则,这也是中国传统文化的特点之一。

据考古资料证明,平衡最早被用于古人的计量器具。1954年,于湖南长沙附近的左家公山的一座楚国墓中,出土了一套战国时期的称重计量器具。这件用于称贵金属金或银的称重器具,由一根横杆和悬垂在横杆两端的圆盘组成。横杆的支点位于正中。称重时,将被称物品放置在一端的盘内,另一端的盘内放入砝码。通过调整砝码的数量和重量,使横杆处于平衡的状态,再计算砝码的总重量,就可以得出被称物品的重量。这种利用杠杆平衡原理制作的称重计量器具,即天平,古人称之为"衡"器(图3-28)。

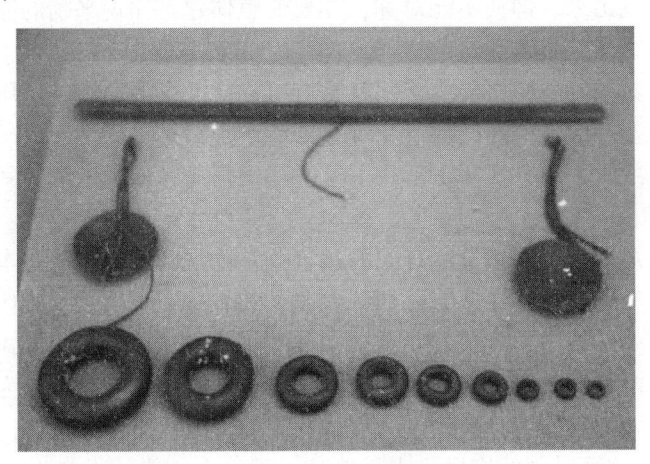

图3-28 战国天平(湖南长沙出土)

运用杠杆平衡原理制作的称重器具,需要有一个处于中心位置的支点,以便使两侧的力臂长度相等。在称重时,要让天平的横梁处于平衡的状态,必须

使力臂的长度和重量相等，即处于对称的状态下，才能准确地计算出物品的重量。古人正是利用了杠杆的平衡原理，制作出交易用的衡器。衡器，这个称重器具的名称，也因此被沿袭至今。

对称、平衡的原理，既被儒家当作一种思想方法，又被当作一种伦理道德观，即"中庸"思想。"中庸之为德也，其至矣乎！民鲜久矣。"（《论语·雍也》）孔子认为，"君子中庸，小人反中庸。君子之中庸也，君子而时中。小人之中庸也，小人而无忌惮也。"（《礼记·中庸》）。在孔子看来，君子之所以能够"中庸"，就在于君子能够在任何情况下做到恰当、适度。宋代理学家程颐对"中庸"的解释是："不偏之谓中，不易之谓庸。中者，天下之正道。庸者，天下之定理。"（朱熹《四书章句集注·中庸章句》）儒家的集大成者朱熹亦认为："中者，不偏不倚、无过不及之名。庸，平常也。"（朱熹《四书章句集注·中庸章句》）朱熹所谓的"不偏不倚、无过不及"，实际就是一种平衡的原则。儒家将"中庸"作为处世的一种伦理道德规范，旨在促使人们的思想和行为"致中和"，避免出现激进、偏差或滞后、保守。"喜怒哀乐之未发，谓之中；发而皆中节，谓之和。"（朱熹《四书章句集注·中庸章句》）儒家的"中庸"，追求中常之道，强调内外协调，以保持平衡，避免极端，由此也形成一种特定的思维方式，并对中国传统文化产生深远的影响。

平衡的思想与思维方式对中国传统建筑也产生了一定的影响，具体表现在中国传统建筑的对称布局。儒家的平衡思想在中国传统建筑中的具体体现，即通过对称表现出来。即使不能对称，亦要使整体建筑体现平衡的原则。

中国传统建筑单体建筑的格局，面阔开间基本为奇数，即1、3、5、7、9间。建造奇数间的房屋格局，实际就具有对称、平衡的内涵。以居中的一间作为中心点，左右建造的房间数量相等，即能产生对称格局，形成平衡布局。中国古代建筑的堂、室，实际也反映了这一建筑格局，即居中的一间为堂，两侧的房屋为室。

由数量众多的单体建筑组合成的建筑群，也是以对称作为基本的格局。无论是皇宫、王府，还是寺庙、民居，在整体格局上，都采用左侧建一处建筑，右侧也建造一处相同的建筑的格局。左右两侧的建筑在面积、形式甚至装饰上完全相同，由此形成对称格局，而处于对称中心的建筑自然就成为整体建筑的核心。这些处于对称中心的建筑，前后连成一条纵线，即中轴线，或称纵轴线（图3-29）。这种对称的格局，实际就是一种平衡，能使人产生视觉和心理上的完美、宁静、和谐之感。同时，中国古代的帝王也利用了中国传统建筑的对称格局和对称后形成的中轴线，凸显自己至尊的地位和权势。如明清两代宫城内的前三殿和后三宫，均位于紫禁城的中轴线上（图3-30）。

图 3-29　北京雍和宫

图 3-30　北京紫禁城

中国古代的城市格局也有对称的特点，尽管城市内有纵横交错的街道，形成了网格状的格局，但在城门、街道，以及一些重要建筑的选址上，则注重对称。保存至今的许多古城，基本都是对称格局。明成祖营建的北京城，就是一座具

有对称格局的历史文化名城。虽然随着城市的建设，许多原有的古建筑与街道已不复存在，但北京城内的地名仍保留了对称的踪迹。例如，北京的许多地名都冠以东西、左右等方位词或文武等对应词，如东直门、西直门，左安门、右安门，东单、西单，东四、西四，以及宣武门、崇文门等。正是因为对称的城市格局，北京城形成了一条纵贯南北的中轴线：南起永定门（图3-31），向北经正阳门（前门）、大明门（清顺治元年改称大清门，辛亥革命后改称中华门，现已不存）、天安门、端门、午门、太和门、太和殿、中和殿、保和殿、乾清门、乾清宫、交泰殿、坤宁宫、神武门、万春亭（位于今景山公园最高峰）、地安门（现已不存）、鼓楼，止于钟楼（图3-32）。这条中轴线又与紫禁城的中轴线相重叠。

图3-31　北京永定门（摄于1957年）

图3-32　北京钟楼（左）、鼓楼（右）

中国传统建筑虽然体现了儒家的平衡思想，但并非全都采用对称的方式。由于受客观条件和所处环境的制约，有些建筑群就无法实现对称，因此采用了散射平衡或非对称平衡。如表现和追求自然、体现人与自然和谐的园林建筑，就通过对比、衬托等方式，体现景观之间的平衡。所以，在中国传统建筑中平衡是基本原则，但实现平衡的方式和手段则是多种多样的，这也正是中国传统建筑的魅力所在。

中国古代的礼仪制度在中国传统建筑中也得到了充分的体现。无论是宫廷建筑，还是民居，在整体格局上多通过单座建筑所处的位置、建筑的形式等方式，表现出各座建筑之间的差别，体现了主次分明、尊卑有别的文化内涵。

（二）中国传统建筑中的文化

中国传统建筑还蕴含着丰富的中国传统文化内涵。龙、凤是中国古代传说的两种神兽，人们认为它们能带来福祉，即所谓的龙凤呈祥。但龙、凤在中国古代社会中多与皇权相联系，而成为皇帝和皇后的象征，所以其大量地被作为宫殿建筑的石雕、砖雕、木雕或彩绘等装饰题材。其中，象征着皇帝的龙，其形象在宫殿建筑中应用得最多（图3-33）。

图3-33　龙纹望柱（北京故宫）

传说龙生有九子，各有所好，这在宫殿建筑中亦成为装饰的题材。宫殿建筑的屋顶正脊两端，就装饰有鸱吻（又称螭吻、鸱尾）。将其作为脊兽，就因其"好吞火"，以示防火之意（图3-34）。

福、禄、寿、喜是古人一生所向往的美好愿景，在中国古代的建筑中，亦被作为一种装饰题材。或借用传说中的人物，或借以花卉、动物的形象，蕴含人们的理想和追求。如蝙蝠与"福"字谐音，而成为福祉的象征；传说龟、

鹤寿命长，而被赋予长寿之意；葡萄、石榴因其籽粒多，而被赋予多子多福或成果丰硕之意；牡丹因其花朵雍容华贵，而被赋予富贵之意；鸳鸯成双成对，相伴不分离，而被赋予婚姻圆满之意等，这些被人们赋予特定含义的花卉、动物，也成为传统建筑的装饰题材（图3-35）。

图3-34　太和殿鸱吻　　　　　　　　图3-35　砖雕

在中国传统建筑的石雕、砖雕、木雕或彩绘等装饰中，还有古代的传说、历史故事、历史人物，以及儒家倡导的孝道等题材（图3-36）。人们选择这些题材作为装饰，不仅是为了美观的需要，还因其具有教化的作用。

图3-36　砖雕《曹娥投江》

"天人合一"，是中国古代的一种传统思想，这在中国古代的建筑中也能得到体现。在中国古代的建筑中，人们采用各种方式模仿大自然景致，或建造园林，或在庭院内栽种植物、点缀花木盆景，力求将自然景致引入自己的生活中。建筑与自然景致相融合，也使人们更加贴近自然，平添了一种天人合一的情趣。

北京城的天坛是明清两代皇帝祭祀天神的场所，每年的冬至日，皇帝均要在这里举行祭天仪式,以祈祷风调雨顺、五谷丰登。"天圆地方"是中国古代受阴阳学说影响而产生的一种宇宙观,人们认为天体是圆形的,覆盖在方形的大地上。因此天坛内凡以"天"为主题的建筑均为圆形,以"地"为主题的建筑则为方形。在天坛的建筑中"天圆地方"的建筑也并非孤立存在,但凡圆形建筑的四周,都建有方形的匪墙;方形的建筑四周,则建有圆形的匪墙(图3-37)。"圆"与"方"的建筑组合,实际是将"天"与"地"相对应,即"天"是对应"地"而存在的。这也是中国古代哲学体系中辩证唯物思想的一种体现。

　　古代的阴阳学说亦将各种事物分为阴、阳两种属性,如天为阳,地为阴;山为阳,水为阴。数字亦分为阴、阳两类,凡奇数均为阳数,偶数则为阴数。

　　在天坛的建筑中,就充分利用数字表现了"天"的"阳"属性。皇帝祭祀天神(昊天上帝)的祭天坛(亦称圜丘),陛阶的数量即为三层各九级。

图 3-37　北京天坛圜丘

　　写意,是中国传统文化的特征。在大自然中,蓝色是天的颜色,绿色是大地的颜色。所以在天坛的建筑中,凡表现"天"主题的建筑,顶部均覆盖蓝色的琉璃瓦;凡表现"地"主题的建筑,顶部则覆盖绿色的琉璃瓦,即使是皇帝的斋宫,屋顶亦覆盖绿色的琉璃瓦。

第四章
弘扬中国传统文化的民族性

第一节　彰显民族特质的必要性

一、彰显民族特质的意义

（一）彰显民族特质的现代意义

1. 仁者的关怀：中国传统文化的人本色彩

对于西方来说，宗教普遍存在于人们的生活之中，西方很多人都信仰宗教力量。宗教已成为主流信仰。而在中国，受中国传统文化的影响，我国人民普遍脱离宗教神权的统领，受控于自我，具有鲜明的人本色彩。虽然也有极少数的神学行为，但也仅限于表面，并没有深入骨髓。对于鬼神，中国国民的态度是不沾染、不碰触、不理会。对鬼神相对漠视，更加注重人类自身。传统文化中以人为本的理念和现代文化的民生民主遥相呼应。

中国古代多类书籍中早有记载，将人誉为天地万物之中最通灵、最神圣的生物。据《尚书·泰誓》中记载："唯天地万物之母，唯人万物之灵。"《孝经》中也曾以孔子的名义说："天地之性，人为贵。"这句话中的"性"，是"生"的意思。宋人邢昺也对这个字做过解释："性，生也。言天地之所生，唯人最贵也。"在《礼记·礼运》篇中，更加详细具体、更加有深度地对人性做了分析说明，说："故人者，其天地之德，阴阳之交，鬼神之会，五行之秀气也。"子曰："仁者爱人""泛爱众而亲仁"，孟子提出"民贵君轻"的思想，《礼记》也出现了"天下为公"的理念……

总地来说，全世界都在受宗教神权主导的时候，唯有中国还在受人性本身所控制，在世界文化体系中鹤立鸡群。

2. 道德的教化：构建文明的必然途径

中国文化不仅对人自身的独立个体进行关心，在群体生活和人类个体间的关系上也更加关怀，更加在意人类在社会中的道德教养和行为规范。其中包括儒家关于忠孝仁义方面的道德规范体系。也就是说，人类不单单要对自己进行规范教养，还要对他人和社会做出道德上的规范和礼数，包括对君主忠诚、对老人孝顺、对孩子爱护和教育等。

但是对于人本色彩的传统文化还是有不同的意见存在。其实人本色彩的本质是对的，是好的观点。只是它的存在方式和表现方式是存在缺陷的。就像三纲五常一样，是不好的一面。但是在道德的本质上和其他一些方面是好的。这就需要我们当代社会求同存异，取长补短，而不是一味地否定，全面地推翻。毕竟传统文化中的道德标准体现在推进社会发展方面也是起了一定的积极作用。我们应该取其精华去其糟粕，这样才能全面借鉴传统文化中人本色彩的优点，来弘扬发展现代社会。

在西方国家看来，中国人民普遍脱离宗教信仰的国情，可能会影响国家发展步伐。但殊不知，我国人民对道德人文的信仰和推崇已经不亚于他们对宗教的信仰。中国在道德信仰方面已经达到炉火纯青的地步。

而且在这方面的信仰，已经属于正确的方向、好的方面，已经去除传统文化中不好的方面，完全本质地体现出了人文和道德真谛，使得人们信仰了这种道德之后，对社会的进步、人类的发展具有更加广大的意义。

中国传统文化中往往蕴含着很多道德方面的各种元素。

第一个就包括古往至今国民身上都具有的爱国主义精神。《诗经》提出"夙夜在公"，《尚书·周官》提出"以公灭私，民其允怀"，两者都说明了我国自古以来，就把国家放在第一位，先有国才有家，自古以来国人就有高度的爱国主义，一切以国家，以整个民族，以大局为重，最后才是个人主义。也因为传统思想的爱国主义根深蒂固，才会出现"先天下之忧而忧，后天下之乐而乐""天下兴亡，匹夫有责"的崇高爱国主义精神。中华民族能够千年屹立不倒，就是因为我们的爱国情操，有着为国为民为社会的崇高思想，才能够让国民团结一致，打败敌人，将民族精神发扬光大。

第二点就是我们至今还需要提倡尊敬老人、爱护弱小、孝敬父母等各项社会文化美好道德行为。

伦理道德一直以来在我国就备受重视，人人都应该遵从伦理道德规范，不得违背。从《尚书》中提出的"五教"，即"父义、母慈、兄友、弟恭、子孝"，到孟子提出的"五伦"，即"父子有亲、君臣有义、夫妇有别、长幼有序、朋友有信"，再到《礼记·礼运》中所讲的"十义"，即"父慈、子孝、兄良、弟悌、夫义、妇贞、长惠、幼顺、君仁、臣忠"，都从不同方面、不同层次讲述了伦理方面的道德规范道德标准。尽管传统封建思想会有阻碍社会发展的观念和道德制度，但是除此之外，我们应该将伦理道德的本质和积极向上的思想进行合理吸收和发扬。有了良好的伦理道德的规范并遵从执行，才能让社会更团结进步、更加规范，才能有利于社会稳定发展。

而且，传统文化中的一些思想也有利于我们对未来人们的道德思想进行培养和教育，以此让人民对于道德的理解和认知达到更高的层面，最终达到依靠道德和人本来治理国家、规范国家，进而促进社会的快速发展。

3. 和谐：人生宇宙的至高境界

中国人讲究以和为本，这就是受到中国几千年传统文化中和谐思想的影响。比如"以和为贵""家和万事兴""天人合一"等传统文化思想流传至今，我国文化自古以来就围绕人来与周遭进行和谐统一的融合。这样才能达到和谐共进的目的。儒家思想中的中庸之道，就着重说明了和谐的概念，不过轻不过重，刚刚好的理念。从哲学方面看来，人的五官四肢甚至是内脏都与天、地相互对应，天地之间的四季变化、五行之术都能够和人类本身相融合统一，达到天人合一的至高境界。

天人合一体现了人类社会与天地自然的相互关系，将二者合二为一，融为一体，视为一个整体。道家主张人类应该与自然和平相处，不应该破坏大自然，而是应该合理利用大自然给予我们的，这样才能与自然达到和谐、协调的关系。人与人的关系也是如此，和平相处，不争不抢，共同进步。

而且，早在《尚书》中关于尧、舜、禹执政理念的记载就有"协和万邦""咸和万民"的名言，这就告诉我们，在盘古开天地的时候，世界万物就应该和谐统一，以和为本，这样才能天下太平。史伯的"和实生物"，孔子的"和为贵"，墨子的"兼相爱，交相利""尚同""非攻"，老子的"知和曰常"，都以"和"作为最理想的社会生活状态。

以和为本是自古以来就存在并继续发扬的观念，利用这一观念，我们才能够将国家建造得更好，才能将人类文化发展得更顺畅。这个思想根深蒂固不可磨灭，是推进社会发展的重要精神理念。

传统文化中的和谐发展至今，不但具有人与自然的关系理念，还涵盖了美学与哲学两大理念。已经不单纯片面地归属于人与自然，更加延伸到了人生信仰层面。只有提高人类自身的思想境界，才能从本质上帮助社会的发展，中国传统文化不但对现代文化具有深远意义，对于未来社会发展文化也具有深刻意义。

（二）彰显民族特质的世界意义

对于全世界来说，现代文化的发展才是当今社会的主要发展方向，随着世界的不断发展进步，问题越来越多，也越来越明显。在对物质文明进行建设的同时，精神文明的建设也逐渐被提上议程。通过物质与精神的双重建设和发展，人们发现并证明，自然社会不是不可战胜的，人定胜天的理念是对的。

许多的科技都让人们大开眼界，人类登上月球、地下建立隧道、微型电动机的出现，开阔了眼界，也促进了科技的发展。让人们的生活得到了改善的同时，社会也加快了进步，也出现了更多高科技。

科技的高度发展，让人们在物质生活上尝到了甜头，生活更加便利，也让人们觉得社会的发展和改变离不开人类的聪明智慧。可是精神世界也应该上升到更高的层面。

尽管人类的发展在物质方面越来越快速、越来越好，可是精神世界没有与物质世界同步，必将导致人类对于社会发展的主导思想的匮乏。没有精神世界的支撑，人类的发展道路必将崎岖。只有让人类的精神层面跟上去，才能主导人性，改善人类社会行为，达到道德层面的提高。否则，单一地发展物质方面，人性必将被功名利禄所困扰，导致心术不正等各种人性问题。

因为过度地发展物质世界，导致精神世界的孤单停滞，所以人们的精神世界出现了各种问题，越来越自私，越来越贪婪，更加冷漠，更加无情。也因此导致人性的恶化，更多人不遵从尊老爱幼、孝顺父母的道德。人们也自然而然地不再普遍具有深厚的爱国主义热情，不再无私奉献，以自我为中心的思想存在于现在人的观念里面。

人的存在离不开精神支柱。如果没有精神世界，光有物质和身体，达不到人的真正本质，而构成这个人的支撑的理念，就是人对于社会生活中的精神文化的理解和吸收。离开人的文化精神，人类没有精神作为引领，人性道路会蜿蜒波折。而发扬和继承人类传统文化中正面积极的文化和思想道德等具有深远广泛的意义。

正因为中国传统文化中道德文化上积极正面的力量，才让我们的社会文化不断发展，我们去其糟粕取其精华，使人类文明不断发展进步。正因为吸收发扬了传统文化的精华，才能够让我们的社会文明更加进步。

二、如何在"一带一路"的实践中彰显民族特质

"一带一路"被提出以后,我们应该充分利用这个倡议,将中国传统文化引向国外,让国外的人们见识我们国家的文化精髓。同时也借鉴国外的文化力量。让中国的文化发扬光大的同时,加强和其他国家的文化交流,最终达到提高我国综合国力的目的。

(一)传统文化走出国门是"一带一路"倡议的重要内容

"一带一路"是我们国家和其他国家在经济贸易和文化文明方面的桥梁,是我国走出去、其他国家走进来的关键点。这个方案政策的提出和实践,不仅可以提高国与国之间的经济发展,也能加强国与国之间的文化交流,更能让国外看到以我国传统文化为主的综合国力。自从改革开放以后,在物质经济方面,我国的发展突飞猛进,冲出亚洲,走向了国际。同时,也要将我国的文化面貌展示给国外人民。但是至今为止,我们国家的文化在世界上还是没有被普遍认知,仍然处于原地踏步的阶段。想要让文化走出去,走向国际,需要更多的人才和科技以及文化政策的引导,这项任务十分艰巨。随着"一带一路"倡议的提出,我们正好可以通过这个倡议,将我国的文化带出去,使我国的民族传统文化切切实实地走向国际,得到更加高度的发展。

只有将传统文化走向国际,吸收国际文化,才能将我国文化提升到更高的层面,并且推进我国的传统文化继续发扬光大。当然,如果想要国家全面发展,就要在物质和精神上都有实力。目前看来,我国虽然物质层面发展迅速,但是在国际水平上还差一大截,已经不能与其他国家的综合实力相媲美。之所以造成如今的局面,就是因为我们的文化太传统、太保守,这不是空穴来风,是有事实根据的。企业中,很多关于跨国并购的案子都没有成功,就是因为我国文化没有得到他国的认同。这就使得我国很多企业经济的发展受到了文化发展的制约,企业得不到国际化,就会影响我国经济的快速发展,所以说,在经济发展的同时,也要加快加强文化的发展,这就是为什么我国提出了"一带一路"经济文化发展政策。并且,文化也作为一项产业在世界范围内蓬勃发展,我们国家更要加快步伐,跟随国际文化发展的脚步。只有文化和经济双方面发展,才能带动我国总体实力的发展和提升,并且为我国的第三产业开创先机。

由于我国的文化没有传播出去,导致国外很多国家对我国国情造成了误解,以为我们国家很落后,很低俗,甚至以为我们国家对他们存在威胁。为了树立我们国家的正面形象,正确认识我们的文化,必须让我国的传统文化走向国际，让更多的国家看到、了解到。因此，我们应该积极响应一带一路的号召，全身心投入到使文化国际化的工作任务中去，向全世界展现我国文化的精髓，告诉全世界我国的文化对于我国综合实力的发展做出的巨大贡献。想要文化走向国际，就需要会说会听国外的语言，会说外语，才能更好地融入国际社会，才能让国际社会更好地了解我们。让国际上对我们的误解消除，让我国传统文化中的尊老爱幼、和平、团结、无私、勇敢等各种积极的正面思想和观念传递到世界各地，以此重塑我们国家在外国人民心中的形象。

之所以让我们的文化走出去，是为了阻止和降低他国文化对我国的入侵和破坏，来保护我国的文化和思想。现如今对于国家之间的实力比拼，主要是拼实力，尤其是文化方面。因为长久地困在国内，文化没有推向世界，导致我国文化不但没有进入其他国家，反而不断来自其他国家的文化侵扰。为了不让他国文化过度侵吞我国文化，为了维护我国文化主权，我们必须用更强有力的武器反击回去，而这个武器就是我们的文化走向国际，全民团结一致，共同奋斗，将我国文化传承发扬，并向外输出，以此来捍卫我国的政治国情。将我国的先进文化、积极正面力量传送出去，让更多的国家了解认同我们，达到共融共进的和谐关系，才能以静制动，侵权变维权，最后达到主权。

（二）创新传统文化"走出去"方式，注重文化融合共生

在"一带一路"倡议下，不仅要让传统文化顺利国际化，同时还要大大增加我国的全面发展实力。只有国家的综合实力上升了，才能在世界立稳脚跟。就像美国一样，美国文化遍布世界各地，并被广泛接受，因为这个原因，更多的人、更多的企业、更多的国家向往美国，想与美国合作，甚至更改国籍，都使美国的实力增强。如果一个国家不被别国接受，甚至没有被别国认知，那么该国的实力也会随之停止前进，甚至没落。就像我国汉唐两朝之所以繁荣富强，与它的文化输出有着巨大的关系。也就是说，想要我国文化走向国际，就必须以我国强大的综合实力为基础，只有在国家强大实力的庇护下，我国文化才能在国际道路上越走越远，越走越顺畅。

想要文化走向国际，得到国际认可，不仅要将我国文化单纯输送，还需要在这个基础上进行创新，讲究方式方法，使多方文化共同发展、共同存在。只有这样才能响应"一带一路"倡议。因为"一带一路"就是双方面的、多层次的，所以这个倡议才能作为发展国家实力的作用诞生出来。在这个输送过程中，用创新的全新的思维方式展开，要注意以下两点：首先，以对话和融合为中心，展开宣传。也就是说，不同的文化要求同存异、取长补短，以宣扬为主，共存为辅，通过积极正面的宣扬，让我国文化在他国人民心中根深蒂固，

本质上认同并接受。其次，摒弃死板的宣传手段，借助丝绸之路，将我国文化逐步灌输，并吸收他国有用的文化，让不同特色文化相互融合的同时，使得他国国民更加便利快捷地接受我国文化，进而达到多方文化的共融现象，也就达到了文化国际性的目的。

在当今社会，文化作为第三产业蓬勃发展，在国际综合实力上占有重要的地位。我国文化应该不断走向国外，吸收更多的营养，才能帮助我国经济的发展，将目光放大放远。纵观国际，在国家经济实力的辅助下更广更好地将我国的文化理念宣扬到世界各地，持续发展自身实力和竞争力，才能在国际经济上占有一席之地。在文化输出的同时，我国企业在文化方面的竞争力和实力也要不断提升，积极融入我国的传统文化思想，丰富企业的文化背景，才能在国际上将企业的文化形象大力宣扬，融合了传统文化的企业文化建设才能更加快速发展，与时俱进。将文化传播出去需要一定的时间，不是一夜之间就可以做得到的。所以为了具有更强的延续力和宣传力量，我们必须有坚定的信念、团结的力量、无私的社会责任感，用创新的有吸引力的方式方法进行宣传和发扬，从而使得我们国家在国际社会上的影响力提升，得到社会各界、世界各地人民的认同和欣赏，使他们更加尊重、更加接受我们的国家。

第二节　中国传统民俗文化的弘扬

我国的传统民俗文化主要体现在其传统节日和文化上。

形式多样、内容丰富的中国传统节庆，是中华文明的一个重要组成部分。中国传统节庆的起源可以追溯到遥远的史前时期，其产生的机制与天文、历法和数学的进步以及一年四季中二十四节气时令的相继出现密切相关。由于受到中国上古时代那种浓烈的神道设教和礼制传统等社会氛围的深刻影响，历史悠久的中国传统节庆从而也具有了庄严而神圣、隆重而神秘、喜庆而浪漫的多重色彩。汉唐以来，随着礼制传统的渐次式微和世俗文化的快速发展，节庆文化遂超越了庄重神秘的宗教氛围，转向欢快喜庆和轻松欢娱，成为真正的佳节良辰。中国传统节日的形成和发展过程，同时也是中国传统文化积淀凝聚的过程，因此具有极强的内聚力和广泛的包容性，成为中华民族一份珍贵的历史文化遗产。中国传统节日主要有春节、清明节、端午节、七夕节、中秋节、重阳节等，其深刻的精神内涵和丰富的礼仪形式展示着中华民族的精神世界和理想追求。

中国的传统节日，多采用中国传统的历法（即夏历、阴历、农历）和二十四节气确定。凡采用节气确定的节日，则以节气命名，如清明、冬至等。凡采用历法确定的节日，或依据月亮的圆缺，即朔、望推算，如元宵、中秋；或按照纪月日期确定节日，如元旦、端午、七夕、重阳等。

此外，在中国传统节日中，还有一些是与宗教活动和民间传说有关的，如腊八、祭灶等。

在中国的传统节日中，为增添节日的乐趣和气氛，还有一些应节或应季的食品和酒类饮料。此外，还要举行一些特定的活动，以此构成浓郁的节日风情。

这些活动经过历代的传袭和沿革，摒弃了其中的一些消极因素，从而更具有积极的意义，成为中华民族优秀传统文化的重要组成部分。

一、春节

春节，为农历正月初一，古时又称元旦、元正、元朔、元辰、正旦、春节、新正、新春、新年等，俗称"过年"，是中华民族人民一年中最为隆重的节日。

《说文解字》："元，始也。从一从兀。""旦，明也。从日见一上。一，地也。"元旦，即为一年中的第一个早晨。孙中山建立"中华民国"后，确定采用公历纪年，遂将"元旦"之称用于公历的元月一日，而将中国传统纪年的正月初一改为"春节"。从此，春节的名称便一直沿用至今。

"春节"一称，与中国传统历法有直接的关系。中国古代的历法将每年的十二个月分为四季，即一、二、三月为春季，四、五、六月为夏季，七、八、九月为秋季，十、十一、十二月为冬季。正月初一，正值春季初始，故称"春节"。

民间俗称的"年"，有两个由来。一是与农业生产有密切的关系。"年"字最早出现于甲骨文中。甲骨文中的"年"字，是由"禾""人"两字上下叠加组合而成，表示收获谷物，即丰收之意。古籍中常见"有年""大有年"的记载，即意指丰收或大丰收。商朝就将每年的谷物成熟的时间作为旧的一年的结束、新一年的开始。自周代起，"年"便成为一个特定的时间长度单位。二是与民间传说有关。相传，远古时期，有一种身壮如牛、头若雄狮的凶猛怪兽，称为"年"。它常年在山中捕食百兽。但每到冬天，因山中野兽少，它就下山闯入村庄，见人食人，见畜伤畜。因此，一入冬，人们便惶恐不安，纷纷外逃，躲避"年"的侵害。在年复一年的逃避中，人们终于发现"年"虽凶猛，却害怕三样东西，即红色、火光和声响。于是人们想到，只要大家齐心协

力，提前准备好这三样东西，就能驱赶走"年"。到了冬天，人们约定不再外出躲避，家家户户在门上涂抹红色，门口燃起熊熊大火。入夜后，大家到处敲打，发出巨大的声响。这天夜里，"年"又下山，窜到村口，只见到处是红色、光亮，响声不绝于耳，它顿时感到惊恐，遂掉头又逃回山中，从此不敢再下山。第二天清晨，人们聚集在一起，相互庆贺、道喜，共同庆祝战胜"年"，度过平安之夜，即所谓"过年"。以后，每到冬天，人们都要用红色、火光、声响作为驱赶"年"的武器；次日，人们又相互祝贺、道喜，欢庆平安。"过年"的习俗遂世代相传。

农历除夕之夜，当子时来临，大街小巷顿时爆竹声响成一片。这标志着"除旧岁""迎新年"。北宋王安石《元日》诗："爆竹声中一岁除，春风送暖入屠苏。千门万户瞳瞳日，总把新桃换旧符。"这首诗即描写了宋代春节时的情景。在传统的春节习俗中，燃放爆竹是一项重要的活动，爆竹的由来亦出自传说。据《神异经》记载，在古代楚国西部的崇山峻岭中，有一种叫"山魈"的怪物，身高尺余，仅有一足。人们若遇见它，会顿时浑身发冷发热，染上怪病。不过，山魈虽不怕人，却怕巨响。所以，人们每逢要进山，就先砍一些竹子，扔进点燃的火堆中。竹子与火燃烧，迸裂，发出"噼噼啪啪"的声响。山魈闻声，便逃入深山。人们再不会与它相遇，也就没有危险。因此，这一习俗便有了驱瘟逐疫的内涵。过年燃放爆竹，遂寓有"岁岁报平安"之意。

北宋时期，火药发明，并得到比较广泛的应用。这一时期，人们开始用多层纸包裹火药，卷成类似竹节的筒状，两头密封后，点燃"药引"（即药捻），引爆爆竹。因这种火药爆竹声响巨大，故其又称为"炮竹"。南宋时，制作炮竹的工匠们又用"药引"将许多炮竹编联成串，类似鞭子，故又称"鞭炮""编爆""编炮"等。也就是从宋代开始，燃放装有火药的爆竹便成为人们欢庆春节的一种活动方式。清代北京城，每逢春节"夜子初交"时分，全城"击浪轰雷，遍于朝野，彻夜不停"（《帝京岁时记胜》）。

拜年贺岁，也是春节的一项重要活动。中国古代社会，人们采用虚岁计算年龄。这种计算年龄的方法，是以每年的元旦作为年龄增长的日子，即所谓"天增岁月人增寿"。因此，每逢元旦，均普天同庆，共贺年龄增长。

在民间，家族成员要在这天齐聚祠堂（家庙），既向祖先祭拜，又相互拜年祝贺，称为"团拜"。

更为普遍的是，人们要走亲访友，登门拜年。古时，"过年"是从初一到十五。拜年的时间是从初一到初五，初六到十五则称为"拜晚年"。在此期间，凡拜年贺节，不论亲疏、尊卑，都会受到热情的招待，体现了"礼仪之邦"热情好客的风采。

为了向亲朋好友表示节日的问候和祝福，一些不便外出者就吩咐自己的子弟或家人代为登门拜年。到了宋代，又有了投送名帖拜年贺节的方式：先由主人在自己的名帖上书写贺词，再交仆人或他人递送到亲友家中，由此而产生了贺年名帖，亦称贺年帖。

到明代，过年互赠贺年帖已成为春节的一种习俗。于是就有一些商人在节前印制好一些贺年帖，上面印有吉祥祝语和图案。人们买回后，只要填写贺岁拜年者和自己的名字，就可以送出。这种贺年帖，用纸考究，装帧精美，即当今贺年片（卡）的雏形。这种沿袭了千年的拜年方式，充分体现了中华民族重情讲义的风尚，也是中华民族优良传统的表现形式之一。

壮族是我国人口最多的少数民族。他们在每年过新年前，都要先打扫居室内外的环境。年三十的晚上，各家各户在自己堂屋的祖先牌位前摆放供桌，桌前挂壮锦，桌上陈设大粽粑、年糕、米花糖以及鸡、鸭、鱼、肉等供品，以祭奠祖先。入夜后，在家中的火塘里放一根极耐燃烧的大硬木，烧至第二天仍不会熄灭，以示子孙绵延久长，烟火不断。初一清晨，当公鸡初鸣，各家的姑娘就点燃火把，提着瓮、桶到井边、河边或泉水旁"汲新水"，以求新年吉利。初二这天，要抬土地公巡游村寨，以示驱除鬼怪，保佑人畜平安、五谷丰登；各村寨还要开台，演出壮剧；各家的女婿也在这天到岳母家拜年、聚会。

满族在除夕之夜，都要先上坟烧纸，用肉、米饭、纸钱供奉祖先。回到家后，要包饺子，但忌讳包无褶的饺子，因为这种饺子预示今后的日子会"过秃了"。在包饺子时，还有在个别饺子中放入一两个铜钱的习俗，认为吃到这个饺子的人明年会"财路大开"。各家各户还要在自己的家门前贴挂红、黄、蓝、白色旗，以示自己所属的部落。这些色旗制作十分精美，色泽鲜艳，也给节日增添了喜庆的气氛。

布依族过新年，一般是从腊月三十之夜到次年正月十五日，有半月之久。除夕之夜，布依人通宵守岁。午夜后，家家户户要将自己家中的柜子、犁耙、碓磨、水车、织机等均贴上封条，直到正月十五才能启封，以示锁住财气，避免跑财、失财。在过年的半个月里，无论男女老幼都要"玩年"或"玩春"，即进行走亲访友、畅饮春酒、对歌传情等活动，以此告别辛苦的一年，展示自己舒畅、欢快的心情。

我国东北地区的达斡尔族，称年为"阿涅"，意为大年。正月初一早晨，人们在梳洗以后，要先烧香叩拜天神、娘娘神、灶神和祖神，祈求神灵保佑。之后，再向本家庭或本家族的长辈叩首、敬酒，祝福老人吉祥、安康，并接受老人的祝福。从初二到初五，人们纷纷走出家门，到亲戚朋友家拜年。过节期间，妇女们常聚在一起，跳民族舞蹈"鲁日给勒"；少女们在一起玩"哈聂

第四章 弘扬中国传统文化的民族性

卡"(即纸人)或"萨克"(即羊踝骨);男子们则赛马或举行"坡列"(即曲棍球)比赛。人们通过这些活动,表现对美好生活的追求和向往。

白族在过新年前,要在自家的天井里竖立两棵青松,地上铺垫青松针叶,以示干净过年。新年这天的清晨,鸡叫头遍时,各家各户都要到河边"汲春水"。在家中的小男孩喊"财门"后,就将大门打开,放鞭炮迎新。新年的早饭是素食。饭后,晚辈即向长辈拜年,接受长辈给予的压岁钱;亲友们相互祝贺新年,并结伴到野外游玩。

侗族过新年,在除夕之夜,每个人都要喝一碗稀粥,以示来年春耕时,田里有水,粮食丰收。初一这天,各家用油茶迎接客人,还用油茶敬奉达摩娘娘,以求人畜兴旺、五谷丰登。各村寨的乐队和歌队也要互相拜年,并各自带米酒、酸鱼、腌肉、糍粑,到鼓楼集体聚餐。有些地方的侗族在新年这天,由姑娘给公鸡送上一束美丽的映山红,希望公鸡能按时啼鸣,以求日月能定时升降,四时调顺。

阿昌族有在大年三十夜晚全家围坐在火塘旁守夜的习俗。这源于一则古老的传说:从前,有一位叫腊福的穷人,过年时因置办不起年货只好抱来一些麻栎树枝,燃火守岁。半夜时分,从堂屋梁上掉下一根绿色的树枝,腊福顺手将其扔进空米囤里。不久,米囤里就堆满了雪白的大米。从此,他就过上了能吃饱饭的日子。根据这一传说,阿昌族人就在每年的除夕夜仿效腊福的做法,烤火守岁,以求来年粮食满囤。

纳西族的过年习俗是初一吃素食,祭拜祖坟;初二互相拜年;初三以后举行祭天活动。在祭天时,由各家轮流主祭,并请东巴(巫师)念经,还举行射箭仪式,以求人畜平安、庄稼丰收。过年期间,各村寨当年结婚的新郎要搭建秋千架,新娘要结秋千绳,以供人们荡秋千,尽情玩耍。还有一些地区的纳西族,初一要在自家的庭院内栽种松树。午饭后,全村寨的人聚集在空场上,点燃篝火,载歌载舞,尽情玩耍,直至深夜。初二、初三则走亲访友,互相宴请。初五这天,各家带上米、酒、肉等食物,到附近的温泉沐浴、野餐。

黎族过年,年前就要先做好准备。除打扫房屋外,还要打柴,酿酒,缝制新衣,宰杀猪、鸡,舂年糕或包粽子。除夕之夜,先要祭祖,然后全家共吃团圆饭。初一早上,要给牛棚、猪栏、鸡舍送年糕,以示新的一年丰收。当天,在挑水时,要在河边或井边放置一枚铜钱,或摆放一块年糕,以示向河神、土神买"福水"。初一这天,黎族人全家不外出,以示聚财之意。初三、初四,年轻人外出野游或上山打猎、下河捕鱼、探亲访友,还要进行荡秋千、跳舞等娱乐活动。

土家族将过年称为"过赶年"。他们的过年比较特殊,有过两次年的习俗。土家族过年虽然也按照农历计算，但第一次过年要比汉族过年早两天。如腊月为大月，则在腊月二十九过年；如腊月是小月，则在腊月二十八过年。这一习俗源于古代的一个事件。据说一年的新年前夕，正当人们准备过年时，突然有敌人来犯，人们只好匆匆将大块的肉拌上小米，与灌肠一起蒸在饭上；又将豆腐、粉条、胡萝卜、白菜等一锅烩炒，另将猪内脏、墨鱼、海带等做成"合菜"。吃饭时，大家不准大声说笑。第二天，经过激战，终于击退敌人。为了庆祝胜利，人们决定再过一次年。由于之前已将准备过年的食物全吃掉了，所以再过年时，人们便改吃鸡肉，改蒸饭为煮饭。再过年的晚上，各家要在火塘里放置一根很长的木头，以示围火守夜，防备敌人袭击。受这一传说的影响，经世代相传而形成土家族特有的过年习俗。

除按照农历过新年外，还有一些民族有自己特定的"过年"习俗，或按本民族的物候历过新年。

居住在云南西北部山区的独龙族，是将当年的大雪封山到次年的大雪再度封山作为一年的始终。他们将一年分为过雪月、出草月、播种月、花开月、烧火山月、青黄不接月、山草开花月、霜降月、收获月、降雪月、水落月、过年月等。其中，过年月中的"卡雀哇节"，就是独龙族人的新年。至于"卡雀哇节"的具体日期，在独龙族的各村寨中并不统一，一般是在农历的正月至二月之间举行。每逢"卡雀哇节"到来，各家或村寨就以刻木、结绳或口信的方式告知四方亲友，约定举行剽牛祭天鬼活动的时间。到约定的时间，凡接到通知的亲友都要备礼物前往祝贺。客人进入村寨后，主人和前来的客人要共饮一筒同心酒，然后欢聚一堂，载歌载舞，欢庆祝福。青年人则敲锣挥刀到各家各户去跳牛锅庄舞，祝贺来年人畜兴旺，庄稼丰收。这些活动结束后，全村寨人齐聚祭祀场，先由巫师牵牛绕场数圈，再将牛拴在木桩上。随后，村寨里的妇女们将漂亮的麻布毯披在牛身上，人们遂围着祭牛跳舞，进行祈祷，以求来年丰收、平安。之后，巫师饮酒，发力，持扎枪猛刺牛的心脏。如祭牛顺利剽倒在地，则被认为是吉兆。聚集在周围的人们立刻欢呼而上，将牛开膛割肉，就地烧煮而食。在欢快、热烈的气氛中，人们再共饮同心酒，辞旧迎新，共同迎接新年的到来。

与独龙族相邻的傈僳族，也有本民族的物候历。他们将一年分为10个月：过年月、盖房月、花开月、鸟脚月、烧火山月、饥饿月、采集月、收获月、酒醉月、狩猎月。但由于傈僳族生活的各地区物候有差异，习惯也不尽相同，所以具体的过年日期也不统一。傈僳族称新年为"阔时"，一般是在农历的十二月初五日到次年的正月初十之间。每逢"阔时"前，傈僳族村寨家家户户都要备足烧柴和粮食，杀猪酿酒，还要彻底清扫房屋和环境，并在桃、李等果树

上放一些第一臼舂出的籼米粑，以此祈求来年风调雨顺、五谷丰登。在过"阔时节"的习俗上，傈僳族有一些独特的做法。如除夕之夜，严禁去别人家，即使分家后的父子兄弟也不能相互来往。初一清晨，各家均要举行祭祀活动，由家里的年长男子主祭。先用一碗饭、一块肉、两块米饼祭祀为傈僳人从天上带来种子的狗。再依次祭祀门、房梁和架锅烧火用的三脚架以及过世的祖父母、父母、兄弟和未嫁先亡的姐妹。然后，人们着盛装来到村寨中的会场，一起跳舞联欢。晚上，人们还要聚集在一起，由长辈领唱傈僳族的叙事长诗《阔时节歌》，直到次日中午才散去。

到初三这天，各傈僳村寨还要举行传统的射箭活动：先在百步之外，用木棍夹一大块糯米粑和一块半斤左右的猪肉作为靶子。参加活动的人，每人可射三箭。如射中猪肉，预示来年狩猎成果丰硕；如射中糯米粑，则预示来年粮食丰收。还有一些地区的傈僳族在过"阔时"时，要先给耕牛喂盐，以犒劳耕牛一年来的辛劳耕作，以求耕牛来年更加勤劳。

生活在青藏高原地区的藏族，早在公元前就产生了本民族的历法。他们是以月亮的圆缺、朔望确定月份。从公元 1027 年（相当于北宋仁宗天圣五年）起，藏族开始参照农历制定自己的新历法。新制定的藏历，采用五行与地支十二属相搭配的方法。从木鼠年开始，每 60 年一轮回。这种纪年的方法，藏语称为"饶琼"。藏历每月的天数不定，主要依据吉、凶日确定。如果在一个月中遇到吉日，就可以多过一天。如初五是吉日，就连续过两个初五。但如果遇到凶日，就取消不用。如初七是凶日，就跳过这天不过，从初六直跳初八。藏历新年，一般是藏历正月初一。节前，人们要操办年货，煎油果子"卡赛"，制作手抓羊肉、酥油茶、青稞酒等，还要打扫灶房正中的墙，在上面用干面粉画吉祥图案，并在自己家的大门上用干面粉画上象征吉祥的图案。藏历除夕这天，在吃晚饭时，全家人团聚，共食名为"古突"的粥。"古"意为"九"，代表二十九日；"突"，即"突巴"，意为粥。"古突"里杂有糌粑疙瘩，其中有些疙瘩里包有小石子、辣椒、木炭、羊毛等物，这些东西各自代表特定的寓意。如吃到小石子，就意味着在新的一年里心肠硬；木炭则意味着心肠黑；辣椒则意味着嘴巴硬；羊毛则意味着心地善良。凡吃到这些东西，要立即将它吐出来，引起在场人的哄堂大笑。在吃团圆饭时，每人都要吃九碗，但每碗都不能吃完。饭后，全家人将残羹剩饭倒入一个大盆中。之后，大家端着盆，打着火把，走遍各个房间，以示驱鬼。除夕之夜，各家各户的门窗要挂上"祥布"，房顶点燃松脂，室内的桌柜上摆放酥油糌粑点心。另有一个内盛糌粑、炒麦粒、人参果等食物的五谷斗，名为"卓索切玛"，上面插有青稞穗、鸡冠花，还陈放用彩色酥油塑造的羊头，以示来年五谷丰登、六畜兴旺。藏历正月初一清晨，各家的主妇要从河边或井里背回一桶吉祥水，供全家人洗漱，并喂牲口。然后，全家人按照老少辈分，依序坐定。母亲端起"卓索切玛"，祝愿全家人吉祥如意。在座的每个人都要从"卓索切玛"中抓一点糌粑，抛向空中，以示祭神，并品尝一点糌粑，为母亲祝福。这时，长辈依序向晚辈祝福"扎西德勒"（吉祥如意），晚辈则回贺"扎西德勒彭松措"（吉祥如意，功德完满）。其间，人们吃人参果，互敬青稞酒。从藏历正月初二开始，人们就走亲访友，互献哈达拜年，歌舞欢宴，尽兴方散。在此期间，各乡村市镇均要开台，演藏戏、跳锅庄舞、弦子舞，举行赛马、赛牦牛、角力、射箭、拔河等活动。

彝族使用传统的十月太阳历。这种历法将一年分为十个月，每月用十二生肖纪日。一月循环三个周期，共有 36 天，一年因此共计 360 天。余下的五六天，即为"过节日"，彝族习惯称之为"十月年"。彝族历的新年，一般在彝历的十月上旬，由"毕摩"（即巫师）经过占卜，确定一个吉日，即为年节。彝族的年节为 3 天。如果来年丰收，则这个吉日继续使用，否则另行占卜再定。彝族新年的清晨，男人们鸣枪、放炮，妇女们唱吉祥歌、舂糌粑、做苦荞馍。饭后，人们打扫庭院，杀猪宰羊，做"坨坨肉"，迎接祖先亡灵回家过年。然后，人们互相走亲访友拜年，并举行歌舞、转磨秋、斗鸡、赛马、射箭、角力等活动。

生活在云贵高原和湖南、广西等地的苗族，过年的时间是按照本民族的习惯历法，选择农历的九、十或十一月内的卯（兔）日或丑（牛）日过年，但最忌讳在寅（虎）日过年，因为苗族认为老虎是十分凶残的动物。选择这个时节过年，源于苗族在每年秋收后吹笙歌舞、欢庆丰收的习俗。各地苗族的新年活动时间长短不一，一般是 3 天，也有 15 天甚至一个月的。过年的方式，有一家一户式的，也有几个苗寨联合一起过年的。节日前夕，苗家要准备鸡肉、猪肉、酒、豆腐等食物，还要蒸糯米、打糍粑。节日清晨，各家先祭祖先，然后在自家的牛鼻子上抹酒，以示"敬牛"；还要携带肉、酒、饭、香纸等礼物，到自家田头"敬田"。人们还要举行踩芦笙（伴着芦笙舞蹈）、斗牛、打年鼓等活动，以示庆贺。青年男女则举行对歌"游方"等活动。姑娘们带着自己织造的花带来到苗寨口，等到外村寨来吹芦笙的年轻小伙吹起《讨花带》曲调时，姑娘就将花带挂在小伙的芦笙上，以示感谢。

中国汉族以及少数民族的新年节日的习俗虽然各异，但都体现了人们对美好生活的追求和对和平安定生活环境的企盼。

二、清明

清明节，是以二十四节气命名的一个传统节日。每逢这个节日，农村正值春播春种，世间万物开始复苏。

古代，在清明前两三天还有"寒食节"。直到唐宋时期，诗词作品中还常见"寒食"之名，可见当时人们还很重视这个节日。但之后，这个节日逐渐淡化，并入清明节。后人遂只知清明，而不知寒食。

寒食节源于纪念春秋时期晋国的介子推。晋文公见到介子推母子被烧死后的情景，悲痛不已，遂下令将介子推母子安葬在山上，并将此山改称为"介山"，在山上建庙，以示纪念。此后，每年到了介子推遇难的这天，晋国都要禁止烟火，家家户户都不生火做饭，只吃前几天做好的冷饭菜，故称"禁火寒食"。这一习俗遂演变成为"寒食节"。寒食节在后代曾备受重视，节日一度长达一个月之久。但由于过寒食节时，气候尚寒，食用冷饭菜，老幼弱病者难以承受，所以宋代以后，寒食节逐渐被人们淡忘，与清明节合一。故《燕京岁时记》称"清明即寒食"。

"清明"一称由来已久，大约始于西周时期。汉代的文献资料对这个节气已有明确的记载。《淮南子·天文训》："春分后十五日，斗指乙为清明。"清明节的活动始于唐代，活动主要有两项：一是祭扫祖坟，二是踏青郊游。

先秦时，祭祀祖先是在宗庙内进行，没有固定的时间，且祭祀活动十分频繁。春秋以后，为了纪念介子推，开始有了民众自发的祭扫活动。到汉代，又形成祭墓的习俗，史书称为"上冢""上坟"，但时间依然不固定，一年中往往要祭扫十余次，礼节烦琐，劳民伤财。唐玄宗在位时，为了规范清明的活动，于开元二十年（公元732年）下令："寒食上墓，礼经无文，近代相传，浸以成俗。士庶有不合庙享，何以用展孝思？宜许上墓拜扫，申礼於茔，南门外奠祭，撤馔讫泣辞。食馔任於他处，不得作乐。仍编入《五礼》，永为常式。"（《许士庶寒食上墓诏》）从此，寒食节上坟成为唐朝的一项礼仪制度。

随着寒食节逐渐被淡忘、废止，其祭扫坟墓的习俗亦被移入清明节中。明代、清代的清明上坟又与郊游结合。《帝京景物略》中即有明代人们清明扫墓、郊游、野餐的记载，真实、详尽地记载了清明这天京城男女老少出城扫墓、郊游，哀律乐归的情景。

清明踏青郊游，是因为这个时节正值万物复苏、生机盎然之时，人们在度过一个漫长的冬季后，来到郊野感受大自然的清新景象，有益于身心健康。所以，古人很重视这项活动，唐代即已蔚然成风。杜甫《清明》诗中，即有"著处繁花务是日，长沙千人万人出"的描写。到宋代，清明时节更是"四野如市"。

三、端午

端午节，为农历五月初五日。端午，原作"端五"。"端"，为"最初"之意。"端五"，即为第一个五日。一年中十二个月的初五日，都可以称"端五"。为了区别五月与其他月的初五日，古人便根据农历纪年以干支纪月的方法，用五月的天干"午"替代"五"。由于"五"与"午"谐音，称"端午"更明确说明是指每年的五月初五日。

关于端午节的由来，传说很多。据史书记载，南北朝时期，民间就流传着五种说法：一是纪念晋人介子推，主要流行于河东地区（今山西）；二是纪念吴人伍子胥，主要流行于吴越两地（今江苏南部、浙江等地）；三是纪念东汉孝女曹娥，主要流行于会稽地区（今浙江宁波、绍兴等地）；四是祭"地腊"神，属于道教信徒的活动；五是纪念楚人屈原，这是流行最广的一种。

在端午节的几个由来中，对历史人物的纪念是最主要的。人们之所以纪念他们，就在于他们的品德和精神值得颂扬。屈原的爱国、伍子胥的刚正不阿、曹娥的亲情，都代表了中华民族的传统道德和品质，是社会需要继承和弘扬的光荣传统。这也正是中国传统的纪念类节日所具有的共同主旨和共性特征。不过，经过历代流传，屈原最终成为端午节的纪念人物，这是因为屈原的爱国精神是中华民族尤为推崇的优良传统。

吃粽子和饮雄黄酒，是端午节特有的节日习俗。

古时，粽子又称"角黍"。汉代以前，粽子不是端午节才吃的食物。到西晋时，才有端午吃粽子的习俗。

雄黄，又名"鸡冠石"，为中医的矿物类药物，其化学成分为硫化砷，有毒。中医典籍称，雄黄能治百虫毒、虫兽伤。现代医学研究证明，雄黄能抑制真菌、金色葡萄球菌、变形杆菌等。雄黄酒是用菖蒲根和雄黄炮制而成的。端午正值入夏时节，疫病较多，饮此酒可以消除病毒。但因其中的雄黄有毒，饮用时只是一两口，而非开怀畅饮。

此外，古时端午节还有在门上插艾、菖蒲，佩戴香袋，挂钟馗像的习俗。艾为菊科多年生草本植物，菖蒲为天南星科多年生草本植物，这两种植物均含有挥发性芳香油，能驱除蚊蝇，起到提神、杀毒的作用。

四、中秋

中秋节，为农历八月十五日。中国传统历法将七、八、九三个月定为秋季。

八月是秋季中间的一个月，十五日又位于八月的中间，二者相和，正处于秋季的中间位置，故称"中秋"。

中秋节成为中国汉族的三大节日之一，既与古代的礼仪制度有关，又与"嫦娥奔月"的传说有关。古人亦将月亮视为神。因月亮明亮、洁净，故古人认为月神是一位心地善良、面容娇美的天神，认为她能降福于人间，因此对她十分崇敬。

先秦时期，即有春天祭日、秋天祭月的礼俗。西周以后，传说中的月神定为女性，这与阴阳学说有关，但尚未与嫦娥联系在一起。战国以后，"嫦娥奔月"的传说故事开始流传。汉代的《淮南子》《论衡》等书，都记载了这个神话故事。

随着神话故事的流传，"月亮上有一座月宫，里面住着一位品貌超群的女神"这一认识便逐渐被世人所接受。

每逢中秋之夜，一轮明月当空，景色淡雅，正是赏月的极佳时节。古人赏月，家家户户先要准备果品食物。待赏月时，古人先将这些食物摆放在庭院、楼台、地坪等处的条案上，用于供月。全家人坐在明亮的月光下，赏月叙谈，与月神分享供品。

拜团圆月、庆团圆家，是中秋节的一项重要内容。《海虞风俗竹枝词》有云："方形香斗供庭前，三角旗儿色倍鲜，檀木香排书吉语，合家罗拜庆团圆。"

明代以后，在中秋供月的果品中，又有了圆如月亮的饼，即为月饼。早期月饼制作简单，主要用麦粉、藕粉、桂圆等搅拌、和匀后，做成饼状，再蒸熟或烘烤即成。清代以后，每逢中秋节前夕，市场上就有专门销售月饼的店铺。月饼的花色、品种也越来越多，成为该节日的重要食品。

在今天销售的月饼上，中心部位多有一个方形的印记，这个方形印记的内容有的是花朵图案，有的是"月饼"二字，还有的是标示月饼的馅。关于这个方形印记的由来，传说是源于元末农民起义。元朝末年，残暴的统治激起百姓的强烈不满。刘福通等人率众起义，各地民众纷纷响应。泰州张士诚利用当地民众有在中秋节互相馈赠月饼的习俗，便在月饼的底面贴上一张方形的小纸片，上书："八月十五日，家家齐动手。"用这种方式，暗中串联当地百姓起义。中秋之夜，人们吃罢月饼，便揭竿而起。元朝被推翻后，人们为了纪念这次起义，便在中秋节前制作月饼时在月饼的底面都贴上方形纸片，以此象征胜利。长此以往，约定俗成，以后的月饼便有了贴或印方形标记的做法。

五、重阳

重阳节，为农历九月初九日，也是中国古人比较重视的一个传统节日。

重阳节由来已久。唐代诗人王维《九月九日忆山东兄弟》："独在异乡为异客，每逢佳节倍思亲。遥知兄弟登高处，遍插茱萸少一人。"这首脍炙人口的诗作，包含着诗人深切的思乡之情，也反映了古代重阳节的习俗和风情。

重阳节的名称，源于中国古代的阴阳学说。古人认为世间万物均有阴、阳两种属性，数字亦如此。凡奇数（单数）为阳，偶数（双数）为阴。"九"为阳数最大者，亦称极阳之数。九月九日，是两个"九"重合，故称"重九"。又因月和日的"九"均为极阳之数，又是两"阳"重合，故称"重阳"。

重阳，因其两"阳"重合，又喻示阳刚之盛，故被视为吉祥的节日，且重阳节正值金秋时节，秋高气爽，又是收获的时节，清爽宜人的气候，五谷丰登的喜悦，更增添了节日气氛的欢乐、喜庆。

到魏晋南北朝时，人们又从阴阳学说出发，对重阳节有了新的认识。曹丕《九日与钟繇书》："岁往月来，忽复九月九日。九为阳数，而日月并应，俗嘉其名，以为宜于长久，故以享宴高会。"民间认为，"九"既表示"阳刚"，显示生命活力，又与"久"谐音，更寓含"长久"之意。因此，人们又将这一天视为"长寿节"。

后世人们常在这一天为老人祝寿。地方官府亦在这天举行"养老礼"，招待、宴请当地的高龄老人，以示敬重。所以重阳节又体现了中华民族尊老、敬老的优良传统。

古人重阳节赏菊，既与农历九月正值菊花盛开有关，更在于菊花在人们的心目中是品格高洁的象征。菊花既不与桃李争春，又不与荷花争艳，它气质高雅、刚强。待秋风瑟瑟、百花开始凋谢时，菊花依然傲然挺立，异彩纷呈。所以，在古代诗文中，以菊花为题材的作品数量很多。如陶渊明的"菊花如我心，九月九日开。客人知我意，重阳一同来。"元稹的"秋丛绕舍似陶家，遍绕篱边日渐斜。不是花中偏爱菊，此花开尽更无花。"邵大震的"九月九日望遥空，秋水秋天生夕风。寒雁一向南去远，游人几度菊花丛。"

古人不仅以赏菊陶冶自己的情操，还用菊花泡酒，以益寿延年。菊花入药，可明目养肝，清热解毒，用它泡酒也具有同样的功效。重阳节正值天干物燥的时节，人极易"上火"，服用菊花，正好起到降燥、清火的作用。因此，重阳节饮菊花酒是有科学性的。这也是这种习俗能延续至今的一个重要原因。

第四章 弘扬中国传统文化的民族性

六、除夕

除夕，也称为大年夜，一般是在农历腊月（十一月）三十。若腊月为小月，则在农历腊月二十九日。

因除夕是一年中的最后一天，所以古人在除夕当天的早晨就开始忙里忙外，准备着迎接新年的到来。人们首先忙于布置堂屋和院子内外，张灯结彩，使之处处洋溢着喜庆的气氛。悬挂大红灯笼，既表现喜庆之意，又蕴含企盼吉祥、太平的意愿；剪纸贴窗花，不仅表现了喜悦、欢快的节日气氛，更蕴含着人们的良好祝愿和希望。

除夕晚上吃"年夜饭"，是我国一个古老的传统，家人除夕晚上团聚一堂，共祝新年，预示着在新的一年里，家业兴旺。

古人吃年夜饭，还有一些习俗。据《荆楚岁时记》载，南北朝时期，每到除夕吃年夜饭时，家家"相聚酣饮。留宿岁饭，至新年十二日，则弃之街衢，以为去故纳新也"。明清时期的年夜饭，又有一些新的习俗。据《燕京岁时记》载："年饭用金银米为之，上插松柏枝，缀以金钱、枣、栗、龙眼、香枝。破五之后，始去之。"又《帝京岁时纪胜》："岁暮，将一年食余药饵，抛弃门外，并将所集药方，拣而焚之，名丢百病。"民间普遍的做法是：在吃年夜饭时，有意剩下一些饭菜，留至正月初一以后再食用。其意义则不再是"去故纳新"，而代之以"年年有余"。由于"余"与"鱼"谐音，故古人的年夜饭，必定要有鱼，以取"有鱼（余）"之意，也预示新的一年家境富裕。

吃罢年夜饭，一家人就忙着贴门神、春联。

所谓"门神"，即为贴在门上的神像，以示守卫门户，驱逐鬼怪。最早的门神是神荼、郁垒。据《荆楚岁时记》载："正月一日，绘二神贴户左右，左神荼，右郁垒，俗谓门神。"据《山海经》记载，神话中的神荼与郁垒，是两位专门负责审查恶鬼的神。唐代以后，人们又以秦叔宝、尉迟敬德作为门神。这也是出于传说。

据传，有一次唐太宗患病，常听到寝宫外有鬼魅呼号，搅得他昼夜难寝，遂将此事告诉群臣。秦叔宝听后即上奏，称自己"愿和尉迟敬德一起，全副武装立于寝宫门外，一起侍候陛下"。太宗应允，当夜就再未听到鬼魅呼号，一夜高枕无忧。受这一传说的影响，民间就将这两员大将作为门神，并世代相袭。此外，在民间流传的门神中，还有一位是传说能打鬼降妖、驱邪除孽的钟馗。

春联，又称"对联"，源于驱邪逐鬼的桃符。桃符，即挂在大门左右两侧的桃木板，用于绘画神荼、郁垒或秦叔宝、尉迟敬德。五代时期，后蜀国主孟昶在亡国前一年（公元964年）的除夕，亲自在桃符上题写："新年纳余庆；佳节号长春"（《宋史·蜀世家》）。另据陈元靓《岁时广记》所引《古今诗话》载："伪蜀每岁除日，诸宫门各给桃符，书元亨利贞四字。时昶子善书札，取本宫策勋府书云：'天垂余庆，地接长春。'"这是目前已知最早的两副春联。只是当时尚未有春联、对联的名称，而是称为"联语"。这种在除夕书写桃符的做法，后来逐渐成为一种习俗。王安石的《元日》诗，即写道："千门万户曈曈日，总把新桃换旧符。"

随着春联在城乡年节中的普及，这种上下两联对仗工整、平仄拗救（指音调和谐）、寓意广深的"对子"，应用的范围逐步扩大。楼阁台榭、殿堂佛寺、店铺牌坊、胜地佳景等，也都以这种方式诵景寓情，于是又衍生出春联的另一种形式——楹联。

古时，人们贴完门神、春联后，便关上大门。到初一早晨，人们再打开门，迎财神。

入夜后，一家人围坐一堂，一起迎接新的一年的到来。这也是除夕的一个重要的习俗——守夜，亦称"守岁"，意为从旧年守候到新年，表示辞旧迎新。熬夜守岁，也是中国古代一个流传久远的习俗。晋人周处的《风土记》中记载，除夕之夜，人们达旦不眠，谓之守岁。入唐以后，守岁之风盛行，诗文中多有描写。

如董思恭的《守岁》："共欢新故岁，迎送一宵中。"杜甫的《杜位宅守岁》："守岁阿戎家，椒盘已颂花。"白居易的《客中守岁》："守岁尊无酒，思乡泪满巾"等。

古人守岁时，常团坐一起，喝屠苏酒。屠苏是一种阔叶草本植物，也是草庵的名称。"昔有人居草庵之中，每岁除夜遗闾里一药帖，令囊浸井中，至元日取水，置于酒樽，合家饮之，不病瘟疫。今人得其方而不知其人姓名，但曰屠苏而已。"（《岁华纪丽·元日》）最初的屠苏酒，是人们日常饮用的酒，南北朝时，则为过年必饮用的酒。唐宋时，屠苏酒又为除夕之夜饮用的酒。喝屠苏酒时，须从年幼者向年长者、从低辈向高辈依序饮酒，其意为庆贺年少者又长了一岁，年长者又获得一岁（即老了一岁）。

由长者向孩子们赠送压岁钱，也是除夕夜的一项活动。这一习俗大约始于宋元以后。最初的压岁钱并非真钱，而是形同铜币的一种装饰品。送压岁钱给孩子，一则表示自新年始，富庶宽裕；二则带有祈福、祝愿之意。那时的压岁钱上多有"福禄寿喜""长命百岁"的吉祥祝语，或铸有十二生肖、八卦图等吉祥纹饰。从清代起，压岁钱开始改用真钱，并沿袭至今。

除夕"一夜连双岁，五更分两年"，古人常以各种方式同贺、共勉或自

第四章　弘扬中国传统文化的民族性

勉、自励。唐代诗人贾岛屡考进士不中，但他从不灰心，依旧发愤读书。每年除夕之夜，他"必取一岁之作置几上，焚香再拜，酹酒祝曰：'此吾终年苦心也。'"（《唐才子传·贾岛》）贾岛在除夕夜采用"祭诗"的方式，回顾自己一年来的成就，以此激励自己在新的一年里更加努力、奋进。

古人在除夕之夜，更不忘对子女和晚辈给予鼓励，以促使他们更加勤奋、积极向上。苏轼有一首《守岁》诗，就鲜明地表现了这个主旨："明年岂无年，心事恐蹉跎；努力尽今夕，少年犹可夸。"

除夕虽然紧邻春节，但因其尚在前一年，所以古人在这一天既为迎接新年做着最后的准备，同时也利用这天回顾即将过去的一年，展望新的一年，用各种方式鼓励和激励自己或家人，以新的精神面貌跨入新的一年。因此，除夕这个节日突出了"励志"的主题。

中国汉族的传统节日，尽管有许多神话传说，但人们能认同并相信、接受，其中一个重要的原因就在于这些神话传说正反映了人们的某种企盼、愿望和渴求，代表了人们的意志和理想，寄托或表达了人们的情感和希望。因此，认识和理解中国汉族的传统节日，应该注意形式与内涵的统一。

第三节 中国传统服饰与饮食文化的弘扬

一、中国服饰文化

中国传统的衣、食、住、行是中华优秀文明成果的重要组成部分，也是中国传统文化的主要内容之一。中国服饰、饮食文化发展和演变对东方文化发展及人类的文明和进步均产生了巨大的影响。

（一）中国古代服饰的起源

1. 起源

中国古代服饰的发源可以追溯到旧石器时代晚期，最早的服饰材料与原始人类的日常生活资料的来源——采集和渔猎紧密相关，兽皮、兽骨成为最初服饰的基本原材料。

在北京周口店山顶洞人遗址①上，一枚磨制骨针和一百多枚钻孔的石、骨、贝、牙的饰品被发现。骨针磨得很光滑，针孔细小，证明山顶洞人已经能够缝制简单的服装。而那些被钻了孔的饰品，证明人类已经懂得用饰品来装饰自己。其中一些饰品上有赤铁矿染色的痕迹，这存在两种推想：一种认为是服装上的染色，又染到了这些首饰上；另一种认为是为了辟邪，也可能两者兼有。这是迄今为止有实物证明的中国古代服饰的最早发现。

人类早期的服装多以兽皮为材料，服装式样多为披围式。设想他们已经掌握了最简单的皮革鞣制方法，将兽皮软化，用石刀裁割，用骨针将植物搓成的线缝制，做成披围式服装。

古代服饰的主要功用至少有三个方面：一是保护身体和生命，有掩形作用；二是有御寒作用；三是有装饰作用。以狩猎和采集为主要生活来源的人们，保护身体和生命是最为重要的，之后的审美意识带来的观念使服装拥有了装饰作用，应该是在温饱以后的事情。

2. 纺织机器

距今约一万年，进入新石器时代，长江和黄河流域出现了农业文明，原始手工业得以发展。纺织原材料也逐渐多样化。在已发掘的新石器时代的遗址墓葬中，几乎都有纺织工具出土，说明在新石器时代，纺织有了很多发展。浙江余姚河姆渡遗址②出土的文物中就有纺织机器的"踞织机"，说明新石器时代的织机已经有了相应的机架，对于纺织机器来说，这是了不起的进步。

3. 服装材料

随着纺织技术的创造和发展，服装材料必然随之发展。农业文明也起到了关键的支撑作用。服装材料有了人工织造的布和丝织品，从仰韶文化西阴村遗址③出土的"半割"蚕茧来看，中国在新石器时代中晚期已经有比较成熟的桑蚕养殖和丝绸纺织技术。传说黄帝元妃嫘氏发明了养蚕取丝，后人以丝织帛制成衣服。

皮、毛、葛、麻及丝绸等材料的出现使服装制作材料变得丰富，并且服装样式也日趋多样化；服装的功能也得到了改善，除了保护、防备和御寒等作用

---

① 北京周口店山顶洞人遗址：1929年12月发现于北京周口店的旧石器晚期的猿人遗址中，发掘了早期人类化石。与人类化石一起出土的还有石器、骨角器和穿孔饰物，是迄今为止中国发现最早的埋葬地。

② 浙江余姚河姆渡遗址：是新石器时代遗址，发现于浙江余姚，是长江中下游地区新石器时代遗址的代表，年代是公元前5000年至公元前3300年。

③ 仰韶文化西阴村遗址：是仰韶文化遗址之一，发掘于山西夏县西阴村，1927年发现的半截蚕茧，被锋利工具截去一半，证明当时已有养蚕、丝织品。

以外，服装的审美和修饰功能得到了较大的发展。贯头衣和披单式服装成为新石器时代比较普遍的服装。贯头衣是不加剪裁、用整幅织物缝合而成的服装，周身无袖，贯头而穿，衣长大约及膝，是一种不分上下装的笼统式服装。内蒙古狼山岩画①、辛店文化陶器②等相关图像可以证明，在纺织物出现以后，贯头衣成为一种比较定型的服装样式，在以后的很长一段时间、很广阔的区域中已经成为很多民族的普遍穿着。

随着手工制品的发展，饰品及其含义也逐渐复杂，对以后的服饰制度的形成产生了很大的影响。

(二) 中国古代服饰制度的形成

原始社会的部落首领、巫师、卜人，在特定的社会形态下，为了区分特定身份而维护其权威性，衣服的样式就需要有别于普通人，如《易·系辞》中所说："黄帝尧舜垂衣裳而天下治。"衣服从笼统式到上衣下裳分开，都与其相关。在部落活动（如狩猎、征战、祭祀）中，首领或主持人的服饰要与平常人的有所区别，这就为服饰制度的形成奠定了基础。

据文献记载，随着原始氏族社会的逐渐解体，中国第一个王朝——夏朝建立。夏朝时"铸鼎象物"③，中国古代社会从石器时代进入铜器时代。夏朝之后从商朝至西周，是中国的青铜时代，这一时期也成为区别等级的上衣下裳形制、冠服制度、章服制度逐渐形成的时期。西周时，等级制度逐步确立，同时伴随着统治的需要和政权的巩固，中国古代服饰制度也逐渐建立和发展。

(三) 古代制衣官吏和组织机构

随着纺织业的发展，中国古代服饰的原材料日趋丰富，各个朝代都有相应的经营组织和生产机构。较早的记录见于《周礼》的记载，西周宫廷中设有"百工"，各级官吏列在其后。下面以下述几个朝代为例。

西周时期已经有较为细致的制衣官吏和组织机构，比如以下一些官吏。

典丝官：负责丝、布、麻等材料的检验，服装原材料的储存、保管和发放工作。

---

① 内蒙古狼山岩画：是内蒙古阴山山脉狼山地区的石器时代岩画，具有中国岩画北方系统特点，以表现动物、人物、狩猎、放牧、车骑、征战等为主。

② 辛店文化陶器：因发现于甘肃临洮辛店村而得名，属中国西北地区青铜时代文化的产物。辛店文化陶器以夹砂红褐陶和橙黄陶为主，还有彩陶罐、瓮和鬲。

③ 铸鼎象物：据传说，夏禹收九州金（青铜），铸成九鼎，以象百物，民知神奸，于是鼎成为传国重器。

典妇宫官：负责为缫丝生产选择优质产品，还有贮存工作，专门供给周王和后妃使用。

缝人官：负责为王、后缝制服饰的工作。

画绘官：负责宫廷中所制衣饰的绘画、刺绣工艺的工作。

礼服官：负责宫廷内王、后的服装事务。又下设司裘官，负责周王祭天时所穿的大裘的工作；司服官，负责吉日（指节日、寿日、婚庆嫁娶）和凶日（指丧日、晦日）专门服饰的工作；内司服官，负责王、后在房内、宫内、不外出时的服饰处理工作。

载师官：管理民间纺织业的生产和经营工作。

汉代则设有专门为宫廷提供衣饰原材料的"东织室"和"西织室"。还有伤服官，负责组织管理皇室所需的贵重衣料，一般保持织工数千人。

唐代政治强大，经济发达，所设置的服饰管理机构也更完备，组织更严密，分工更细致，层次更清晰。比如以下一些机构：

染织署：纺织业中的最高管理机构，掌管织造宫廷中所用的冠、冕、锦、纱、绢等制品和织物。

少府监：设置在长安城内的中央机构，负责掌管织造宫廷使用器物的手工作坊。下设五个分部，包括中尚方、左尚方、右尚方、仿染方和掌冶方，有工匠19000多人。

仿染方：负责染衣、制衣的中层机构，下设25个"作"，又按不同织造品种分工细作。其中"织红作"（"红"是用来织布帛的丝缕）10个，专门负责织造布、纱、绢、绝（一种较粗的绸）、绫（光亮较薄的丝织物）、罗、锦、绮（有条纹的丝织物）、褐（粗毛布）等。由此可见，唐代的服饰机构分工相当细。

经过千百年的发展，到了清代，织造机构的设置方面，规模更庞大，层次更多，分工更细。故宫内设有养心殿造办处，是专门为皇室织造玩赏器物的工场管理机构。专为皇家织造衣物的还有一系列作坊。其中，"裁作"主管宫室服装的剪裁、缝制；"皮作"主管裘皮、皮制品的制作；"缥丝作"主管衣物上用丝缠绕加工装饰；"绦儿作"主管丝线编织花带。故宫的三大殿——太和殿、中和殿和保和殿的东厢，还专门设置了贮存皇帝的冠、袍、带、履等物的"瑞凝殿"。

（三）中国古代服饰的基本样式

1. 深衣

深衣（图4-1）是中国古代使用比较早、最通用的服装。深衣有将身体

深藏之意，是士大夫阶层居家的便服，又是庶人百姓的礼服，男女通用，可能形成于春秋战国之交。其形制在《礼记·深衣》有详尽的记载。从马山楚墓出土实物来看，深衣是把以前各自独立的上衣与下裳合二为一，又保持一分为二的界线，上下不通缝、不通幅。最巧妙的设计是在两腋下腰缝与袖缝交界处嵌入一片矩形面料，叫"衽"，就是衣襟，能使平面剪裁立体化，可以自由舒服地适应人的体形，同时也表现人体，使两袖获得更大的展转运肘功能。所以，古人称深衣"可以为文，可以为武，可以摈相（礼仪活动），可以治军旅"，认为它是一种比较完美的服装。

据史书记载，深衣有四种不同叫法：深衣、长衣、麻衣、中衣。从出土文物看，江陵马山楚墓出土实物的衣式具有代表性。特点是交领直裾、宽身大袖，结构为上衣下裳分裁，而后缝制成一体的长衣；袖口衣缘用重锦边，衣面多为大花纹凤彩绣，也有几何纹小花锦。这种长衣男女通用，是中国服饰史上备受推崇的深衣。

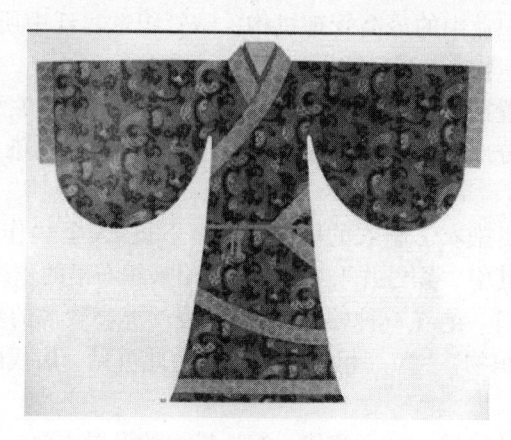

图4-1　汉代女子宽袖绕襟深衣（根据马王堆一号汉墓帛画复原绘制）

2. 元端

元端是用途最广的服饰。元端的含义有端正之意，从天子到士人都可以穿着，是国家的法定服装。士人所穿的元端，其衣袂皆为二尺二寸，衣长也为二尺二寸，颜色用玄，因而叫做元端。天子穿元端可以作为常服，诸侯可以作为礼服祭祀宗庙。

《礼记·王藻》记载："朝元端，夕深衣。"朝之礼仪齐备，夕之礼仪简略，所以大夫、士人朝服元端，夕服深衣，即士人入庙时者元端，这也是朝见父母时的服装。诸侯之朝服用元端素裳，若上士则用素裳，中士则用黄裳，下士则用杂裳。杂裳就是前用元色，后用黄色，并用缁（黑）带佩系如裳色之韠。元端可以作为朝服，作为朝服时要着素裳。而天子则以元端为斋服及燕居之服（天子斋服用冕）。又有素端者，即上身亦穿素色衣服，这是士之斋服。元端服是一种无文饰章彩的服饰。

3. 袍、襦、褐

袍是不分上衣下裳的一种服饰。《诗·秦·无衣》："岂曰无衣，与子同袍。"既是长衣，又在里面实以棉絮、杂用旧絮的叫做"袍"。袍在当时不作为礼服，而是一种里衣，作为居家时的衣着。袍式的短者为襦，穿在里面作衬衣。所用材料粗糙而又简陋的短衣叫作褐。穿在下身的叫作裹衣，即裤子。

4. 裘

裘是一种用以御寒的毛皮服装，就是把毛置于外表而将皮革缝制在里面的衣服。天子的冕服中作为祭服的最高者就是大裘，大裘由黑羔皮制成，以示其质朴端正。在裘之中，以狐裘为尊贵，又以白狐的毛裘为最贵。《诗·秦风》："君子至止，锦衣狐裘。"因为其毛在外，所以在其上加以锦衣。其次为青狐裘、虎裘等，再次则为狼、犬、羊等皮毛。天子、诸侯的裘都用全裘而不加袖饰，下卿、大夫则以貂皮装饰在袖端。由此可知，古代着裘都是毛在衣外的。

5. 比甲

比甲是一种无袖、无领的对襟服装，两侧开叉长至膝下，较后来的马甲要长，有些更长，离地不到一尺。这种衣服最初是宋朝的一种汉服式样，无袖长罩衫，与今天的"背心"相似，后来传入蒙古。据《元史》载："又制一衣，前有裳无衽，后长倍于前，亦去领袖，缀以两襻，名曰'比甲'，以便弓马，时皆仿之。"比甲是通用的常服，男女皆可服，士大夫及家眷在日常生活中都可穿着。

6. 褙子

褙子也叫背子，是一种由半臂或中单演变而成的上衣。背子是对襟，两侧从腋下起不缝合，一般是罩在其他衣服外面穿着，始于唐朝，盛行于宋朝和元朝。背子是男女通用的服装，因场合与时间的不同，其形式变化很多。在宋朝，男子从皇帝到官吏、士人、商贾、仪卫等都穿背子，妇女从后、妃、公主到一般妇女也穿背子。到了明朝，背子逐渐演变成为与今天的披风相似的服装。

（四）妇女服饰

中国古代妇女的服饰非常丰富，随着中国古代社会经济、文化的发展而发生演变。古代妇女一般是没有职位的，但是命妇有爵位或者封号，故其服饰与其他人有很大区别。

1. 命妇服饰

命妇是指有封号的贵族妇女。据史书记载，贵人助蚕服。自周代开始，有封号的贵族妇女，其穿衣着裳的式样和颜色都有定制。多着深衣，头饰为发髻，为了使发髻看起来大一些，也有使用假髻的，自公主、封君以上（封妇人为郡君、县君等），皆着绶带。汉代公卿、列侯、中二千石、二千石夫人以绀色覆发髻，参加祭祀活动，穿黑色丝绢服饰。自二千石夫人以上到皇后，皆以丝绸服装为朝服。自皇后以下，亦以连衣裳制（就是不分上衣、下裳）为朝服，服装色和首饰等都有很显著的差别。佩绶、衣服及首饰的形制，是属于命妇服饰的礼制。

霞帔和云肩是宋代以来命妇的重要服饰之一。明代的霞帔也延续前朝的形式，随品级的高低而不同。清代承袭明代制度，凡后妃、命妇都以凤冠、霞帔作为礼服。清代霞帔变得宽大像背心，霞帔下坠有彩色流苏，是诰命夫人专用的服饰。中间缀以补子，补子所绣纹饰一般都根据其父亲、丈夫或儿子的品级确定，但是，武官的母、妻不用兽纹而用鸟纹。云肩是命妇披在肩上的装饰物，五代时已有，为四合如意形。明代的妇女将其作为礼服上的装饰。清代妇女在婚礼服装上也用。命妇所用的云肩制作精美，有的剪裁为莲花形，或结线为璎珞形，周围垂有排须。

2. 民妇服饰

民妇的服饰比较自由，多半以常服为主，常服多为深衣。从河南洛阳等地出土的文物来看，魏晋时期的民妇服饰为对襟、束腰，衣袖宽大，袖口缀有一块不同颜色的贴袖，下着条纹间色裙。当时妇女的下裳，除间色裙外，还有其他裙饰。

隋朝妇女的日常服饰大多以襦、衫、袄、裙等为主。襦裙是唐朝妇女的主要服饰。在隋朝及初唐时期，妇女的短襦都用小袖，下着紧身长裙，裙腰高系，一般都在腰部以上，有的甚至系在腋下，并以丝带系扎，给人一种身材修长的感觉。唐朝社会文化相对开放，民妇多穿窄袖襦和长裙外加半袖，袒领露胸。唐玄宗开元年间，唐朝与西域文化交往甚多，胡服盛行，男女皆穿着胡服、戴胡帽。

宋装大多沿袭唐装，民妇服装以衫、襦、袄、背子、裙、袍、褂、深衣为主。多为直领对襟式，无带无扣，颈部外缘有护领。从出土文物资料来看，宋朝妇女的衣服都在领边、袖边、大襟边、腰部和下摆部位分别镶边或绣有装饰图案，采用印金、刺绣和彩绘工艺，饰以牡丹、山茶、梅花和百合等花卉。

明朝妇女的服装主要有衫、袄、霞帔、背子、比甲和裙子等。衣服的基本样式大多仿自唐宋，一般都为右衽，下裳多穿裙，穿裤的很少见。明朝妇女的发式很有特色，有"挑心髻""鹅胆心髻""堕马髻""金玉梅花""金绞丝灯笼簪"等。比较特殊的是明朝的婚礼服饰：九品官服和凤冠霞帔。明朝特许普通百姓女子婚嫁可以穿戴属于命妇的服装——凤冠霞帔，男子则可以穿着官品中最低一级九品官的官服迎娶，这在古代是第一次。

婚庆喜用红色，从服饰到所有装饰，起源于唐朝准庶人着绛纱袍亲迎的先例。

直到宋朝，宫廷命妇的婚服还是青色。大红对襟大袖衫和凤冠霞帔的固定婚嫁服饰出现是在明朝，这种婚服样式作为体现中国文化特征的代表被固定下来并一直延续到现在。

（五）中国传统服饰文化的特点

中国传统服饰文化是中华民族传承了五千年的文化精华，在如此丰富无比、绚丽多彩的服饰文化中，充分体现了中华文明的博大精深。

1. 自然性与完备性

中国传统服饰从产生到发展的整个过程，都是自然而然地随着社会生产力和经济的发展而发展起来的。中国传统汉服饰的重要特点是交领、右衽，不用扣子，而用绳带系结，给人洒脱、飘逸、自然之感，与儒家、道家和佛学思想是高度一致且浑然天成的。形制简单的深衣、袍服附着在不同形体的人身上可以产生不同的审美效果，线条柔美，令人遐想。朴素平易的中国传统服饰可以给人增添自然的风韵。袍服充分体现了中华民族柔和、静逸、安稳和娴雅超脱、泰然自若的民族性格，以及平淡自然、含蓄委婉、典雅清新的审美情趣。直至今天，我们虽然多着西式服装，但只要身着传统服饰，就会立即产生轻松愉悦之感。

完备性是中国传统服饰自身体系的完备性。经过几千年的发展，中国传统服饰不仅种类丰富，而且工艺考究，逐渐发展成为一种独立完整的服饰体系，从冠、服装、饰品到履，完整而深刻地体现了中国文化的精髓。在历史的传承与发展中，中国传统服饰形成了独特的文化背景和民族风貌以及形象鲜明的风格特色，并且明显区别于中国其他民族以及世界上任何一个民族的传统服饰，更与现代服饰在制式风格上有着质的区别。

2. 多样性与同一性

多样性与同一性是指汉服款式的多样性与汉服形制（或样式）的同一性。作为一个拥有几千年历史的文化载体，中国传统服饰从来就不只是单一的款式，有"上衣下裳""深衣""襦""裙"等丰富多彩的式样，体现了作为一个具有悠久历史文化的民族，其民族服饰应有的多样性。

同时，虽然中国传统服饰历来形制复杂、形式多样、内涵丰富，但基本形制（或样式）"交领右衽，不用扣子，而用绳带系结"的特点却是亘古不变的，这就是同一性。二者相互兼容，也是其重要特点之一。

3. 传承性与相融性

中华文明高度的历史传承性也体现在服饰文化的传承性上。在这漫长的时间进程中，上溯炎黄，下至宋明，中华服饰历史的发展代代相传，世世相袭，中华服饰的主流一直呈现出共同特征，以右衽、大袖、深衣为典型代表的服饰体系表现了高度的历史传承性特点。

中国地域广袤，在上下五千年的时间跨度里和数百万平方公里的空间广度上，传统服饰也表现出了强烈的相融性。虽然汉服被视为正宗传统服饰的象征，但并不是故步自封、一成不变的，从赵武灵王胡服骑射开始，到隋唐时期与西域交往，对外来服饰的适应性与实用性，使中国传统服饰一直处于与时代、生产力、经济、文化的发展变化紧密相连的变革之中。

中国传统服饰文化历史悠久，博大精深，应用地域广泛，并在不断的创新与融合中发展演变。作为一个如此之大的服饰文化体系，我们对中国传统服饰文化的了解和研究只是沧海一粟，还有待继续深入。

二、中国饮食文化

文化体现在人们生活的方方面面。其中，饮食习俗，既是中国人日常生活的一个重要组成部分，也是中国传统文化的一个重要方面。

（一）中国人的日常饮食习俗

烹饪，也称"熟食制作"，包括烧、烤、蒸、煮技艺，它能把在自然状态下人们不能食用的原料加工成食品，提高了人们利用生态环境的比率和生存能力。我国在远古时代就已经能很好地运用烹饪技术了。周代宫廷的两件大事是祭祀和吃饭，传说可供祭祀的时令食物就有120余种。

在中国传统的农业社会中，老百姓的一日三餐大多是粗茶淡饭。传统饮食结构的特点主要有：一是以五谷杂粮等粮食作物为主食；二是副食中蔬菜和豆制品占很大比例，肉类较少。主食以粮食为主，南方与北方不同。

我国北方以面食为主，一般用小麦面粉做成馒头、包子、馄饨、饺子、烙饼、面条等。馒头，古称"蒸饼"。起初的蒸饼是用未经发酵的面制成的，由于这种食品熟后较硬，所以也叫"牢丸"。到了晋代，人们开始掌握发面技术，便产生了"起面饼"。至今，民间仍然以馒头作为日常的主要食品。由馒头引伸开来，民间又有用面粉擀成大面片，抹上油、葱花、姜末、茴香以及盐等，卷成卷子，切成馒头般长短，俗称"花卷"，也叫"油卷"。包子，古称"曼头"。包子这个名称始于宋代。北宋陶谷的《清异录》中就谈到当时的"食肆"中已有卖"绿荷包子"的。以后经历代厨师的改进，包子的形状和馅的品种不断增多。馄饨，这种食品可上溯到两千多年前的汉代，当时的扬雄在《方言》中说："饼谓之饨……或谓之馄。""馄饨"一词最早出现在三国时期。魏张揖在《广雅》中说："馄饨，饼也。"北周颜之推的文集介绍得更为具体："今之馄饨，形如偃月，天下之通食也。"当时人们又称之为"粉角"，北方人读"角"为"饺"，于是，"饺子"诞生了。此后，饺子和馄饨并行不悖，都是人们喜爱的食品。烙饼，是指放在火上烤或烙的一类饼。传说周武王伐纣时，纣王派闻仲太师与之相抗，当时闻仲的军队中携带了一种方便食品，名"糕"，此糕即为一种甜味饼。所以早在商周时期，江浙一带的民间就已产生了纪念闻仲的边薄心厚的"太师饼"。汉代张骞出使西域，引入胡桃和芝麻等，为饼食加工增加了辅料，出现了以胡桃仁为馅，外边粘有芝麻的炉饼，当时人称"胡饼"。面条，古称"汤饼"。北魏贾思勰的《齐民要术》中载有一种面食："按如箸大，薄如韭叶，一尺一断，盘中盛水浸"，这就是面条。

《新唐书·后妃传上》记有宫中侍臣为唐玄宗的皇后做寿面的文字，这一习俗一直流传到今天。唐朝人们又把面条称为"不托"。到了元代，人们已将面条加工成了挂面。

我国南方主要以大米和糯米为主食，除了米饭、米粥之外，人们还经常食用米糕、米线、米粉、汤圆等。汤圆是用糯米细面为皮，以白糖玫瑰为馅儿，洒水滚成的民间风味小吃。米粉分为"肠粉""切粉""滤粉"和"榨粉"等。把黏米磨成米浆，将米浆用盘蒸成片，再加配料卷成筒，称为"卷筒粉"或"肠粉"。蒸成片后再切成条，叫"切粉"。将米浆经过有孔的筛子漏进开水锅而成线条，叫"滤粉"。将米浆略除去一些水分而成干稠状，放进有孔的榨床，经压榨而落进开水锅成为线条，叫"榨粉"，形如线条的米粉，广西叫"线粉"，云南叫"米线"。

中国南北又都比较喜欢吃粥，徐珂的《清稗类钞·饮食类》中载："粥有普通、特殊之别。普通之粥，为南人所常食者，曰粳米粥，曰糯米粥，曰大麦粥，曰绿豆粥，曰红枣粥。为北人所常食者，曰小米粥。其特殊者，或以燕窝入之，或以鸡屑入之，或以鸭片入之，或以鱼块入之，或以牛肉入之，或以火腿入之。"粥食柔软细腻，常吃能健脾胃、生津液，而加入了药物所制成的药粥更能养身治病。所以粥食是中国人至今喜爱的主食之一。

副食种类主要有蔬菜、肉、蛋、奶等，其中蔬菜和豆制品是普通家庭餐桌上最常见的，而且习惯用各种酱、豆豉、腌菜和泡菜来当副食。中国人用酱的

第四章　弘扬中国传统文化的民族性

历史很悠久，在先秦时期，有肉酱"醢"，到汉代人们已开始用豆做酱。《齐民要术》有《作酱法》，专门介绍了13种风味不同的酱的做法。

在中国人的日常饮食中，豆制食品始终占有重要地位。在各种豆类食品中，最受中国人喜爱的是豆腐。关于豆腐的起源，中国民间有很多故事和传说。

有人说豆腐是一个名叫"怀南"的姑娘发明的，所以中国民间有"杜康造酒，怀南制豆腐"的俗语。也有人说豆腐的祖师爷是春秋战国时期的乐毅。而《本草纲目》记载："豆腐之法，始于汉淮南王刘安。"刘安是汉高祖的孙子，他不理朝政，一心只想长生不老。一次，术士们用黄豆和盐卤炼丹，谁知丹没炼成，却炼出了白生生、细嫩嫩的豆腐。刘安吃了以后，觉得味道不错，于是，做豆腐的方法就此传开。

中国人的餐制习惯也颇有特色。在秦汉以前，人们大约是一日两餐。人们把第一餐叫做"饔"，就餐时间大约在太阳运动到东南方向的时候。第二餐叫"飧"，进餐时间在下午四点左右。汉代以后，随着生产力的发展，一日两餐的习惯逐渐变为一日三餐。

汉代以前人们用餐的方式是把菜盘放在低矮的桌案上来食用。汉代以后，中原地区的人们受西域文化的影响，逐渐用高脚桌椅代替了矮桌，改变了席地而坐的习惯。传统的饮食器具以陶器和瓷器为主，还有竹、木、玉石和金属器具等。传统餐具的种类有瓯（又叫盅，用来饮酒或喝茶的没有把儿的杯子）、钵（陶制器具，形状像盆而较小）、锅、碗、盘、碟、盆、罐等。其中使用频率最高的是用来盛主食的碗。碗可大可小，对体力劳动者来说，碗大为佳，俗称"海碗"，不仅可以用来吃饭，还可用来喝茶。

中国的餐具中有一个重要的角色，就是筷子。筷子又被称为"箸"，据说是由中国人发明的。远古时期，人们吃饭用手抓取，后来为了从羹汤中捞菜，就发明了"箸"。先秦时期，筷子的名称为"箸"，隋唐以后，人们认为"箸"与"住"谐音，有停滞的意思，不吉利，于是反过来把"箸"称为"快子"。宋代以后，又在"快"字上加了"竹"字头，这样就成了今天的"筷子"。筷子的质地有多种，有金、银、珊瑚、玉石、象牙和乌木的，但用得最多的还是竹筷和木筷。筷子的形状粗看像两根细长的棍子，细看却有讲究。筷子大多是上粗下细，上方下圆。这是因为筷子的上面粗而方，手握时不会滑动，放在桌子上也不易滚动；筷子的下面细而圆，夹菜时容易入口，又不伤唇舌。经常使用筷子，不仅对肩臂、手指的关节和肌肉有很好的锻炼作用，而且对大脑也有好处。筷子的发明与使用充分显示了中华民族的聪明才智。

(二) 饮食文化的传统规范

饮食文化，是人们在饮食生活方面连续重复的群体实践所逐渐形成的一种文化传统。我国的群体饮食活动的传统规范，主要有以下几个方面。

1. 仪式饮食

古代在举行信仰仪式时，一般既供奉食品，又唱诵经词。这种在仪式中供奉的饮食又叫信仰饮食。这种传统由来已久。古代用牛羊豕为三牲，祭祀时三牲齐全称太牢。因为当时牛是最贵的，所以若没有牛，只有羊豕，就叫做"少牢"。

明代小说《三国演义》中的诸葛亮，发明了用馒头祭祀的方法，唐宋明清的笔记杂纂也都记录过这类故事。据《周礼》和《仪礼》记载，食品祭祀在先秦时就有了。当时的王公贵族称这种仪式饮食为"馈食礼"。秦汉典籍还记载了仪式饮食的多功能性：除了祭祀，还用于军事、政治、外交和人生仪礼。人生仪礼饮食一项，包括红白喜事和寿诞庆礼，民间延续至今。

2. 阶层饮食

中国传统上是等级森严的宗法制国家。在饮食活动中，就表现为等级礼制，相对不同的等级，饮食的习惯相差很大。中国传统上从饮食原料和结构来看，是以植物性食物稷、黍、麦、菽、麻五谷为主的，以蔬菜为辅食，外加少量的肉食。但是这种饮食配置方式在不同阶层中的比例是很不一样的。在古代汉语里，把上层阶级尊称为"肉食者"，把底层庶民鄙称为"食菜者"，这反映了饮食的阶层性，反映出上层阶级饮食结构中肉食所占的比重比普通老百姓要多得多。古典名著《红楼梦》对宁、荣二府日常生活的描写，很多地方涉及当时贵族阶层的饮食结构，尤其是刘姥姥进大观园的那段描写，提到刘姥姥在贾府吃到"茄鲞"，刘姥姥开始不相信吃到嘴里的是茄子，后来又打听如何做。且看贾府是如何制作"茄鲞"——凤姐儿笑道："这也不难，你把才下来的茄子，把皮刨了，只要净肉，切成碎钉子，用鸡油炸了，再用鸡肉脯子合香菌、新笋、蘑菇、五香豆腐干子、各色干果子，都切成丁儿，拿鸡汤煨干了，拿香油一收，外加糟油一拌，盛在磁罐子里，封严了；要吃的时候，拿出来，用炒的鸡瓜子一拌，就是了。"今天读来，犹如身临其境，豪门贾府吃得轻松，而寒门小户却只能望而却步。从中可以清晰看出贵族阶层的饮食和普通百姓的日常生活存在多么大的差异。

3. 节日饮食

春节的饺子、正月十五的元宵、端午的粽子、中秋的月饼、腊八的腊八粥在中国人的传统生活中，都是在过节时品尝的特殊食品。过节吃这些食品，包

含着人们相互之间的分享、庆祝、纳吉、驱邪、竞赛、交换和沟通等多种含义。节日饮食有各种讲究，一般来说要求全家男女老少围坐在一起吃节日食品，强调家族的团圆，这在春节、元宵节以及中秋节等节日里表现得尤为突出。比如春节的年夜饭对于任何一个中国人来说都有着极其重要的意义。又如元宵节是农历新年的第一个月圆之夜，人们要吃"圆子"（元宵）来象征阖家欢聚团圆。节日饮食在观念方面的表现就更多了，节日饮食有很多的讲究，如除夕的年夜饭，从准备材料到吃，一道道工序，大都含有象征意义：如包饺子的人要把皮和馅都剩一点，称"留余头"；做菜要有"鸡"和"鱼"，表示"吉庆有余"；烧菜要有芹菜，表示"一年勤快"；上菜要上十二种，表示对来年十二个月的祝福等。

4. 待客饮食

热情好客是我国各族人民的美德。中国人表示友谊的一种热情洋溢的方式是请客吃饭。一般来说中国人宴请客人要事先通知。俗语说："三天为请，两天为叫，一天为提。""请"是邀请，"叫"是随便招呼，"提"是把犯人从关押的地方带出来。请客通知的时间越晚，对客人就越不尊敬。宴席的座次是宴请的重要内容，上首（即首席）一般要让给客人，若客人较多，则长者或地位较尊的人坐首席，其余的人依次就座。中餐的餐具一般是筷子、汤匙和勺子，夹菜或盛汤时，应先用公筷或公勺，把菜或汤放入自己的碗碟中后再食用。

5. 馈赠饮食

提食馈赠的习俗起源于先秦，到现在还有。逢会友宴客、华诞祝寿、节日喜庆等场合，人们少不了赠送食品以表达心意。但是，过多的送礼也会成为负担。据《二续金陵琐记》下卷记载，明万历年间，南京文人周晖在除夕前一天外出访客，行至内桥，见兵马司前手捧食盒的人挤满了道路，造成交通堵塞。上前一问，方知"中城各大家致兵马司送节物也"。可见当时馈赠食品习俗之盛。

第五章

深层文化价值观念的输出

第一节 中国传统伦理道德观念的表达

伦理道德作为生活秩序和自我人生规范的自觉理性约定，构成中国传统文化的一个重要组成部分。注重人伦、长于伦理的基本价值取向使中国传统的文学、艺术、美学、宗教、史学、教育等都有"尚德"的传统。因此，合理继承和开掘中国古代的伦理道德传统，对于我们今天加强道德修养，充实自我心性，为现代化的和谐社会建设提供精神及道德方面的保障，有着重要的现实意义。

在中国古代汉语中，"道"与"路"相通，"德"与"得"相通。可见，从语义学上讲，"道德"就是人对于由道路引申为必然之则的一种内心领悟。"伦理"一词也有类似的意思："伦者，类也"，"理者，琢玉也。"可见，"伦理"是指人作为类的存在而对其行为规范加工升华的理性自觉过程。它对社会生活秩序的规范和探讨在传统文化中占有中心地位，并制约着文化内容的方方面面。

中国传统伦理思想的发展，按学界一般的观点大体上可分为三个阶段，即孕育展开阶段、抽象发展阶段、辩证综合阶段。

一、中国传统伦理思想的孕育展开阶段

先秦时期，从公元前 21 世纪起，到秦王朝建立前，其间经历了夏商周和

春秋战国两个阶段，是中国奴隶制社会向封建制社会转变的重要时期，一些初具伦理色彩的思想逐渐展开。

"伦理"一词，最初出现在《礼记·乐记》中："乐者，通伦理者也。""伦"即"偶"意，指人们彼此之间。古代将制玉的工作称之为"理"，意思是顺着玉纹琢磨，引申为有条不紊的"条理"，又由自然的条理意义指向人文社会的秩序。人一生下来就处于与他人的相互关系之中，协调人们种种关系的，就是伦理道德。

伦理道德是文明社会的产物。远古"五帝"时代，有平等互助、讲信修睦的朴素风尚，但这是一种自发的传统习惯，人们对自身的道德生活尚无自觉意识。

"三王"（禹、汤、文王）时代，中国开始了文明的历程，但夏代是否有伦理道德意识，至今尚未见到文字记载。《尚书》所言"惟殷先人，有册有典"，为我们提供了商代伦理道德的一些根据，但"商俗尚鬼""先鬼而后礼"，因而不可能在商代就有系统成形的伦理道德观。西周在宗法等级的基础上，提出了一套以"孝"为主的道德与宗教、政治融为一体的思想体系。

西周的道德纲领是"有孝有德"。孝的产生，一方面反映了父子血缘的亲亲之情，另一方面也反映了财产（或地位）继承的权利义务关系。孝道通过子女奉养和敬服父母，配之以父慈、兄友、弟恭，使宗族和谐；通过子孙"永言孝思"，对祖先祭祀不绝，宗法等级秩序和天子、诸侯、宗子的统治地位得以巩固。周人"勤用明德""以德配天""敬德保民"。此处的德主要指君德、政德。可见，它所规范的只是王者、君子而已。有德、有孝的精神成为后来儒学伦理的重要思想来源。春秋战国时期，诸子蜂起，百家争鸣，学术思想界出现了空前的繁荣局面，中国伦理道德思想全面产生。这一时期代表中国古代伦理思想产生的，主要是以"仁"为最高道德准则的儒家、以"义"为最高道德准则的墨家、以"礼"为最高道德准则的法家和以"道"为最高道德准则的道家。其中儒家的"仁"学最具影响，并且成为中国伦理传统的主导思想。

儒家创始人孔子提出了"仁者爱人"，他说："恭、宽、信、敏、惠""能行五考于天下，为仁矣"。孔子提出"为人由己"，只要克己修身，笃实躬行，便可成为"仁人"。他把"孝、悌"视为"仁"的根本，正所谓"孝悌也者，其为仁之本与！"（《论语·学政》）孔子提出"仁"的内涵是"仁者爱人"，出发点是"孝、悌"。孔子认为，"仁"既是一切德行的根源，又是德行的最高境界，同时还是道德行为的推动力。孔子仁学思想的提出，是中国古代伦理道德思想从自发走向自觉的基本标志之一。

孟子对儒家的伦理思想的发展完善也有重要贡献，他提出了性善论，并论证了仁、义、理、智这些道德的充分必要性，说明这些道德意识正是人与禽兽的区别。孟子还从发挥人的主观能动性出发，论述了"尽心知性""寡欲"和"养吾浩然之气"等修养功夫，使人学思想更趋完善。孔孟伦理道德学说被称为"孔孟之道"。

墨家创始人墨子以"义"为最高的伦理道德原则。"义"即"兼爱"。而所谓"兼爱"就是"视人之国，若视其国。视人之家，若视其家。视人之身，若视其身。"（《墨子·兼爱》）墨子认为只要使彼此利益兼而为一，人们就会彼此相爱。

他说："爱人者，人必从而爱之。利人者，人必从而利之。"（《墨子·兼爱》）墨子的思想与儒家相对立，如儒家主张爱人是由亲及远的差别之爱，墨家则主张一律平等的兼爱；儒家繁礼，墨子节用；儒家重丧，墨子节葬；儒家主张音乐教化，墨子非乐；儒家远鬼，墨子明鬼，如此等等。墨子富有极强的社会责任感和勇于自我牺牲的精神，为天下兴利除弊是他一生积极奔走的唯一目的。

以管仲为代表的早期法家以"礼"为最高伦理道德准则。管仲把"礼、义、廉、耻"定位为国之"四维"，且把"礼"放在首位。作为儒家代表人物的孟子也讲"礼"，但儒家的"礼"更多的是指内心由仁义而衍生的自觉规范。法家则把"礼"理解为外在的法度，管仲等思想家对"礼"的解释偏重于社会对个体行为的约束和限制，是以政治代替伦理。所以，其"礼"包括了国家制度、等级秩序等内容。发展到后期，韩非子把伦理道德视为亡国之术，一切规范都追求国家暴力化，认为一切唯有靠国家暴力机器——"法"来维护。这种伦理思想经秦国的暴政而亡后，逐渐被历史所摒弃。

以老子、庄子为代表的道家学派以"道"为最高伦理道德准则。在老子看来，"道"是宇宙万物包括认识在内的一切存在的最高、最普遍的规律，其本质是无为，即人的德行应该是崇尚无知、无欲、无为。老子的理想社会就是"小国寡民"，是"邻国相望，鸡犬之声相闻，民至老死，不相往来。"（《老子》八十章）道家的另一个代表人物庄子则进一步指出："至人无己，神人无功，圣人无名。"（《庄子·逍遥游》）这种伦理思想虽然与正统的儒家相背离，但这种"隐世"的人生哲学对积极"入世"的儒家是一个极有价值的补充，对后世的影响也非常深远。

诸子伦理思想的相互对立，说到底都表现为各自对周礼的不同立场和态度。"各种思想对立、批判、否定的结果，促进了相互之间的交融和渗透，最终使儒家伦理精神的运作和道家的人生智慧结合起来。即入世与隐世、人伦情

感与人生智慧、心与身相结合，由此构成中国伦理的理想性与世俗性、进取性与柔韧性相辅相成，互渗互补。"①

二、中国传统伦理思想的抽象发展阶段

虽然先秦时期已经形成了中国传统思想体系的基本要素，但尚无一家能占主导地位。汉唐时期，经秦汉、魏晋、南北朝到隋唐，是中国封建社会从建立之初到走向鼎盛的时期，也是中国传统伦理思想的抽象发展、演变综合和大一统、封建化时期，体现出社会发展的必然性与文化发展的能动性相结合的鲜明特点。其间又经历三个具体阶段，即两汉儒学、魏晋玄学和隋唐佛学三个不同发展时期。

秦统一中国后，由于过分强调"以法为教""以吏为师"，重法轻德，以单纯的暴力去维护专制统治，结果事与愿违，短命而亡。西汉统治者吸取了亡秦的深刻历史教训，需要一种与大一统封建中央集权相适应的意识形态作为国家的正统思想。西汉初年，陆贾指出：武功只能得天下而不能治天下，治天下还得"顺守"，即用伦理教化实现长治久安。汉高祖刘邦非常赏识这种观点，遂实行"休养生息"政策。西汉中期，儒学大师董仲舒提出"罢黜百家，独尊儒术"，明确指出要以儒家的仁义道德治理天下。汉武帝接受了董仲舒的这一治国之术，从此儒家思想便成了封建社会正统之学，儒家伦理随之也上升为国家道德学说。董仲舒指出："天地之性人为贵，明于本性，知自贵于物，然后知仁义。"（《汉书·董仲舒传》）他进而将仁、义、礼、智、信列为"五常之道"，把它与"君为臣纲，父为子纲、夫为妻纲"的"三纲"一起，作为封建道德的核心内容，成为中国古代社会处理人与人之间关系的最基本的伦理道德原则。儒学的独尊，董仲舒伦理体系的出现，标志着中国伦理精神的封建化和抽象化的统一。

儒家伦理思想在东汉受到王充等唯物主义思想家的批判，加之汉末以后社会变乱迭起，反映在政治思想领域中的一个突出现象，就是儒学独尊地位的丧失和魏晋"玄学"的兴起。玄学注重探讨抽象的理论问题，主张远离"事物"和"世务"，以老庄之道反对儒学的入世观。玄学主张"贵无""贱有"，他们反对仁义教化，否定三纲五常，推崇自然人性，出言以玄远为高雅，崇尚虚无无为之理，"清谈"成风。魏晋玄学对人生问题的关注，一方面有批判享乐主义、纵欲主义的合理之处，另一方面又鼓吹"性各有分"的性命论以及由此导出的"各按其分"的人生观，已失去了庄子思想中的独立人格和批判精

---

① 钟明善. 中国传统文化精义 [M]. 西安：西安交通大学出版社，2009.

神，形成了一种苟且偷安、纵欲混世的人生态度。

继玄学之后，源于印度的佛学理论也在南北朝开始流行。佛学宣称人生苦海无边，宣扬苦海无边、因果报应、灵魂三世轮回等教义。其有自己的一套伦理观，即苦谛、集谛、灭谛和道谛的"四谛"之说，主张禁欲主义和个人的出世修行。

这自然与儒家入世的伦理道德相悖。佛学在诸如对生命之欲导致人生之苦的精致分析、善恶因果报应的定数揭示等问题上，对这一时期伦理道德的发展无疑有许多启迪之处。但由于它所倡导的是一种神学禁欲主义，而且竭力主张个人出世修行，决定了它不可能成为积极维护当时社会等级秩序的伦理形态。所以，复兴儒学就成为历史的必然。

南北朝时，身为道士的葛洪批判了玄学思想。他尖锐地斥责了魏晋玄学中"唯贵自然"的论调，反对"放达"的人生态度。他说如果那样去为人处世和安身立命，那么社会就将"风颓教沮"。他大声疾呼要恢复仁、义、忠、孝等道德规范。葛洪的言行，为儒学的复兴奠定了一定的思想理论基础。

儒家伦理道德的复兴开始于唐代的韩愈。韩愈反对佛教，其武器就是"道统论"。所谓"道统"就是孔孟的封建伦常等级秩序。韩愈认为，当时社会上存在诸多时弊的重要原因，主要是不重视"先王之道"，而佛、道之说的流行又加剧了这种社会弊端。因此，他著文大声疾呼恢复儒家的"道统"。他指出："吾所谓道也，非向所谓老与佛之道也，尧以是传之舜，舜以是传之禹，禹以是传之汤，汤以是传之文武周公，文武周公传之孔子，孔子传之孟轲。"（《原道》）韩愈的道统论继承汉代经学，也为宋明理学的产生奠定了思想基础。

三、中国传统伦理思想的辩证综合阶段

宋代至鸦片战争前的这一时期，是中国传统伦理思想从辩证综合、发展、完备到走向衰落的阶段。宋明理学的创立标志着中国古代伦理思想已全面完善与成熟，它不仅全面复兴了儒家伦理道德，而且吸收了道学、玄学和佛学的合理成分，建构起中国古代庞大而精致的伦理道德体系。儒学又以新的形态重新取得了独尊的地位。

宋明理学视"理"为世界本体，认为"理在气先""理先于天地"。在伦理观上其核心内容就是要存天理、灭人欲。宋明理学的创立者程颢、程颐在伦理观上把"天理"和"人欲"对立起来，认为"无人欲即皆天理""不是天理，便是人欲"（《二程全书·遗书》卷一五），所以，为了保存"天理"就要去掉"人欲"。朱熹也指出："圣贤千言万语，只是教人明天理，灭人欲。"

第五章 深层文化价值观念的输出

（《朱子语类》卷一二）并认为："宇宙之间，一理而已……其张之为三纲，其纪之为五常，盖皆此理之流行，无所适而不在。"（《朱子大全·读大纪》）关于道德修养问题，宋明理学主张"格物""致知"。所谓"格物"，即"是物物上穷其至理"（《二程全书·遗书》卷二五）；"致知"就是自己认识自己心中之"理"。其核心就是要"为人君止于仁，为人臣止于敬"的内心固有的天理。宋明理学的伦理思想是禁欲主义的、反人道的，但它综合了自古以来各家各派的思想，正是在这个意义上表明宋明理学是中国古代传统伦理道德的成熟与完善。而且，宋明理学也开拓了古代伦理思想的新领域，在心性等问题的研究上达到新的深度和高度，其思想价值是不能否定的。

明代中期以后，封建制度开始走向衰落，资本主义开始萌芽。适应时代的这一"天崩地裂"的变化，反封建专制、反理学伦理的启蒙思想开始产生，合乎市民社会的新伦理逐渐占据主导地位。

明末清初，一批进步思想家从社会发展的现实出发，展开了对宋明理学的批判总结，他们在人性论、义礼观、道德修养论等方面，均提出了新的观点，并集中批判了理学思想纲领——"存天理，灭人欲"，开始把矛头指向封建礼教，具有一定程度的早期民主主义色彩和反封建的启蒙意义。其中，如李贽反对把天理与人欲对立起来，他认为人欲恰恰是纯真的源于本心的东西，在《焚书·答邓石阳书》中，他甚至断言："吃饭穿衣，即是人伦物理。"顾炎武则明确区分了传统伦理道德"忠"的规范要求下的"保国"与"保天下"的不同含义，倡导"天下兴亡，匹夫有责"的爱国主义道德观，并主张把"廉耻"作为道德修养的一个中心环节。王夫之作为中国古代杰出的思想家之一，在伦理思想上，一方面明确反对"存理灭欲"说，主张天理寓于人欲之中；另一方面，还批判了自秦汉以来确立的伦理道德维护皇帝"一姓之私""一家之法"的封建主义本质，主张"天下为公"，崇尚"以身任天下"的爱国主义道德理想。清初唯物主义思想家戴震则进一步批判了空谈义理的虚伪性，指出理学的实质是"以理杀人"，明确提出了"归于自然，适完其自然"的新道德观。启蒙思想家的新伦理观，为其改良主义在道德观上"冲决网罗"，为民主主义革命者的道德观革命开了先河。

综上所述，中国传统伦理思想体系的形成和发展有两个基本特点：首先，它是中华民族各种文化精神互摄整合而形成的有机体，儒家、道家、佛家是基本构成元素，其中以儒家伦理为主流和主体；其次，它随着中华民族与中国社会的发展而生长发育，其间，阶级性与民族性、时代性与普遍性交错在一起，相辅相成，浑然一体。

第二节　中国传统文学的探幽

文学是以语言为媒介，凭借想象创造审美意象来表现人与现实的关系及其情思的艺术，它是人类创造的一种宝贵的精神财富。一个民族的文学是该民族文化的重要构成因素，它常常相当集中地、多方面地体现该民族的文化思潮、文化传统和文化心理，从而成为反映民族文化的一面镜子。正因为如此，了解一个民族的文学，是了解该民族文化的一条捷径。

中国文学在文字诞生以前就已经产生了。几千年来，它在汉民族文化的不断熏染下，逐步形成了独特的民族风格和民族特色，卓然自立于世界文学之林。

一、诗化的倾向

中国古代文学的一个显著特色是偏重抒情，充满诗意。"人之文，六经首之。就六经言，《诗》又首之。"① 几千年来，人们就是站在诗的制高点俯视整个文化，使中国文化乃至文学具有诗化的倾向。对此，闻一多在《文学的历史动向》一文中作了精辟的论述：

一个伟大而神圣的时代莫过于三百篇的时代，而我们一直以来所遵循的文化与文学从这一时期就已经成型。在此之后的两千年以来，我国文学的正统类型一直秉承的是诗——抒情诗，可以称得上是独有的类型散文例外……诗，是整个文学界中的支点，不但对造型艺术有非常大的作用，而且在绘画、建筑或者其他工艺方面，也有巨大的改变，对其有深远的影响。

在我国整个封建时代中，诗就是我们生活所体现的一切，它就是教育、政治、社交等，在社会中发挥着巨大的效力与作用，并且只有我国将其推向至高无上的地位，再无他国有如此之作。在精神方面，它就可以把礼乐维护得当，精确地把礼乐的意义的诗阐述出来。

可以说，中国文化的特质就在于它是一种诗歌文化，中国文学具有诗化的特征。

---

① 白居易《与元九书》.

(一) 诗歌"言志""缘情"

在中国文学这一宝库里，诗歌一直是主流，其渊源久远，从《诗经》算起，已有三千多年了。从整个诗歌史来看，以抒发诗人的主观情思为主要特征的抒情诗蔚为大观。相比之下，以诗的语言和真挚的感情来表述事件、描绘人物的叙事诗大为逊色。

《诗经》是中国最早的一部诗歌总集，其中抒情诗占了绝大部分，显得成熟老练，并有许多杰作，而叙事诗中除了个别的优秀篇章外，大多比较粗糙。

汉末和北朝有两首极为著名的叙事诗分别是《孔雀东南飞》和《木兰辞》，他们外在所表现的都是短篇叙事，从故事的内容来看呈现出略陈梗概，没有完全充分展现出来。杜甫和白居易的笔下也出现过一些优美的叙事诗，例如《三吏》《长恨歌》《琵琶行》等，这些叙事诗中都有特别清晰的抒情韵味。大体来说，中国的少数民族会有规模巨大的史诗，而其他地区目前还缺乏这样的史诗。《诗经》这样的史诗出现之后，继而古希腊出现了荷马的史诗《伊利亚特》和《奥德赛》，相继地印度也产生了两大史诗，即《罗摩衍那》和《摩诃婆罗多》。如此看来，中国的诗歌主要表达的是言志抒情，"诗言志""诗缘情"正是中国诗歌的一大特征。

(二) 散文由"理"趋"情"

在中国古代文学中，能与诗并驾齐驱的，只有散文。诗文并称，一直被视为文学的正宗，小说与戏剧则难登大雅之堂。不仅如此，诗文作者与小说戏剧作者的社会地位也有天壤之别。前者身为帝王将相者比比皆是，后者则几乎都是寒士平民，这也构成了中国古代一种特殊的文化现象。

比较起来，可以说西方的诗是散文化的，而中国古代的散文则是诗化的。中国古代的诗与文并无严格界限，像赋、颂、赞、哀、诔、铭、箴等都具备诗的基本特征。从散文史来看，春秋时期的诸子散文，总地说来以"理"见长；战国时代的散文则糅进更多的情感与想象；汉魏、六朝、唐宋时期，散文主"情"，倾向越来越明显。从语言表达来看，散文的语言多骈俪化，优美生动，具有诗的情致和韵味。

(三) 小说夹诗叙事

中国的小说在唐代以前还只是一些"街谈巷议"，还称不上自觉性的文学之作。它的繁荣时期是唐代，这也是诗歌的昌盛时期，正因如此，小说汲取了一定的精华，成为具有完整的叙事情节和事物的完美描述的作品，尤其是

《莺莺传》之中，这一特征体现得淋漓尽致。在许多作品之中，小说的作者实际上就是诗人。他们会发挥自己的特异功能，站在诗人的角度看待生活，利用小说的形式抒发思想感情，其奇异的想象、绚丽的词采、清新的风格，无不洋溢着浓郁的诗情诗意。宋元以后的白话通俗小说也与诗歌有着密切的关系，有的话本又称"诗话"或"词话"，其中穿插了许多诗篇。明清时代的白话小说更是与诗歌密不可分。小说中或用诗揭示主旨，或以诗引起全篇，或用诗表达人物内心的情感，或用诗传达作者的观点，或用诗写景状物……可以说，诗在小说中无处不在，无所不有，常起着画龙点睛的重要作用。例如，我国古代最伟大的小说《红楼梦》中的《好了歌》《葬花词》等，已成为千古流传的诗歌名篇。而外国的小说中绝少夹诗，小说与诗彼此独立，互不相容。

（四）戏剧傍诗而生

中国戏剧本来起源于民间歌舞。唐代诗歌与音乐的高度繁荣，又为戏剧的诞生准备了充分的条件。而宋金的鼓子词与诸宫调等说唱文学，则直接导致了元杂剧的产生，进入戏剧文学的黄金时代。在戏剧文学的各种因素中，唱词占有十分重要的地位，这些唱词就是诗。不仅如此，古代戏剧"那种抓住心理矛盾以设置戏剧冲突的结构原则，那种注重人物自身情感抒发的表现手法，都是极富诗的情趣的"①。所以，中国的戏剧充满了浓重的抒情色彩，近于抒情诗的连缀。可以这样说，中国古代戏剧实际上就是诗剧，离开诗歌就没有戏剧的存在。《西厢记》《梧桐雨》《汉宫秋》《牡丹亭》中那些抒情言志的唱词，无一不是优美动人的诗篇！

诗化的倾向，决定了中国古代文学以"言志抒情"为核心，从一个方面反映出中国文化艺术化的特征。在古代中国，文化呈艺术化的状态，突出表现在那些意境化了的文化观念中。儒、道、佛的治世理想或基本观点往往通过美妙的艺术境界表现出来。长期以来，人们也已习惯了通过自然的景与物来寄托自己的政治见解、伦理观念、哲学思想、人生态度等，即所谓"托物言志"，这种方式本身就是"艺术的"。例如，中国古代文学史上第一位伟大的浪漫主义诗人屈原的《橘颂》，表面上是在咏橘，实际是诗人的自赞，是诗人人格的表征，表达了诗人独立不羁、秉德无私、直面人生的高尚情操和坚贞品德，也寄托了诗人对故国乡土忠贞不渝的深厚感情。

---

① 陈伯海. 传统文化与当代意识［M］. 上海：上海三联书店，1991.

二、乐观的精神

中国古代文学的乐观精神是十分明显的，突出表现在以下三方面。

（一）喜庆的戏剧结局

在我们的戏剧里，冤案总能得到昭雪，或有"青天"大老爷明镜高悬，或是死而复生的鬼神复仇申冤；才子佳人历经磨难终成眷属；落难公子几番曲折后时来运转，金榜题名。明代汤显祖的《牡丹亭》，与同一时期英国莎士比亚的《罗密欧与朱丽叶》，尽管描写的题材相同，情节也有相似之处，但两者在展示人物关系、处理人物命运方向上则截然不同。《牡丹亭》里的杜丽娘死后复生，与柳梦梅的爱情得到了圆满的结果；而莎士比亚笔下的朱丽叶"死"而复生之后，却因罗密欧自杀而跟着也自杀了。一悲一喜，现于笔端。类似莎翁悲剧那种令人产生恐惧和怜悯之情的特征在中国是极少见的。中国人认为"善有善报，恶有恶报，不是不报，时候未到"，这种乐观的理想主义的因果善恶报应的思想观念，千百年来根深蒂固，成为人们心中不平与悲苦的一种慰藉。特殊的民族文化心理反映在中国戏剧上，那种"大团圆"的结局也就屡见不鲜了。

（二）积极入世的诗歌意蕴

乐观精神在诗歌中主要体现为对人生的肯定、对生活的热爱以及对建功立业的追求。唐代诗人李白尽管有"大道如青天，我独不得出"的痛苦呐喊，但更多的是"天生我材必有用，千金散尽还复来"与"长风破浪会有时，直挂云帆济沧海"的乐观与自信！杜甫生活在唐王朝由盛而衰的转折时期，他的诗作以忧愤深广著称，但是无论时局多么动荡，个人遭际多么不幸，他始终没有悲观过，也未曾放弃过理想，坚强乐观仍是他思想性格的主导方面。宋代的苏轼虽屡遭贬谪，仕途上坎坷不平，然而对于他来说，"菊花开处乃重阳，凉天佳月即中秋"！中国古代文人大多深受儒家思想的熏陶，具有积极入世的强烈要求，"济苍生，安黎元""达则兼济天下，穷则独善其身"。即便有些人受佛、道思想的影响，但那也只是在困境中表现出超然物外、随缘自适的心理，偶有出世思想，也只是厌弃世俗社会，厌弃官场仕途，而非厌弃人生。被称为"隐逸诗人之宗"的陶渊明，虽脱离官场，远距尘嚣，但其诗篇并非厌世之作，相反地，字里行间洋溢着对大自然的赞美、对田园生活的热爱，是"采菊东篱下，悠然见南山"的陶然自乐！唐代著名山水田园诗人王维后期受佛教影响，有些诗作不免显得冷寂，但其中仍不乏生活情趣，注重表现他对山水胜境的爱恋。

(三) 大团圆的小说结局

大团圆式的结局是古代相当一部分小说的一个固定模式，如唐代传奇《李娃传》、宋代话本《冯玉梅团圆》、明代拟话本《玉堂春落难逢夫》、章回小说《西游记》等，人物虽屡遭挫折和不幸，但终能有个皆大欢喜的圆满结局。这样的安排符合中国人的审美心理和欣赏习惯，所谓"否极泰来""祸兮福所倚，福兮祸所伏"。在中国人看来，逆境的极点即顺境的开始，黑夜的尽头就会有曙光的出现。这种思想自然会影响到作家，从而被反映到文学创作之中。

无论是诗歌中积极入世的意蕴，还是小说、戏剧里的"大团圆模式"，都与强调教化作用、助人行善的传统文学观念密切相关。

三、含蓄蕴藉之美

苏联文学家高尔基说过："文学即人学。"一个国家的文学特色，总是与其民族的性格有着密切的关系。与西方人坦率奔放的性格相比，中国人的性格较含蓄内敛，而含蓄美也成为中国文学乃至民族艺术的一大特色。人们常说的"言外之意""象外之象""景外之景"，就是文学作品所蕴藏的含蓄美。所谓"含蓄"，即不一语道破，而是借助语言的启发与暗示性，唤起读者的联想，去发现和领悟作品所不曾明说的意蕴。作品具有含蓄美，才能耐人寻味，引人入胜，意味无穷。

(一) 诗歌短语长情

诗贵含蓄是我国古代诗歌的传统观点之一。"诗之至处，妙在含蓄无垠。"[1] 古代抒情诗由于篇幅短小，特别注重含蓄，要求短语长情，以小见大，言近意远，以有限的篇幅来表达欲言难尽的思想感情。若"诗无言外之意，便同嚼蜡"[2]。例如，李白的绝句《送孟浩然之广陵》："故人西辞黄鹤楼，烟花三月下扬州。孤帆远影碧空尽，唯见长江天际流。"这是一首久负盛誉的送别名作，其中三四两句，作者要表达的是对孟浩然的一片深情厚谊和孟浩然此番远去在他心头留下的落寞惆怅，然而他却不明道出，而是描绘了一幅江岸送别的图景：船帆东去，渐行渐远，直至消失在水天一色之中，诗人则依然伫立

---

[1] 叶燮《原诗》内篇下.
[2] 袁牧《随园诗话》卷二.

江岸，凝目远眺天边之江水绵绵东去……由此传达出作者内心的离情别绪和对孟浩然的一片深情。在只见江流天际而不见行舟帆影的叹息中，似乎蕴涵了对友人此去犹如江水东流不再复返的担忧。情寓景中，意在言外，以鲜明的图景蕴涵了无穷的情韵。这种"义生文外"，不用直截了当的方式描述内容，而是犹如听到淙淙的流水声却不见其奔流之状的"秘响"，便是"诗之至处"，令人回味无穷。

(二) 小说戏剧言近旨远

在中国，一切文学艺术都要求通过有限的描写表达丰富的情感，"天下之文莫妙于言有尽而意无穷"①。古代小说和戏剧同样具有含蓄美。清代著名讽刺小说家吴敬梓的《儒林外史》，全书的特色便是"感而能谐，婉而多讽"②。

作者的爱憎和褒贬不是直接表露出来，而是寄寓在具体艺术形象的描绘之中。如"范进中举"一节，通过描写范进中举前后的悲喜剧，让读者真切地看到，封建科举制度是怎样扭曲着文人的心灵。虽然"无一贬辞，而情伪毕露"③。

曹雪芹的《红楼梦》也同样把它那深刻的主题包含在一系列日常生活的描写之中，展示了具有叛逆精神的贾宝玉与封建传统思想之间的冲突，以及封建社会走向没落的必然趋势。古代戏剧也不像西方话剧那样注重写实，而是虚拟写意，在程式化与自由创造相结合的动作中，在对白、旁白、自报家门等台词中，生动地传达出丰富的主题。

因此，从审美理想总的倾向来看，中国文学以其委婉曲折、含蓄深沉区别于西方文学的直截了当、率性认真；以其倾向于绵里裹针的机智微妙区别于西方文学那种锋芒毕露的深刻广大。在中国文学的艺术表现中，老庄的思想对其起到了非常重要的作用。"大音希声，大象无形"④这一观点中，把"虚"与"实"、"无"与"有"的艺术形式体现得极其分明，明显地体现出"有生于无"的辩证关系。而在我国的文学之中最喜欢运用的表现方法是用静来衬托动或反之，以"无声胜有声"的艺术手法来营造一种特别的境界，就是想让读者通过"言意之表"再次深化到"无言无意之域"⑤，这就是所谓的中国文

---

① 袁中道《淡成集序》.
② 鲁迅《中国小说史略》.
③ 鲁迅《中国小说史略》.
④ 《老子·四十章》.
⑤ 郭象注《庄子·天道篇》中"意之所随者，不可言传也"说："求之于言意之表，而入乎无言无意之域"的对立、和谐统一的美.

学创作者喜欢把艺术的想象空间及感觉让读者自身去感悟,而不是直接在文中描摹,让读者自己去意会其深刻含义,以其追求尺幅千里的浓缩区别于西方文学一泻千里的铺陈。

四、"中和之美"的美学追求

自古以来,在文学之中,我国讲究的是"中和之美","中"在审美范畴中是指人类内心深处对待事物的公正态度;而"和"顾名思义是指和谐唯美,相辅相成的形态恰恰与矛盾成对立关系。很显然,"中和之美",内在就是公平公正,外在就是不过分且保持和谐统一。

(一)情理中和

《礼记中庸》里说:"喜怒哀乐之未发谓之中,发而皆中节谓之和。中也者,天下之大本也;和也者,天下之达道也。致中和,天地位焉,万物育焉。"特别明显地指出"致中和"的辩证思想。对于文艺领域范畴来说,将其辩证法思想恰当地运用到其中,自然而然构成一种"文艺观"。最初是孔子将文艺观与自己的中庸哲学思想完美地组合到一起用来欣赏文学作品,进而用标准的"中和之美"区分文学作品的好与坏,从而形成鲜明的对比。

孔子对《诗经》极为推重崇敬,并且抱着同样的态度将其与他的政治主张"礼"放在一起谈论:"兴于诗,立于礼,成于乐。"[1] 甚至说"不学诗,无以言"[2] "不能诗,于礼缪"[3]。这是因为,"《诗三百》,一言以蔽之,曰:思无邪"[4]。"邪"与"正"相对,"无邪"即中正。在《诗经》中,孔子认为"中和之美"的基准运用得极为恰当,它既表达了"发乎情",同时又表明了"止乎礼义"的效果。譬如在《关雎》的诗中,在诗文中所表达的是一位男子钟爱一名女子,因为得不到美人的芳心,整日苦恼,但他从来没有悲痛欲绝,而是表现出"优哉游哉,辗转反侧"的态度,这就是所谓的"哀而不伤";到最后,他想出了极好的妙招与那心上之人拉近距离,说到底也是"琴瑟友之"罢了,这可谓称得上是"乐而不淫"。然而,在《诗经》中也不缺乏"怨刺上政"这一类诗词,这其中所传达的意思是"可以怨",但是所展现出来的是"怨而不怒"的态度,当然,这完全可以称得上是"中和之美"的标准。假如

---

[1] 《论语·泰伯》.
[2] 《论语·季氏》.
[3] 《礼记·仲尼燕居》.
[4] 《论语·为政》.

诗词之中有违反这一最基本的标准时，孔子绝对是忍无可忍。比如郑国时期的新乐，他对其郑声表现得极其厌恶，他主张"放（禁绝）郑声，远佞人。郑声浮（过分），佞人殆"①。在古代文学创作之中，"中和"作为美学的唯一标准，一直以来贯穿着整个文学界，正所谓"直而不野"②，"夸而有节"③，这其中的"中和"的准则可谓世代流传下来。

　　一直以来，我国的文学有一个特别重要的观念就是通过诗文形式把它作为教化的文学功用论。这个观念实际是与儒家思想有很大关系，儒家一直以来提倡入世思想，即"修身、齐家、治国、平天下"，以此为重心；"仁、义、礼、智、信"是衡量道德观念的唯一基准；而伦理观念是通过"天、地、君、亲、师"来体现的；并且一直以来将"允执厥中"作为中庸哲学中的规范。中国自古以来因为受这种旧思想的影响，常常会呈现出现实版的政教伦理之氛围，从内容来看，它比较偏向于政治主题和伦理道德主题，一个国家的兴盛与衰败、大臣之间的关系、百姓的幸福与苦难，又或者是战争的胜败与人生的悲欢离合等，这些特征一直是作为文学创作者的主旋律，几乎所有的作品都会寄托自己的思想感情，向美好的方向进展，切忌坏的思绪。"乐不至淫，哀不至伤，言其和也。"④ 朱熹也说："淫者，乐之过而失其正者也；伤者，哀之过而害和者也。"⑤ 对作品的要求是中节有度。屈原的《离骚》得到司马迁与刘安（汉代淮南王）的一致好评，原因在于他们认为："《国风》好色而不淫，《小雅》怨悱而不乱，若《离骚》者，可谓兼之。"⑥ 再譬如，苏轼在写作过程中常常喜欢运用讽刺的手法形容时事，表情中会有伤于"和"，所以通常会受到批判。这时，黄庭坚自然而然地脱口而出："东坡文章妙天下，其短处在好骂，慎勿袭其轨也。"⑦ 同时，严羽也发出声音："……其末流诗者，叫噪怒张，殊乖忠厚之风，殆以骂詈为诗。诗而至此，可谓一厄也，可谓不幸也。"⑧ 只有情理相匹配，达到以礼节情的效果，才可以称得上是"中和之美"的最佳基准。

　　在晚明时期，"情""理"统一这个观念逐渐开始出现变动，但是由于社

---

① 《论语·卫灵公》.
② 刘勰《文心雕龙》.
③ 刘勰《文心雕龙》.
④ 朱熹《集解》引.
⑤ 朱熹《集解》引.
⑥ 班固《离骚序》；司马迁《史记·屈原传》.
⑦ 黄庭坚《答洪驹父书》.
⑧ 严羽《沧浪诗话·诗辨》.

会的局限性，"不拘格套""独抒性灵"① 的进程之路是很难实现的。即便是汤显祖也一直以来提倡的是合乎人情的理性，对"人情"和"天理"表现出极为不满意的态度。"合情言性"实际上把理性与情感糅合到一起，达到情理中和的效果。

(二) 文质彬彬

在文学作品的内容与形式上，通常是通过"中和之美"这一基准来体现的，换句话说就是运用文与质、美与善这一标准。孔子道："质胜文则野，文胜质则史，文质彬彬，然后君子。"② 表达的中心意思是质朴胜过文饰的话，显得粗野，若是文饰胜过质朴的话，则显得浮夸不切实际，只有将两者运用得当，才是一部恰到好处的作品。到后来，不管是作家还是文论家统统都会以此为最佳基准去写作，从而来鉴别一部作品的好与坏。汉代之作"调墨弄笔，为美丽之观"，此类作品数不胜数，都是用文丽的手法显得太过虚妄，将真实情感埋没。反之，王充很是排斥之作，道："人之有文，犹禽之有毛也。毛有五色，皆生于体。苟有文无实，是则五色之禽，毛妄生也。"③ 文中字里行间体现的是文质匹配。在齐梁时期，刘勰"文质彬彬"这一说法又加以补充说明，他指出"文附质""质待文"是一种实质上的辩证联系，同时，他又将"文质彬彬"按主要和次要从四个方面分为："以情志为神明，事义为骨髓，辞采为肌肤，宫商为声气。"④ 在此之后，欧阳修、白居易等人都认同"文质彬彬"这一要求。

在文学创作之中，"文质彬彬"的要求对其达到了积极的效果。一方面杜甫明显地表示通过《诗经》以及屈原将其作为学习的标准，将中国的文化传统诗歌完美地传承下去；其次，在艺术方面，他也会和有成就的六朝以及初唐加强苦学，说"不薄今人爱古人，清词丽句必为邻"，广交师益友，取长补短。杜甫之所以在诗歌创作上取得了辉煌的成绩，就是因为他既善于抒发内心的感情，注重现实社会的民情，加以表达出来，又在艺术形式上表现得淋漓尽致，简直是完美之作。"贯穿古今，尔见缕格律，尽工尽善。"⑤ 从而可见，从古至今，一部优美的作品总是具备"文质彬彬"的特征。

---

① 袁宏道《小修诗叙》.
② 《论语·雍也》.
③ 王充《论衡·超奇》.
④ 刘勰《文心雕龙·附会》.
⑤ 《白居易与元九书》.

（三）美善相兼

不管是中国文学还是西方文学，他们追求的都是真善美，体现的是"中和之美"的本质。唯一不同的是，西方文学偏向于真，将美与真完美结合到一起，而对中国文学来说，善是重中之重，一直以来提倡的是美善相兼。提倡模仿学一直以来是西方文学理论中的要求，他们认为文学需要反映生活，是生活的另一面镜子，就像是人们常说的"美即生活"。但是在中国，我们一直特别信服孔子之言，是以善作为美的标准，而美又隶属于善，美从属于善。《论语·八佾》记载了孔子论乐的一段观点："子谓《韶》，尽美矣，又尽善也。谓《武》，尽美矣，未尽善也。"显而易见，他在欣赏音乐或者乐词的时候，不是单一地在乎美，更注重的是美善相兼，这何尝不是体现了我们中华民族对艺术本质的深刻理解？

在古代文学创作之中，美善相兼这一本质得到了深刻的反响。"我们的诗歌大多限于颂美、批评社会政治或抒写与政教伦理有关的个人怀抱，小说、戏曲作品每每喜欢表现善人与恶人所体现的道德势力的冲突，这跟西方文学不拘守人伦道德的境界，而向宗教、哲学、心理、历史等领域作多方面的开拓，显然有别。"[1] 在中国，文学是"经国之大业，不朽之盛事"[2]，担负着"经夫妇，成孝敬，厚人伦、美教化、移风俗"[3] 的重任。儒家一直秉承的是理性观念，尽管可以"发乎情"，但是必须注意的是"止乎礼义"，通俗地说就是自我情绪的迸发必须建立在理性主义之上。

在我国古代，虽然一直注重美善相兼，但这并不代表我国忽略了写真。实际上，我国的传统文学观念里，在创作的过程中同样需要体现生活的真实性。例如晋代时期的左思认为"美物者，贵依其本；赞事者，宜本其实"[4]。南朝时期刘勰一向主张"酌奇而不失其真，玩华而不坠其实。"[5] 不过，字里行间体现的一种观念是禁绝坏事，宣扬提倡好的事情，把写真写实与"美刺"紧密联系到一起，在文学中最终达到教化的作用，而西方恰是走"为艺术而艺术"的线路，与我国的真从属于善是相背离的。

---

[1] 陈伯海. 传统文化与当代意识 [M]. 上海：上海三联书店，1991.
[2] 曹丕《典论·论文》.
[3] 《毛诗序》.
[4] 《三都赋序》.
[5] 刘勰《文心雕龙·辨骚》.

第三节　中国传统医药与科技发明创造

一、中国传统医药学

"神农氏尝百草"是我们都熟知的神话故事，这个故事给我们提供了关于中国传统医药学的历史风貌。神农氏即传说中的炎帝，三皇五帝之一，又被称作"医药之神"。相传就是神农尝百草、创医学，可以说他是中医的创始人。传说神农死于试尝的毒草药。他是第一个能分辨植物用途的人。据说，神农为了加快尝百草的速度，使用了一种工具，叫"神鞭"，也叫"赭鞭"，用来鞭打各种各样的草木，这些草木经过赭鞭一打，它们有毒无毒，或苦或甜，或寒或热，各种药性都自然地显露出来。神农就根据这些草木的不同属性，给人类治病。为此，他曾经一天中过70次毒。他把自己尝过的草药的药名、药性都记下来，编成一本书，名字叫《本草》，传于后世。后来，"本草"便成为中国古代药物学的专门名称了。

这一传说首先给我们展示了我国传统医药学悠久的历史，而如此古老的一门科学，并没有随着历史的洪流而消失，反而以更饱满的姿态展现在世界人民面前。我国传统医药学自成体系，蕴含着我国古代的哲学思想，具有严密的系统性和深刻的思想性，这种特性使得传统医药学面对近现代科学的重大冲击时，仍然能够保持着旺盛的生命力，散发着耀眼的光芒。在西医日渐普及的今天，神奇的中医中药被越来越多的世人所接受，它不仅是我国传统文化一颗璀璨的明珠，也正日益成为全人类的共同财富。

（一）传统中医药学之魂：阴阳五行

中医药学体系以中国古代盛行的阴阳五行学说来说明人体的生理现象和病理变化，阐明其中的关系，将生理、病理、诊断、用药、治疗和预防有机地结合起来，形成一个整体的观念和独特的理论，作为医药学的基础。

1. 阴阳之说

中国古代思想家认为宇宙是由"阴阳二气"构成的，它们不断地运动而形成了世界，这一朴素的哲学思想，也成为我国古代重要的医学思想。我国中医学将阴阳学运用至人体，所谓"阳"，不仅仅是指向着日光的意思，而是指外向的、上升的、温暖的、明亮的；而"阴"也不再是背着日光，而被认为

是内向的、下降的、寒冷的、晦暗的。比如，男性就被称作"阳"，而女性被称作"阴"。再比如，以机体的兴奋和抑制来说，兴奋就属阳，而抑制就属阴，阴和阳并没有好坏优劣之分，只有阴阳和谐的时候，才是最佳状态，所以要求阴阳相互转化，相互协调。有了这样的属性，在行医用药方面都有了一定规律。

2. 五行之论

与"阴阳学说"联系最紧密的莫过于"五行"。"五行"是我国富含唯物主义和辩证法的古代哲学，它指的是木、火、土、金、水五种基本物质的运动变化。五行学说是以五种物质的功能属性来归纳事物或现象的属性，并以五者之间的相互滋生、相互制约来论述和推演事物或现象之间的相互关系及运动变化规律，中医学则利用"五行学说"来解释人体的生理功能，用于疾病的诊断，甚至包括疾病的预防。

比如，"五行学说"将人体的五脏六腑分别归属于五行。肾属水则养属木的肝脏，而肝脏则可以济属火的心脏，心脏则以其火之热以温属土的脾脏，而脾脏则化生水谷精微以充属金的肺脏，肺脏则能够清肃下降以助肾脏。这就是用五行相生的规律来说明五脏之间的相生关系。同时也可以运用五行相克来解释五脏之间的相互制约：肺气清肃下降，可以抑制肝阳上亢，即金克木；肝气条达，可以疏泄脾土的郁滞，即木克土；脾的运化，可以避免肾水的泛滥，即土克水；肾水的滋润，能够防止心火的亢烈，即水克火；而心火的阳热，可以制约肺金清肃的太过，即火克金。除了对人体生理和病理的解释，中医学还能用"五行学说"来说明人体与自然环境及气候、饮食等的关系，这样就逐渐生发出人类对疾病的预防和自我调节。

虽然不是所有的疾病都反映在内脏上，但中医则认为所有的疾病都以五脏为根源，任何疾病都能够在五脏上找出相应的问题，最后表现为色泽、脉象、声音、形态。如此一来，中医药学中传统的治疗手段——望、闻、问、切这四种诊法所获得的信息也有其五行的分类，望就是看色泽，如舌头、神色；闻则是听声音嗅气味；问是询问病情；切是摸脉象。由此综合这些信息，才能够正确地判断患者的病情。比如，患者面色发青，喜欢吃酸食，脉弦，则可诊为肝病；面色发红，口中泛苦，脉洪大，可诊断为心火旺。又如，痉挛抽风，根据五行归类属木病，从人体脏腑来看，可诊断为肝病；全身水肿，小便不利，五行归类属水病，而病位可定为肾。

阴阳五行于中医，是为其提供一个宏观的平台，让中医不只是研究微观的病毒细菌如何作用于人体，而是研究人体整体的各系统之间的关系，并且通过中药、针灸、饮食甚至心理作用去调节各个系统之间的平衡，以此保持身体健康。

(二) 传统医药学之术：天然药与针灸

1. 丰富的天然成药

天然药材及其加工品是中医药的重要组成部分，有的来自动物，有的来自植物，有的来自矿物。通过上述"神农氏尝百草"的传说故事，我们也可以发现，早在人类的初始文明，我国的先民已经开始尝试对草药的探索。如今，能够分辨出上千种草药的特性，并且知道这些草药分别能够治疗什么疾病，是中医必备的素质。我国第一部药学著作诞生于公元2世纪，最有名的当属《本草纲目》，其中最初记录了1892种药物，经过多次的修订再版，现在已达到8000多种草药。

当然，草本植物、动物、矿物如何用药，这也是我国传统中医药学的门道。中药的加工很讲究：药草的采摘时间、炮制的时间长短、煎药时所用的器皿、入药的先后顺序和火候的掌握都会极大地影响中药的药性。当然最重要的还是医生的处方，不同的病用不同的药物。有时，因为人和人不一样，甚至一样的病症表现，却用不一样的处方。中国历史上出现的大量名医留下的处方，很多现在仍在临床使用，具有深远的意义。

2. 独有的针灸治疗

除了重要的药物治疗之术，中医还有很重要的非药物治疗方法——针灸。这是一种从外部刺激人体的某些特定部位，以此减轻疼痛或者治疗疾病的治疗之术。这些特定部位就是我们常说的穴位。我国的针灸之祖——黄帝，是传说中我国各民族的共同领袖，现存《内经》即系托名黄帝与岐伯、雷公等讨论医学的著作，此书对针刺的记载和论述特别详细。针灸是针法和灸法的统称。针刺，是用特质的针具，施行一定的刺激方法作用于穴位经络；而灸法则是用艾草等物熏经络部位。由于我们之前也提到，在中医里人体是一个相互关联的整体，所以针灸时，可以在患病部位、疼痛部位很远的地方下针，就能够达到治疗伤病的目的。针灸法特别适用于人体的疼痛或者障碍性疾病，比如我们常见到治疗类似于瘫痪病人时，中医通常采用针灸穴位的方法。随着时代进步，很多高科技手段代替针的使用，比如红外线、电、磁、激光等，形成了继承传统而不同于传统的医疗方法。鉴于针灸独特的功能性，针灸不仅可以用来治病，还可以用来进行局部或者全身麻醉，只要用针刺到相应的穴位，病人就能够在没有麻药的条件下，在清醒的状态下接受手术而减少痛苦。"针刺麻醉"可以说是中西医结合的一项重要成就，不仅推动了经脉学说等中医基本理论的研究，同时也为西方的生理学、食物化学、解剖学提供了新的思路。

除了针灸以外，按摩也是一种非药物治疗方法，它的基本理论技术也建立

在经脉学说之上。运用特定的手法在人体的某些部位进行按压推摩，这种方法通常对扭伤、挫伤、腰腿疼痛、麻痹等症状有较好疗效，现代按摩也与草药相结合，除了物理性的推拿以外，还包含了药物性的辅助。按摩与针灸都是中医中重要的非药物性治疗方法。

（三）传统医药学之道：食疗与养生

1. 食疗：人与自然的和谐

俗话说，中医治本，也就是说中医重在调理，讲究长时间的积累和协调。中医又说未病先防，体现出中医对养生的重视。所以，作为人类一生必须要做的事情——进食，食物也成为中医当中防病治病的工具。食物疗法，是利用食物进行防病治病，或促进病体康复，是以食品的形式来具体应用。

它既不同于药物疗法，也与普通的膳食有很大的差别。其理论核心是根据"辨证论治"的原则，结合脏象、经络、诊法和治则的内容，选择相应的食物进行疾病的防治。通过辨证、全面掌握病人的情况，再结合天时气候、地理环境、生活习惯的影响，遵循扶正祛邪、补虚泻实、寒者热之、热者寒之等治疗原则，确立汗、吐、下、和、温、清、消、补的治疗方法，联系食物的寒、热、温、凉和辛、甘、酸、苦、咸，制定相应的配方。

所以食疗不仅仅是所谓只要某种食物能补就可以随意使用，而是应该联系实际、全面地进行食物的搭配；不仅仅是人体内部的和谐统一，还要注意人与外部的交流协调。因此，首先要注意辨证施膳，要遵循我们上述的阴阳调和，这是中医治疗疾病的指导原则，即在临床治疗时要根据病情的寒热虚实，结合病人的体质以相应的治疗。只有在正确辨证的基础上进行选食配膳，才能达到预期的效果。否则，不仅于病无益，反而会加重病情。比如我们常会听到有人说自己身体虚，需要滋阴补阳。这其实就是错误的认识，虽然同样是气虚，也有气血的不同之虚，便分别要给予滋阴、补阳、益气、补血的食疗食品治之。并且辨证的施膳同时也会注意病人个体的特点，考虑环境和自然因素，才能更好地发挥食疗的效果。比如，体型较胖的人，就应该多吃清淡的食物，而体型较瘦的人则宜多吃滋阴生津的食物。春天万物萌发，应少吃肥腻、辛辣的食物，多吃清淡的食物；而夏季炎热多雨就应该多吃甘寒、清淡、少油的食物；冬天则毋庸置疑应多吃一些性热的食物，如羊肉等。我们不难发现，食疗的关键就在于遵循了我国传统中医药学的内核，不能仅仅了解单一食物的属性，而要将人与自然融为一体，使人成为自然的组成部分，与自然的属性相结合。所以进行辨证施膳，需要注意食物之间的搭配、食物与人的搭配、食物与自然的搭配。

2. 养生：人与生命的共进

养生，即身体的保养，也就是指在生活中趋利避害，以求健康长寿。基本的养生办法很早就已经形成，如2000年前绘在丝织物上的《导引图》，以40多种导引姿势介绍了强身防病的方法。一代名医华佗，虽然由于牢狱之灾而没能留下宝贵的医术，却给世人留下一套五禽拳，又称"五禽戏"。据《三国志》载，华佗通晓养生之术，年过百岁而貌有壮容，擅长导引之法，首创"五禽戏"。据说，华佗在家乡谯地，时常倡导养生之法、导引之术，"五禽戏"妇孺皆知。"五禽戏"根据人体肾、胃、肺、肝、心五个脏器，相应地分为猿、鹿、虎、熊、鹤五套拳术。猿架练肾气，鹿架练胃气，虎架练肺气，熊架练肝气，鹤架练心脏与顶门，是防病、治病、延年益寿的体育疗法。

气功也是养生的一种重要方法，尤其流行于我国中老年人群之中。在动作上，有动功和静功之分；在功能上，有的气功用来养身，有的气功则可以用来治病；从文化形态上来说，气功可以被看作医学、武术，甚至是宗教。

比如太极拳就充分体现了这一点。也有人说气功其实就是让人进入一个放松、自然、安静的状态下，人的身心自然而然地就得到了调整。20世纪以来，气功从东方传入西方，再次与西医相融合，形成了一些新的疗法，如美国的放松疗法、默想疗法，德国的自我呼吸训练法等。

最后，还有一种享誉中外，甚至可以说代表了中国形象的一种养生方法值得我们注意，那就是武术。我国的传统武术主要目的在于强身健体，所以武术最初就是以养生之道的形象出现的。武术可以分为徒手和持械两大部分。而徒手中的拳术则是武术的基本内容。我们在日常的体育活动中，大多数学的武术也是拳术，比如长拳、太极拳、军体拳等。有些拳术是以动物的名称命名，如蛇拳、猴拳、鹰爪拳等；有些则是根据拳术的特点命名，比如醉拳，就是因为其醉态而得名。持械的武术基本有棍术、刀法、剑法等，中国有句古话"十八般武艺样样精通"，就充分说明了我国武术的博大精深。

但是无论什么类型的武术，都讲究用气，武术和气功联系得非常紧密，俗话说"练武不练功，等于一场空"，就说明了练武只有和用气相结合，才能够进入自我调节的环境中，达到和谐。太极拳就是气与武术的最好结合，动作缓慢，气息匀称，对那些老年体弱者来说，练习太极拳是一个锻炼身体的好办法。

(四) 中医药学的继承与发展

中医药学作为我国流传下来为数不多的古代科学之一，仍旧面临着诸多挑战，我们还需要加强对我国传统中医药的继承。

中医药的临床经验是十分丰富的，中医药理论体系也是完整且完美的。《黄帝内经》已经提出了较为系统的医药理论，此后得到不断发展。其鲜明的特色是，在不干扰机体生命活动的前提下，对人体进行综合的动态观察，以把握生理病理的种种状态，并十分强调人体疾病与社会及自然界的不可分割性，因而在医疗预防实践中主张从相互联系的整体观点出发。这不仅仅是单纯的医学，更蕴藏着极其丰富的科学内涵和生命哲学。并且，在医疗方面，中医药学所使用的是天然药物，在多数情况下，多是依靠药物配合的形式来治疗疾病的，它的治疗作用并非单纯能以化学成分作用于病因作解释，其科学本质在于系统调节，处方上每一种药就好像一部分，它们有规律地结合，形成比各单味药更优越的整体调节功能。中医药学强调从整体上、运动上把握药物调节效应，调动人体固有的自我修复能力以治愈疾病。除药物疗法外还有针灸、气功、推拿等多种非药物的特殊疗法，内容丰富多彩，而且临床疗效显著。但遗憾的是，我们丢失了太多有关传统中医的瑰宝，需要我们不断地去发现、去探索，将中医的优势和特长更充分地表现出来。同时，传统中医药学也不能因循守旧，应该在发展缓慢的中医药事业中找找内因。

改变中医面貌的唯一方法，莫过于创新。这些年来中西医之间的合作，为世界医药学提供很多新思路和新方法，说明我国的中医药学可以采用多种学科的方法进行研究。由于中医药学自身完整的理论体系，中医药学的继承和发展是辩证的统一体，继承我国传统中医药学的根本内涵是前提和根据，而发展中医药学则应该是结果，发展必须围绕着对传统的继承，两者不能分开。

中医药学是中华民族几千年来同疾病作斗争的经验总结，需要我们继续开拓进取，创新发展，将我国传统中医药学发扬光大。

二、中国传统科技发明创造

（一）中国传统科技发明创造的成就

1. 陶瓷技术

中国瓷器驰名世界，英文中"中国"（China）一词又指"瓷器"，这充分反映了陶瓷技术在中国古代科技中的重要地位。考古学已证明，早在一万年前，我国先民就开始制造陶器。最初单用陶土烧制的陶器表面粗糙，后来人们发现了"釉"，也就是一种矽酸盐，涂在陶坯表面再烧制，陶器表面便变得十分光洁。如果在矽酸盐中加入带颜色的金属氧化物，陶器表面就能显示美丽的色彩，著名的"唐三彩"就是这种技术发展的成果。

瓷器是由陶器发展而来的。原始的瓷器在商代早期已经出现，汉代瓷器技术发展迅速，三国两晋南北朝时期，中国烧制瓷器的技术已完全成熟，当时南方以青瓷为主，北方以白瓷为主，间有黑色等。隋唐时期，中国陶瓷技术进入一个新的阶段。陶器技术在汉代铅釉基础上，选用多种金属的呈色作用创制出了"唐三彩"，其不仅色彩丰富，而且在造型艺术上也有很高的成就，至今仍是享誉中外的具有独特中国风格的著名工艺品。五代时期的瓷业主流仍然是"南青北白"，制瓷技术继唐之后有所发展。后周世宗柴荣御窑出产的青瓷器，被列为五大名瓷之一。其特点是"青如天，明如镜，薄如纸，声如磬"。五代时期陆续形成了定窑、钧窑、耀州窑、景德镇窑、磁州窑、越窑、龙泉窑和建阳窑等八大窑系以及定、汝、官、哥、钧五大名窑，出现了百花齐放的局面。到了元代，北方诸窑相继衰退，而南方景德镇则异军突起，成为全国最重要的瓷器生产地。明代瓷器技术进入了一个崭新的历史时期，景德镇成为全国制瓷业的中心，彩瓷制作进入黄金时期。明代青花瓷成为景德镇生产的主要产品，大量输出国外。永乐、宣德青花瓷，以其质地精细、色泽浓艳、造型优美而闻名于世。成化时期的斗彩，更是彩瓷的代表作。它开创了釉下青花和釉上多种彩色相结合的新工艺，呈现鲜红、油红、鹅黄、杏黄、姜黄、水绿、叶子绿、松绿、孔雀绿、孔雀蓝、葡萄紫等绚丽色彩，使瓷器艺术上升到了一个崭新的高度。清代作为中国制瓷史上的黄金时代，以康熙青花瓷为历代青花瓷器之冠。在康熙五彩的基础上，又出现粉彩，各种色泽趋于清逸淡雅，格外亲切。康熙初期还创制了珐琅彩瓷品，其珐琅彩料多来自外国，画法不仅极为精细，而且吸收了西洋画法，具有油画效果，精美异常，所以它成为康熙、雍正、乾隆三朝极为名贵的宫廷御器。

我国瓷器从唐代通过"丝绸之路"或东方的海路传到西亚和南亚，再由这些国家传到欧洲各国。随着瓷器的西传，造瓷技术也于11世纪传到波斯和阿拉伯等地，1470年传到意大利及西欧。

2. 丝织技术

中国是世界上最早养蚕和织造丝绸的国家。在新石器时代晚期，我们的祖先就已开始利用蚕丝织作。商周时代，丝织技术有了很大的提高，出现了提花技术，从而能够织作比较复杂和华美的提花织物。提花技术是中国古代在织作技术上的一个重要贡献，对于世界纺织技术的发展有很大影响。已有史料证明，西方的提花技术是在汉以后由中国传过去的。

到了汉代，我国丝织品已十分丰富。从长沙马王堆汉墓中发掘出的大量丝织品来看，当时的丝织品从品种上讲，有绢、罗纱、锦、绣、绮；从颜色上讲，有茶褐、绛红、灰、黄棕、浅黄、青、绿、白；从制作方法上讲，有织、绣、绘等；这些丝织品的图案亦很丰富，有动物、云彩、花草、山水以及几何

图案。

唐代在丝绸染色、印花和纺织机械方面都有很大的改进，所产丝织品更为精美。唐代诗人白居易曾这样赞道："天台山上明月前，四十五尺瀑布泉，中有文章又奇绝，地铺白烟花簇雪。"宋代织锦技术发展很快，南宋时锦的品种已有40多种，著名的苏州"宋锦"和南京"云锦"都是这个时期出现的。宋代还发展出一种缂丝技术，它可以用简单工具，在一根纬线上分段设色，然后用各色小梭分别织造，织出与原作几乎完全相同的织物。缂丝织制品多以唐宋名画作底本，有很高的艺术性。元代则发展出了"织金锦"，继元之后明清两代又发展出了"妆花"，可谓异彩纷呈，美不胜收。

不仅如此，丝绸作为我国名贵特产，其贸易还形成了著名的"丝绸之路"，成为古代中国与世界交往的通道。据考证，丝绸大约在公元初年传到了罗马。西方史书曾记载，罗马的凯撒大帝曾经穿着一件中国丝袍到剧院看戏，引来全场一片啧啧称赞之声。由于当时丝绸价格十分昂贵，所以只有皇帝和少数贵族才能享用。随着丝织品的外传，我国的养蚕法和丝织技术也相继传到了世界各地。公元6世纪传到东罗马帝国，12世纪末传到意大利，14世纪法国人学会养蚕，16世纪末传到英国，19世纪再传到美国，从而在世界文明史上写下了独具风采的篇章。

3. 造纸术

纸的发明是人类文字载体的一次重大革命。在植物纤维纸出现之前，各古老民族只能采用各种原始、粗重的材料书写，给人类文化知识的积累和传播造成了很大的困难。

我国人民在处理茧丝的过程中，发明了絮纸。秦汉时期，人们在制作麻料衣服时又发明了植物纤维纸，由于它原料丰富、便宜，很快流行起来。

至东汉时期，宦官蔡伦在改进造纸技术方面做出了重要的贡献。他与造纸工匠经反复琢磨，最后采用树皮、麻头、破布、渔网做原料制造纸张。这一新技术不仅使原料来源更为广泛，而且纸的质量也大大提高。

蔡伦所发明的这种纸具有埃及纸草、希腊羊皮、巴比伦的泥板、印度树皮无法与之比拟的优点，它的发明，为人类的文化传播，提供了至今依然不可或缺的信息存储和传递手段，所以纸发明后以很快的速度向外传播。中国造纸技术大约在3世纪首先传入越南，4世纪传入朝鲜，5世纪传入日本，7世纪传入印度，8世纪从中亚传入阿拉伯，12世纪传到欧洲。在蔡伦造纸一千多年以后，西班牙和法国于12世纪建立了造纸厂。以后意大利和德国也于13世纪建立造纸厂。

到了16世纪，整个欧洲都学会了造纸。由此可见，造纸术是中华民族对世界文明的伟大贡献。对此，美国学者德克·卜德评价道："世界受蔡侯的恩惠要比受许多更有名的人的恩惠更大。"

4. 印刷术

中国是纸的故乡，与纸相伴，印刷术的出现也就非常早。隋朝时，中国已发明了雕版印刷术。唐懿宗咸通九年（公元868年）印刷的《金刚经》就是目前世界上最早印有出版日期的印刷品。欧洲最早印有确切日期的印刷品，是德国南部1423年的《圣克利斯托菲尔》画像，晚于我国近六百年。

雕版印刷术在宋代达到了极高的水平，但它每印一部书就要雕一次板，费力耗时的弱点也日益暴露出来。宋代庆历年间（公元1041—1048年），优秀的刻字工人毕昇终于发明了活字印刷术：用胶泥刻成单字烧硬，再拼版印刷。活字印刷术克服了雕版印刷的缺陷，实现了印刷史上一次重要的技术革命。后来元代著名农学家王祯创造了木活字印刷术，改进了泥活字容易破损的缺点，这是印刷技术的又一次重大进步。王祯还创造了转轮排字架，大大提高了排字效率，减轻了排字工人的体力消耗。此后，我国古代的印刷术又发展为各种金属活字印刷。

据记载，我国雕版印刷术在公元8世纪传到日本，10世纪传到朝鲜，13世纪末从土耳其传到伊朗，以后从伊朗传到埃及和欧洲。而中国的活字印刷术大约在14世纪传到朝鲜和日本，15世纪传到欧洲。公元1450年，德国人古腾堡仿造中国活字印刷术制成了用铅、锑、锡合金为材料的欧洲拼音文字的活字，开启了欧洲活字印刷的历史。

5. 火药术

火药的主要原料是木炭、硝石和硫黄。早在商周时期，我国已经在冶金中广泛使用木炭。春秋战国时又发现了天然的硫矿和硝石（硝酸钾）。尽管这些基本原料很早就被发现了，但把它们放在一起制成火药，却是道教炼丹家的功劳。

炼丹家在炼制丹药的过程中，逐步认识到硫黄和硝石的若干化学特性，并将其混合在一起。据史籍记载，早在公元3世纪，中国古代炼丹家就将硝石和硫黄结合以期炼出人造金。公元300年前后，著名的炼丹家葛洪发明了把硫黄、硝石、云母等原料混合、加热而成为"紫粉"的配方。唐初著名炼丹家、医药学家孙思邈和唐中期炼丹家清虚子，又分别提出"伏硫黄法"和"伏火矾法"，由于当时还没有自觉地加入炭，这些配方的制造物易于燃烧，但还未能形成真正的爆炸。公元850年，唐中期丹书《真元妙道要略》中，记载了原始火药的第一个配方。因此，火药实际上在唐代就已发明，但它的广泛运用则是在宋代。

火药发明以后，主要被用在军事上。火药使火箭、大炮等武器在战争中显示了前所未有的威力。南宋时期出现了用毛竹筒制成的突火枪，这已是近代枪炮的前身。随后又出现了用金属管代替竹筒的铳枪和用钢和铁铸成的筒式火炮，这是当时世界上最先进的武器。至于宋元之际出现的火药箭，和现代火箭的发射原理非常相近。明代又创造了自动爆炸的地雷、水雷和定时炸弹，其中一种名叫"火龙出水"的火箭是两级火箭的雏形。这些在当时都堪称是世界上最先进的武器。

中国的火药技术可能通过战争外传，阿拉伯人首先掌握了火药武器的制造。大约公元1280年，阿拉伯人哈森·阿拉马就曾把火箭称为"中国箭"。14世纪初，阿拉伯人又将火药技术传到欧洲，欧洲人在14世纪末的战争中开始使用火箭。火箭最终的作用是将人类送上了外星球，因此，著名的科技史学家李约瑟认为，火箭是中国对人类做出的最大的技术贡献。

6. 指南针和航海技术

早在战国时代，我国就有了关于磁石性能的认识，而且已发明了磁性指向工具，当时被称为"司南"。它由天然磁石磨制而成，其形状像一把汤匙，放在平滑的底盘上，勺柄会自动转向南方。因此，司南是世界上最早的指南针。但天然磁石在强烈震动和高温时容易失去磁性，司南的指向也不太精确。到了宋代，人们便用人造磁钢片代替天然磁石，制成了指南鱼、指南龟，直至名副其实的指南针。宋代大科学家沈括在《梦溪笔谈》中最早记载了指南针的制造技术。

沈括在该书中还说到磁偏角，这是磁学史上一个非常重要的发现，欧洲人直到四百年后才有关于这一现象的记载。

指南针的发明和改进，使中国古代的航海事业在中世纪达到了世界最高水平。早在宋元时期，中国商船就已到达大西洋沿岸，欧洲人和阿拉伯人在航海时与中国人接触，获得了航海磁罗盘。这一技术的掌握使欧洲人最终开辟了新航线，发现了新大陆，终于建立了统一的世界市场。

7. 种茶及制茶术

我国是茶的祖国，是茶树资源最为丰富的国家，更是世界茶文化的发祥地。现在世界各国引种的茶树，使用的栽培管理方法，采用的茶叶制作技术，直至茶的品饮、习俗等，无不源于我国。

我国对茶的发现和利用始于原始母系氏族社会，迄今已有五六千年的历史。最迟至周朝时已有人工种茶，距今亦有两千七百多年的历史。我国古代的茶叶技术主要分为栽培技术、采制技术两大类。唐代陆羽在《茶经》中第一次较为系统地记述了茶树栽培技术。从那以后，古籍中关于茶的栽培技术的记载开始增多。经过宋、元、明以至清代,在《四时纂要》《东溪试茶录》《大观茶论》《北苑别录》以及著名农学家王祯的《农书》等重要文献中,都对茶叶栽培技术进行了多方面的论述,形成了完整的茶的栽培技术知识体系。茶叶作为一种自然植物,为人类所用必须经过一定的加工。人们最初是"采茶作饼",自唐至宋,由于贡茶兴起,推动制茶技术更快地发展,出现了龙凤团茶。唐宋时代以蒸青茶为主,但也开始萌发炒青茶。到了明代,炒青制法日趋完善,大体包括了高温杀青、揉捻、复炒、烘焙至干这样几个过程。制成的茶均呈绿叶,冲泡后为绿汤,故称绿茶。西湖龙井、洞庭碧螺春等,都是绿茶的著名品种。由炒青工艺变异,还可形成黄茶和黑茶。而以日晒代替杀青,使茶叶萎凋,再进行揉捻,使茶叶叶色变红,经发酵、干燥,制成红汤红叶即是红茶。至清代,我国茶农还发展出一种独特的乌龙茶。它是介于不发酵的绿茶和全发酵的红茶之间的一类茶叶。咸丰、光绪年间,福建茶农还利用白茸毛多的品种制成了白茶。中国古代茶叶技术的发展,创造了许许多多各类名茶,不仅对促进我国人民的身体健康产生了积极的作用,而且还发展出别具一格的茶文化,丰富了我国人民的精神生活。

我国茶叶技术产生后,由海陆两路传向世界。南北朝时期,随着中国佛教传入朝鲜,饮茶风俗也随之传入朝鲜。唐玄宗开元年间,大批日本僧人来我国求学,也不断将我国茶树带回国。1893年,中国茶学家刘峻周应聘去俄国传授种茶制茶技术,经过多年的努力,也使俄国植茶成功。我国近邻印度的植茶、制茶技术也都是由我国从陆海两路传去的。1780年,英国东印度公司的商人从广州将我国茶籽带到印度栽植。1788年,英国科学家班克斯将我国植茶方法编成小册子介绍到印度。到了1828年,东印度公司的福顿以旅行家身份,不仅购买了大量的茶籽、茶苗,还雇用了八名我国制茶名师,到印度传授植茶、制茶技术,使印度成为产茶大国。

由此可见,以中国为中心向世界传播的茶叶、茶叶的生产技术和制作方法,是中国古代科技文化对人类文明的又一大贡献。

(二) 中国传统科技文化的价值

1. 中国科技在近代落后的原因

中国古代科学技术的成就是辉煌的,在很长的一段历史时期中,它曾处于世界领先水平。但是在进入明清以来,中国古代科学技术发展势头渐缓,已失去宋元时期的气势,整体水平开始落后于西方科学技术的发展水平,这也是我们在近代以来国力衰微、落后挨打的一个重要原因。因此反思中国古代科技何以在明清衰落的缘由无疑有着重要的意义。

（1）中国古代科学技术内在的缺陷。

中国古代科技在明清开始衰落的首要原因在于中国古代科学技术内在的缺陷。中国古代科技和欧洲近代科技的根本区别在于内在结构不同。这是近代科技和古代科技在根本性质上的差别。

西方近代科学诞生以后，出现了构造型的自然观，受控于实验系统和开放性的技术体系。构造型的自然观，打破了亚里士多德根据事物表面属性寻找特殊规律的陈旧观点，用结构观点探寻某一种运动形式的共同规律。譬如，亚里士多德认为，天上物体和地上物体有不同的运动形式，而牛顿则认为它们服从于统一的规律。在构造性自然观的指导下，近代西方科学理论具有证伪性和预见性。这种科学理论能很好地接受受控科学实验的检验，并指导新的科学实验，这就使科学理论和实验之间出现了加速循环的机制。再加上西方新兴的资本主义生产方式，又极大地刺激了技术的发展，冲破了古老技术自我封闭的状态，实现了科学和技术的相互转化以及不同技术系统之间的交流，使科学和技术之间也出现了循环加速的机制。西方近代科学结构中出现的这两个循环，科技与新兴资本主义生产方式以及整个社会中有利于科技发展的政治、经济和文化的相互促进，使西方科技渐渐赶上和超过中国科学技术。

中国古代科学理论是建立在有机自然观基础之上的，其特点是以人的特性行为外推解释自然现象，譬如东汉科学家王充就以"元气呼吸，随月盛衰"来解释潮汐周期。这就使我国古代科学理论具有直观性、思辨性的特点，它可以解释很多自然现象，但很难接受科学实验的检验。因此，我们可以发现中国古代科学实验十分落后，与实验相脱离的科学理论长期处于直观与思辨的水平上，根本无法导致科学革命。与此同时，中国古代的科学与技术不是相互区别并相互促进的，而是基本融为一体。这种科技一体的倾向一方面造成了科学理论技术化的倾向；另一方面，由于科学理论自身缺乏不断更新的能力和对技术的超前性，最终也无法指导技术发展出现相应的重大革新。

（2）中国封建社会政治、经济和文化方面的综合制约。

中国科学技术在近代落后的原因，除了自身的缺陷外，更重要的还在于中国封建社会政治、经济和文化方面的因素。

在中国封建社会里，自然经济占有统治地位，广大农民缺乏进行大规模技术革新的动力，又由于统治阶级一直采取了"重农抑商"的政策，严重限制工商业的发展和手工业进一步向工厂手工业的转化，这就使近代科学技术的发展没有了生成的土壤。因此，闻名于世的"四大发明"的故乡虽在中国，但它们在中国所起的作用远不如在西方所起的作用大。在手工业、医药业等方面，有许多祖传工艺、家传秘方都得不到推广甚至于失传，更不要说不断革新，形成更大的生产规模了。

在封建社会里占统治地位的儒家，推崇政治，鄙薄技术，视科学技术为一种"奇技淫巧"，对整个民族科学文化的价值取向更是产生了极为消极的影响。道家虽重自然之道，但却主张保持原始的劳作方式，反对技术革命，对科技的进展也产生了不良的影响。

中国封建的政治制度、思想统治对科学技术发展的束缚和阻碍作用就更为严重了。一方面从秦始皇焚书坑儒，汉武帝"罢黜百家，独尊儒术"，汉光武帝颁图谶于天下，明太祖把程朱理学奉为绝对正宗，一直到清代的文字狱，对知识分子自由思想都严加防范和百般摧残。另一方面，从隋唐开始，中国封建统治者就推行科举制，驱使中国一代又一代知识分子为进入仕途而在研究儒家经典方面投入毕生精力。这导致了中国古代的知识分子将修身齐家治国平天下视为人生最高的目标，而仅仅将从事科学研究视为业余爱好或是不得已而为之的选择。即使在科学研究中，他们也是重道轻器，不是发现自然规律并转化为新的技术，而常常是"穷天理，明人伦"（《晦庵先生文集》卷三九）。从而使中国古代科学文化具有严重伦理化的倾向，甚至成为中国封建政治的附庸。此外，封建统治者还对重要的科学项目施行垄断政策，民间科学研究受到遏制，明代甚至出现了民间有造历者处死的禁令。在这种政治制度下，自然很难形成一支独立的科技研究队伍。

如今，阻碍中国科学技术发展的社会基础已不复存在，于是中国科技在近代落后的因素也大部分被消除了。社会主义制度和改革开放为中国科学技术的发展提供了良好的社会条件，因此，中国现代科学技术正以前所未有的速度向前发展，取得了举世瞩目的成就。

2. 中国传统科学文化的价值

在当代，中国古老的科学文化仍在某些领域保持着独特的魅力，如中医药学在当代的发展就是一个证明。近数百年来，随着西方医学逐步昌明于世界，埃及、印度、沙特阿拉伯等国的传统医学都相继衰亡，唯独中医药学在理论上和临床实践上还在继续向前发展。不仅东方国家（如日本、朝鲜以及东南亚等地区）人民喜爱中医，而且随着中西文化交流，中国医药学也正逐步进入欧美世界。特别是改革开放以来，中医药学在欧美国家的地位发生了根本的变化。据报道，法国、荷兰、比利时、美国等国都成立了针灸学会。法国还将我国《内经》《难经》《甲乙经》《针灸大成》等书译成法文。由于化学合成药的某些毒副作用所造成的损害甚至超过疾病本身，越来越多的西方人喜欢东方医学的无毒性治疗方法。特别有意义的是，据报载美国医学研究人员用针灸、中药治疗艾滋病获得了可喜的成果。当代医学界越来越清楚地认识到，中医药

学和西方医药学具有明显的互补性,中医学术思想和临床治疗方法中蕴藏着的丰富哲理,有待现代科学进一步的探索和发掘。

中国传统科学文化的价值,更重要地还体现在自然观和思维方式方面。当代科学的发展,日益暴露出西方以还原论为主,追求简单性为美的科学思维方式的局限性。从多侧面、多层次、全面地把握世界的复杂性和有机统一性,成为新的科学文化建设的目标。正是在这样的现实背景下,中国古代整体思维方式再度引起当代科学界高度的重视。

譬如,微观客体的波粒二象性在西方形而上学思维方式中是不可思议的,然而在道家思想看来却是十分自然的。中国的道家理论认为,所有的事物和事件都是统一的,而这种统一不是绝对的一致,而是包含着差别的对立,事物在这种差别和对立中保持一种阴阳协调和互补的关系。这种思想比西方的思维方式更能解释现代物理学遇到的问题。正因如此,量子力学大师波尔认为,他提出互补原理来自于道家阴阳的思想。当他在1949年荣获大象勋章的最高荣誉并被封为爵士时,他为自己精心设计了一枚绘有太极图的纹章。

在物理学探索世界奥秘的第三个方向——探索复杂性的过程中,中国传统科学思维方式也启迪了当今科学家的思维,这就正如耗散结构理论的创始人普里高津所说的那样:"中国传统的学术思想是侧重于研究整体性和自然性,研究协调与协和,近10年物理和数学的研究,如托姆的突变理论、重正化群、优支理论等,无疑更符合中国的哲学。"由此,他进一步预言:"我相信我们已经走向一个新的综合,一个新的归纳,它将把强调实验及定量表述的西方传统和以'自发的自组织世界'这一观点为中心的中国传统结合起来。"

现代科学家还对中国古代直觉顿悟的科学思维方式给予新的评价。一些著名的科学家甚至认为它与强调逻辑分析和抽象化的西方科学思维方式,可以在科学实践中互相校正和补充。因提出介子理论而荣获1949年诺贝尔物理学奖的日本著名科学家汤川秀树,从中学时就对老庄学说发生了浓厚的兴趣。他认为,由于理论物理的理论离日常生活世界非常之远,抽象思维已不能单靠自身解决问题和理解问题,必须伴之以直觉和想象,否则现代科学文明就会成为人类文化的异己力量。汤川秀树在基本粒子的研究中,甚至还把他的创造性思考与庄子的寓言联系起来。

特别有意义的还在于,中国古代科学文化不仅对完善现代科学思维方式具有重要的作用,而且在改善人类与自然关系上具有特殊的价值。儒家"天人合一"观念和道家"道法自然"的生态智慧,都是当代科学的生态文化建设所不可缺少的重要内容。因此,我们可以肯定,未来的科学文化将是东西方文化互补、融合、升华的新文化。我们坚信,中国传统科学文化的精华,将在未来新的科学文化中重放异彩。

(三) 中国古代科技的当代意义

厚重深远的中国古代科技传统不仅在中华文明发展的各个特定历史阶段发挥了不可替代的重要作用，更为当代人类文明进程中面临的各种契机和挑战提供了不竭的理论资源和智慧源泉。尤其是在科学技术主导人类命运的今天，在科技给人类生存、生活基本模式带来极大改变的同时，科技社会本身的诸多问题也迅速显露。科技与人类社会发展的有机关系到底如何？科技发展与人性的塑造和人之异化有何内在关联？在科技至上的今天如何保有必要的人文关怀？应如何理性而正确地看待科技在给人类生活带来诸多好处时，同时引发的各种副作用？凡此种种，不一而足。

在关于人类命运的当代思考中，中国古代科技精神为我们提供了值得严肃对待的历史参考。这里拟从科技发展与国家兴衰、科技发展与人性塑造、科技发展与人类命运三方面来全面探讨中国古代科技精神之于当代人类社会的历史参照价值和借鉴意义。

1. 科技发展与国家兴衰

科学技术作为第一生产力，这一基本事实不仅在改革开放之初的中国成立，在科技日新月异的今天，更是当代人类社会发展动力学的真实写照。不可否认，在推动历史车轮前行和人类社会进步的道路上，诸多纷繁复杂的要素都起到了不可替代的作用。社会政治因素的稳定往往是人类社会发展的基本前提：在中华民族数千年的王朝更迭史中，每一个大王朝在其统治的中前期往往都具有开明的统治君主、清明的吏治政策、稳定的政治环境和良好的社会秩序，使得其社会发展水平呈现出某种"盛世形态"。汉朝的"文景之治"、隋朝的"开皇之治"、唐朝的"贞观之治""开元盛世"、宋朝的"庆历新政"、明朝的"永乐盛世""仁宣之治"、清朝的"康乾盛世"等见证了历朝历代盛世崛起的黄金时期。

但正所谓三代之后无盛世，随着昏庸统治者的出现、吏治的混乱和社会的动荡，盛世的结束往往伴随着危机的到来——并继而将最终导致开启改朝换代的革命浪潮。政治、社会和制度等因素在社会发展的历史动力学中扮演了不可替代的参量角色。但是，如科学哲学大师库恩的著名隐喻所描绘的，王朝更迭导致了不同王朝之间在其政治体制、制度设计和社会组织等诸多领域的"不可通约性"。尽管在基本的制度构建和统治模式上有其前后连续性，新王朝的建立往往需要打破旧王朝的诸多弊端，继而造就一个新时代。

以萌芽于上古时期、形成于秦朝的丞相制度这一著名的中国古代政治制度

和官吏制度为例，尽管历朝历代都保留了某种形式的丞相制度，但在封建王朝的历史更迭中，丞相制却被逐步削弱直至取消。这主要源于丞相这一角色在封建王朝统治和皇权维系中的独特处境：历朝历代中丞相专权甚至篡权自立者屡见不鲜。为了防止皇权旁落，丞相的权力被一步步削弱，直至明朝被完全取消。因此，尽管丞相制度在古代中国的历史发展进程中曾发挥了不可估量的正面作用——关于此，只需考虑一下古代屡见不鲜的昏庸帝王和无知"儿皇帝"。古代中国的天下乃皇族的家天下，这一大前提决定了不可避免地出现不合格的最高统治者，而丞相总揽朝政往往可以有效地弥补这一巨大缺陷。但尽管如此，丞相制度也尚且无法作为贯通历史全脉而发挥作用的政治因素。

如果说存在某些东西能够超越王朝的更新和历史的更迭，具有跨越时代的穿透力和"通约性"，那么这些东西非科技成就莫属了。在任何一个特定的历史时代，科技成就的铸造总是与某个领域甚至多个领域的生产力水平的提升相伴随。通常而言，这样的改变来自于生产理念的提升、生产模式的变更、生产工具的换代升级及生产组织形式的优化。据相关统计，中国古代科技水平在相当长的历史时期中曾持续大幅度领先于世界其他地区。这直接解释了古代中国曾在不同时期在政治、经济、军事、人民生活水平等领域领先于世界其他民族的基本事实。在"学以致用"的中国古代科技精神引领下，科技成果在其设计和发展源头上就来源于非常具体的生产生活需求，一旦这些科技成果得以成型，他们便迅速被运用于相应的生产生活中去。在此过程中，科技成果的有效性得以检验，其存在的弊端得以发现和改进，其更加广阔的运用前景也有意或无意地得以开发并加以推广。因此，一项科技成果的诞生并不简单是一项智力成果的成型，它往往意味着数以万计的人的生产生活模式的改进和生产水平的普遍提升。在国家和民族的层面，科技成果带来的总体性效应是相当显著的。在科技主导时代动脉的当代世界，科技成就及其副产品主导人类社会生产生活的各个层面，其无孔不入的渗透效应预示着，"学以致用"的中国古代科技精神无疑是当代科技发展和进步的重要智慧源泉。

2. 科技发展与人性塑造

法国哲学家孔德曾将人类知识的发展历程浓缩为三个阶段：神学阶段、形而上学阶段、实证阶段。而德国哲学家雅斯贝尔斯将人类文明进程划分为神话时代、英雄时代、宗教时代和工业时代四阶段。皮尔森则认为人类文化的发展将历经神话阶段、本体论阶段和功能性阶段。这些对人类知识和文明进程的高度概括不尽相同，但都一致地指向了其内在的发展大方向：起源于神话的人类文明将最终走向某种世俗化的文明形态。在这一发展脉络中，人类科技创造所起的作用尤为关键。在人类文明的启蒙阶段，人与大自然完全融合在一起：古代先民的一切生活要素都与其置身于其中的自然环境密切相关。人类对其所处环境及人类自身意义的认识都是通过诉诸某种超自然的神学概念来加以理解：自然及人本身被理解为某种超自然外在物的创造品，并且由于其他的自然物也是如此，人与自然环境的有机共存是人类种群得以延续和发展的唯一道路。

随着人类生产生活水平的提升，人类对其自身命运的掌控力越来越强大。人类开始学会并掌握了利用自然来服务于自身的一系列技巧和模式——这些技巧和模式典型地结晶于各种科技发明创造中。这使得人对自身本质与意义的理解开始逐渐脱离于完全神话式的理解模式：人自身获得了某种独立于神及其他自然物的独立地位，并继而在某种意义上取代超自然的神而成为其他自然物的主宰者。特别是近代科学革命的兴起极大地催化了这一转变。如果说古代世界是超自然物主导下的万物有灵的有机世界，那么近代科学革命以来的现代世界则是在数学方程中得以描述的力学原理主导下的机械运作世界。

通过近代科学革命在天文学（哥白尼、第谷、开普勒）、物理学（伽利略、牛顿）、化学（道尔顿、拉瓦锡）、生物学（孟德尔、达尔文）等领域的突破性成就，自然这本大书第一次得以从其内部得以真正解读，自然的奥妙得以在量化的水平上得以分解。由此而形成的新世界观得以确立：自然只不过是一架精密而复杂的大机器，自然界的每一元素无非是这架大机器的一个零部件。特别地，人作为自然之一部分，也不过是这架大机器中的一个小机器——恰如拉·梅特里所言"人就是机器"。

近代科学所导致的这一世界观转变是如此之大，以至于人类对其自身的本质和价值的理解不得不经历完全颠覆传统的革新：人不再被理解为某种更高创造者的创造品，也不再是有机自然界中的一部分，不过是死板地遵循力学原理的一套机械装置而已。作为一套机械装置的人及其生命是否有某种内在价值？其生存（如果有生存的话）是否具有某种指向或意义？人类是否还有某种不同于动物或纯粹对象的尊严？人类社会发展进程的价值或目的究竟是什么？对这些问题的哲学反思自英国哲学家休谟和德国古典哲学大师康德以来，就成为人类顶级理智领域最棘手的课题，并且至今尚未获得满意的答案。

中国古代科技精神或许为这些课题的解答提供了某种有益的启迪。中国古代科技的源头极其久远，历经数千年几十个王朝的更迭却奇迹般地从未中断。但在如此源远流长的科技传下，中华文明一直顽强地为自然本身的神圣性和人类与自然的有机结合保留了必要的空间。天人合一作为中国古人理智和生活追求的至高精神境界，成了中国古代科技发展的总纲领。在中国古代科技的每一次发展和变革中，总是紧密伴随着对自然的冷静观察和对人类自身的高度反思。

或许中国古人的聪明才智足以发明出能够部分代替人进行劳动生产的高效率机械设施,但是人之为人的本性之一恰好在于人要在某种劳作中获取快乐并体现其独特价值,因此中国古人的科技发明总是有其限度的。西方机械化大生产下的工人与生产流水线和大机器完全融为了一体,人之为人的独特性也随之湮没了。在"学以致用"的科技精神下,中国古人的有限度的科技创造一方面利用其科技成果适度地丰富其生产手段、提高其生产效率,同时又保留了人在与大自然的切身交互中所独有的、不应被机器所取代的独特性。

如果说西方科技的革新与进步从根本上引发人类关于其本性的定位和认知上的大转变,那么中国古代科技精神下所折射出的传统人性观在科技主导一切的当代世界则显得尤为弥足珍贵。

3. 科技发展与人类命运

中国古代科技创造以"道"为最高追求,但在这个过程中古代先民注意中庸之度,强调人与天地万物的和谐相处。所以,先民在探索和运用科技创造未来时并非以科技创造本身为目的,也不是毫无节制、完全将自然当作自己可以肆意攫取的对象的,更未将科技当作攻城略地、奴役他人的手段。这同始于哥白尼和伽利略的现代西方科技精神相当不同。

无论周易、老庄、墨家还是儒家的科技思想,它们在基本立场上都主张人与自然和谐相处。《周易》视天、地、人为三才,强调天人合一为至高精神追求,它的科学技术思想从感性经验和整体观的角度,把握到了人与自然的统一,因而以天人和谐为最高精神境界与追求。以老庄为代表的道家已经注意到了科技本身潜在的危害,因此要求对其进行限制。这说明,在道器之辩上,中国古人始终坚持道的第一性和终极性,要求人们在求道的过程中时刻注意避免沉溺于作为道之载体和手段的器具之中,而丧失了道。

作为一种抽象的知识系统,科学具有无限拓展其边界和运用范围的可能性;作为一种增强人力的有效手段,技术也不时地对自然产生不可估量的反作用。中国古代先民在通过科技创造求道、求得与天地之道保持一致的同时,时刻强调要防止作为手段和渠道的技艺不要取代"道"而成为奴役人的外在力量。可以说,其中具有深刻的反思精神,这也是中国古代科技所独有的精神。现代西方科技的发展,特别是各种高新技术的滥用已经证明了这种反思绝非杞人忧天。今天,环境的恶化、物种的灭绝、能源枯竭、温室效应、消费主义、人与人之间的淡漠等都已经见证了这种忧思的合理之处。面对这种困境,西方部分科学家已开始将目光转向中国古代科技精神,耗散结构论创始人普里戈金说:"我想我们已经走向一个新的综合,一个新的归纳,它将把强调实验及定量表述的西方传统和以'自发的自组织世界'这一观点为中心的中国传统结合起来。"①

以实践理性为主导的中国古代科技精神始终将人类利益的获取与由此而给自然本身带来的影响紧密联系在一起。人类科技的每一次革新和进步往往都意味着自然所遭受的又一次"创伤"。这种系统化、辩证主义的基本精神在以理论理性为主导、以量化手段为研究标准的西方科技那里相当罕见。中西医的差异可以成为很好的一个注脚。西医讲究对症下药,头痛医头、脚痛医脚,各个部分"分而治之";中医讲究总体性治疗,头痛的源头或许在脚上,而脚上的毛病亦可能源于头部,各个部分必须"统而治之"。在西医那里,人的病被分为生理性的、心理性的,而生理性疾病又被分为病理性的、功能性的。而心理性疾病又被分为精神性的、行为性的等。针对每一类疾病都发明了各自配套的专门疗法。而在中医那里,很少将生理疾病和心理疾病加以区分,而是认为二者是紧密相连、合二为一的。继而将各种疾病现象纳入综合考量,从总体上辨证治疗。

由于西方科技成就给人类生存和生活上带来的总体性效应,西方科技主导了当代世界。科技成果以无孔不入的方式全方位渗透到人类生活的各个领域和层面,在极大地便利和丰富了人类生存方式的同时,也完全地"绑架"了人类生活本应具有的基本自由。拉斯维加斯停电一天,将造成数百亿的经济损失;东京地铁停运一天,则有数百万人寸步难行;互联网瘫痪一小时,则足以令全世界乱套;不会使用现代科技产品几乎意味着生活不能自理。如何在科技主导一切的今天有效化解科学主义带来的各种问题,是全人类面临的共同难题,也是关乎全人类共同命运的重大主题。以"学以致用"为基本准则,同时又坚持和谐、适度观念的中国古代科技精神或许是解决这一重大难题的重要理论资源——对其借鉴价值和参考意义的深入解读将有望成为理解并继而改变人类命运的珍贵契机。

---

① 普里戈金. 从存在到演化 [M]. 上海:上海科学技术出版社,1986.

第六章 中国传统文化与现代化

第一节 中国传统文化与现代化阐释

一、中国传统文化与现代化

中国传统文化具有"通观衢路"和"智圆行方"两大特征。从结构上看，传统文化是整一性、动态性和连续性的文化，这使文化在保持历时性的同时，得以带上共时性的特征。从现象上看，传统文化又是理性化、平和化和程式化交相补苴的文化，这是古代中国人重视整体（方圆互容）和文化功能的产物。

那么，中国传统文化是否符合现代化？关键的问题是先要理清什么是现代化。

晚清以来，许多仁人志士深深痛恨传统文化中残留的劣根性，用期待的眼光注视着西方，把近代西方文化当作是"现代化"，却忽视了一点：近代西方文化片面强调与自然对立的理性主义，先是导致对自然的片面掠夺，尔后又促进了一个敌视人的世界，这个世界把人从自然界中孤立出来[1]，在面对世界文化之时，又以西方文化排斥东方文化，以机械论排斥整体观和广义综合进化论。

---

[1] 田盛颐. 论中国文化的创新之路 [A]. // 刘长林. 中国系统思维 [C]. 北京：中国社会科学出版社，1990.

当中国的学者还在津津乐道于中国文化"全盘西化"的时候，部分西方学者［从近代的德国哲学家尼采（F. Nietzsche）至现代的美国未来学家阿尔温·托夫勒（Alvin Toffler）等］已经意识到近代西方文化的负面作用，更有甚者将其视为"末日文明"，进而认为"末日文明"绝不代表现代化，且不论这些观点是否恰当，但西方文化不能单独代表现代化却是不争的事实。

托夫勒将"现代化"比作"后工业文明""资讯文明"或第三次浪潮等，其中"资讯文明"包括文化多元化。这就是说，将世界文化"趋同"于近代西方一种模式，恰恰是反现代化。"趋同"将文化的"异"（差别）取消了，只剩下单纯的普遍性，其结果是将世界文化置于没有资讯和反馈的封闭状态里，阻止社会走向更高组织化的层次，即使是古人也预料到"趋同"带来的弊端："声一（同）无听，物一无文，味一无果，物一不讲。"①

无论是现在还是将来，"现代化"都是一种发展着的概念，都不能以某个区域的文化作为永恒的衡量标准。现代化的内涵可以是很丰富的，但必有一种不可忽视的因素——"存异求和"，这使世界文化具有对比性、互补性和多种选择性，使人类文化的发展道路越来越广，而不是在单一狭窄的轨线上踟蹰。

中国传统文化和西方近代文化都有其残存的劣根性，也都有现代化的因素，也就是说，都有走向现代化的可能。不唯中西文化，世界各区域各民族文化，只要是在历史演进中证实其生命价值的，都是如此。

耗散结构论创始人普里戈金（I. Ilya Prigogine，1917—，比利时物理学家、化学家和哲学家）曾在评价中国传统文化的现代化因素时，引用李约瑟的观点道："西方科学向来是强调实体（如原子、分子、基本粒子、生物分子等），而中国的自然观则以'关系'为基础，因而是以关于物理世界的更为'有组织'的观点为基础。"普里戈金说："中国传统的学术思想是着重于研究整体性和自然性，研究协调和协和。现代新科学的发展，近10年物理和数学的研究，如托姆的突变理论、重正化群理论、分支点理论等，都更符合中国的哲学思想。"普里戈金由此得出结论："中国思想对于西方科学家来说始终是个启迪的源泉。"②

中国传统文化数千年来延绵不绝，"在与外界文化进行物质、能量和资讯的交换中，不断从无序、混沌走向有序"，它已经成为"人类文化总体中的一个特殊分支。它的价值是永恒的。它不可能为任何文化所代替，也不可能趋向

---

① 《国语·郑语》.
② 田盛颐. 论中国文化的创新之路 [A]. //刘长林. 中国系统思维 [C]. 北京：中国社会科学出版社，1990.

或归并于任何一种文化"。① 自明清至近代，中国文化系统遇到危机而呈无序状态，适当引进近代西方文化的先进部分，是为了激发中国文化原系统的突变，使之进入新的有序状态。但全面否定传统，则会破坏中国文化系统原有的发展趋势和规律，将其导入更大的混乱和危机。

中国传统文化既然带有现代化因素，是实现现代化的一个动力，那么，中国文化实现现代化的基础便不是全面摒弃传统，而是有所扬弃，突破古代衍传下来的程式，光大符合现代化的因素，更重要的是将"和"的视野从系统内部延伸至世界文化这个大系统中。

苏联思想家列宁曾说："要真正地认识事物，就必须把握、研究它的一切方面，一切联系和'中介'。我们不可能完全做到这一点，但是全面性的要求可以使我们防止错误和防止僵化。"② 当我们对中国传统文化没有一个全面认识的时候，就不可能正确解释中国文化实现现代化这个课题，也无从知道我们将如何"走向世界"，迎接扑面而来的世界文明的挑战。21世纪是世界文化重新构建新体系的时代，中国传统文化必将在各国各民族各层次文化的重新认知、相互磨合和重组中再度焕发出新的活力。

可以说，传统文化现代化不仅是文化自身创新发展的需要，对于社会现代化过程也具有重要决定意义。传统文化现代化基于文化转型和文化重建，是传统文化和现代社会的有机结合，它将产生于农业社会的文化运用于现代社会生活和实践，以此推动和促进现代社会发展的进程，它通过对传统文化的继承和发扬，通过传统文化这种精神力量在现代社会的延续，促进现代社会的发展。传统文化现代化对于社会现代化进程影响深刻，反过来，现代社会发展的现实很大程度上也制约着传统文化现代化的进程。传统文化向现代延展的过程自始至终地受到现代社会需要的制约，现代社会发展模式和道路一定程度上决定了传统文化现代化的程度、途径和方式。

二、近代以来中国传统文化现代化的历史轨迹

中国传统文化的价值系统以儒家体系为核心，形成了中国独特的家国同构的伦理型社会结构。文化自身具有稳定性和传承性的特征，在中国社会发展进程中，一些思想观念和既定传统，一直以来都得到人们的普遍尊崇，并且在生活中内化为人们行为处事的指导原则与规训戒律，进而转化为历史发展的内部

---

① 田盛颐. 论中国文化的创新之路 [A].//刘长林. 中国系统思维 [C]. 北京：中国社会科学出版社，1990.

② 叶朗. 中西文化研究的两个问题 [J]. 北京大学学报，1987，(5).

机制和思想源泉，在推进社会前行中发挥着民族凝聚、精神激励、价值整合的功用。

对于中国传统文化而言，1840—1860年爆发的两次鸦片战争，一方面中断了其延续的历史脉络，另一方面对其有致命性的重创。因为西方国家在对中国进行殖民掠夺的同时，也在大力推进西方文化对中国社会的渗透。因此，在19世纪与20世纪交汇的几十年间，东方文化中，尤其是中华文明，处于生死边缘的挣扎状态。西方文化的介入，打破了原本建有完整思维体系的中国传统文化。基于这种生死存亡时刻，为解救中国传统文化，中国的有识之士开始了救亡的道路。

要恢复自立和富强的道路，中华民族面临的危机要求我们突破思想禁锢，大胆走创新之路。当今反观历史，19世纪末期的中国政治家和文化学者试图以"闭关锁国"的方式，重现中华文化的光辉，并没有突破传统思维的禁锢，最终以失败结束。

到了20世纪初期，"五四"运动开启了中国新文化运动的序幕，中国的知识界和文化人士开始转换思考方式，寻求中华文化的复兴之路。在这些尝试中，中国现代化事业大体经历了两次历史性跃进。孙中山的早期社会理想代表了第一次跃进。孙中山十分注重从法国大革命前期的启蒙思想那里寻找启发，提出并构建了民治、民有、民享的三民主义的政治主张，并试图参照西方的模式改造中国社会，事实证明，这些努力并没有取得实质性的成效。

孙中山后期提出的新三民主义以及在革命实践中，由毛泽东提出的新民主主义代表着第二次跃进的开始，在中国革命的实践中，尤其是新民主主义起了决定性的作用，并最终形成了一个新的中国。

1949年以后，党和人民认为，苏联的社会主义道理与我国将来走的路途一致，并信奉"拿来主义"，然而实践证明，尽管社会主义的方向一致，但基于各国国情的差异，要走的道路各不相同。

党和人民力图改进这些问题和弊端，努力探索突破这一模式的新的发展路径，但是由于缺乏建设经验，中国社会又陷入到"大跃进"等一系列政治经济困局中，并最终经历了十年"文化大革命"。艰难走出浩劫阴影的中华民族再次猛醒，深感落后于世界文明大发展的中国人开始奋起直追。十一届三中全会以来，中国共产党再次明确提出实现社会主义现代化的历史重大课题。正是在这样的时代背景下，回过头来对民族的传统文化进行反省和再认识成为有志于中国进步的人们重点关注的问题。他们不断对传统文化现代转型路径进行反思和构建，并围绕这个主题进行了深度的反思，主要是围绕三个方向展开，一是在我国现代化进程中，如何定位传统文化的地位与价值；二是西方的近代、

现代、后现代在哪些方面影响着当代中国；三是关于现代化的准确定义。一定程度上，这三方面的思考决定着中国传统文化的历史地位和未来命运。

第二节　中国传统文化的现代化转型及方法论

一、传统文化现代化的动力及方法

（一）中国传统文化走向现代的动力因素

历史车轮的前行，决定了中国传统文化的现代化。同时，为满足中国现代化过程中需要具备的相关要素，对于西方文明、文化现代化提出的挑战，中国传统文化需作出正面的明确的答复。驱动中国传统文化迈向现代化内因何在呢？

1. 外在驱动力

自 19 世纪中叶以来，西方文明的坚船利炮打开了中华文明的大门，世界与中国的融合度逐渐升高，中国文化在与西方文化的不断融合过程中，顺应文化融合的驱动，中国传统文化也从当初的被动转变变为主动求变。因此，对于"古今中西"战争的 100 年，在中西文化不断碰撞、交流和融合的 300 年间，中国传统文化的现代化就是对其最好的交待。

2. 内在动力

博大精深的中国传统文化在受到西方文化冲击时，一方面自然地表现出排斥性；另一方面基于自身具有的包容性与涵摄性，表现出接纳性。如依然可以从现阶段的中国文化中，找寻到近代西方的科学、政治等文化，并且都发挥着积极作用，通过系统的转型，现已是中国传统文化不可或缺的一部分。

3. 根本动力

要实现人民当家做主，重振中华民族，反帝反封建的民族民主革命是其必经途径。从魏源到孙中山，从鸦片战争到"五四"新文化运动，如火如荼的救亡运动使得先进的中国人将西方的先进文化与中国的具体实践和历史传统相结合，中国文化也在中西文化的交流与互动中不断向纵深拓展。同样，1978年以来的改革开放和现代化建设，不仅使中国社会发生了重大转型和变迁，更为深层次的是：伴随着社会转型和变迁，人们的价值观念、文化观念和生活方式等也处在矛盾、冲突、裂变之中。一定范围内，社会发展呈现出的时代性和变迁性，决定了文化发展模式的时代性和变迁性。因此，保证中国社会的正常发展，一是依然接受来自传统文化的感染，二是需要不断创造出与之相适应的现代文化。因此，传统的文化模式迫切需要向现代转型，只有在变革中才能获得生存空间。这是中国传统文化转型的根本动因。

4. 人的主体地位

实现传统文化现代化的最终目的，就是要加快社会主义现代化的建设、符合社会主义现代化的实践需要。因此，对于传统文化现代化有着双重标尺，即文化尺度和实践尺度。而实践是人改造世界的感性活动，人是实践活动的主体，自然也就是传统文化现代化的主体。但是，要实现现代人思想和文化的一同现代化，必须秉持传统文化，并予以新的思考方式，加以创新和应用。

（二）传统文化现代化的方法论

1. 科学的批判和抽象的继承

为了避免在传承传统文化过程，出现盲目接受的问题，主张批评继承。实践证明，批评继承解决了许多批判多、继承少的问题。同样地，为了明确继承中的具体方法问题，主张抽象继承，现实中，抽象继承发挥了继承和保护传统文化遗产的作用，但不可忽视其片面思考带来的问题。

而真正具有继承传统文化的科学态度是"批判的抽象继承法"，即二者的融合。事实证明，既能丢弃糟粕，又能将传统文化精华发扬光大的方式就是实现科学批判和抽象继承的统一。

2. 与马克思主义实现有机结合

应中国革命和建设实践的需要，需将传统文化和马克思主义相融合，在此需求下，也明确了其融合的内容和方向。二者的结合中，马克思主义仍然占据主导地位。由于二者的文化形态差异较大，更需要在同一平台上进行交流与沟通，但二者依然保持着各自的地位和作用。

第一，在我国传统文化的现代化建设中，坚定不移地坚持马克思主义的科学理论和行动指南。一定程度上，马克思主义自身新型现代文化中的批判性冲击并改变着中国传统文化的惰性，同时，将其中带有深远意义的中国传统文化延续至新型现代文化中，从而赋予其新内容、新形式。

第二，建设中国特色社会主义文化的前提是，坚持通过中国传统文化阐释马克思主义。事实上，马克思主义被应用于每个国家，但前提是都带有各个国家的特色。一方面将带有欧洲文化体系的马克思主义应用到中国文化体系中，需要将其重新定义到中国文化背景知识和思维心理机制中；另一方面将中国传统文化落实到现代生活实践中，并作为现代人知识价值和行为准则，同样不可

缺失马克思主义指导的现代阐释、选择。

3. 弘扬特色与综合创新

早年的"文化综合创新论",其核心就是坚持并弘扬传统文化的特色与在交流吸收中进行创新。张岱年的这种创新论就是表示真正的创新是对传统文化的继续和发展,而非摒弃不用。事实上,只有将中西文化相互融为一体,才称得上真正的创新。

第一,真正的传统文化现代化,必须将其内容做出相应地创新性改变。为更好地顺应时代的发展,我们必须从进步的、科学的、发展的视角重新界定传统文化,不断地将中国传统文化和符合时代要求的元素相结合,从而发扬传承中国传统文化。

第二,传统文化现代化要求对传统文化的表现形式做出相应的变更。当前经济环境是全球一体化,为保持与经济的同步发展,要求我们从多维度视角去看中国传统文化。因此,只有在彼此的交流、相互的比较中,才能更加准确地进一步挖掘出中国传统文化的理论价值,相互交往中,遵循求同存异和兼收并蓄的原则,并学习和借鉴其他民族中具有时代性、创新性的内容,以保证中国传统文化在创新中得到不断的完善和发展。

二、传统文化现代化的困局及转型

（一）中国传统文化现代化的困局

中国传统文化内在蕴含着现代化的意蕴,可以成为当代中国融入全球化和赢取话语权的文化资本。中国优秀传统文化将以其顽强的绵延性、鲜明的扩散性,以及强烈的历史穿透力和强大的生命力深深地渗透到人们的思维方式、道德情操、价值取向、心理状态之中,渗透到人们生活中的每一个小细节,构成当今中国社会的历史文化背景,影响和制约着人们的行为方式和价值取向。

但是在看到中国传统文化积极、革新、进步作用的同时,我们还应看到中国传统文化对中国社会现代化进程所具有的消极影响。中国传统文化的糟粕部分同样存在着顽固的文化惰力和惯性,这些因素无疑会对传统文化现代化进程产生内在的负面效应,尤其突出的是中国传统文化中所体现出的小农文化心态、科学理性的缺乏、宗法专制的政治思想、平均主义的观念等对中国社会现代化产生了明显的消极效应。这些消极效应与当今社会所提倡的民主、开放、创新等现代理念格格不入,使中国传统文化现代化面临着重重困局。

1. 小农文化心态催生的保守意识造成现代转型的困局

宗法式小农经济是中国传统社会的经济基础,建立在这一基础上的中国传统文化具有典型的小农文化心态。虽然社会革命改变了中国的社会制度,但是小农经济特有的文化心态和其他封建思想残余绝非是伴随社会制度的改变而立刻消除的;相反,它仍深深地影响着社会的广大阶层,仍深深地存在于社会生活的各个领域中,小农文化心态仍在一定程度上阻碍着传统文化现代化的过程。

早熟却不成熟是中国农耕经济的基本特点之一,这一特点导致了中国传统文化体现出凝重性的倾向。这里说的凝重性,就是过于稳重,灵活不足,过于保守,开放不足。具体而言,人们的观念往往封闭、自私、狭隘,容易安于现状,协作精神不足,只关注自身利益,不允许别人超越自己,靠极端权力维持社会,对权力顶礼膜拜。

这种凝重保守的文化倾向,导致经验主义和教条主义在中国的盛行,一度阻碍中国文化现代化进程。如在国家发展道路问题上,教条主义往往把马克思主义经典作家的论述视为"天朝的圣旨",认为只要按部就班地执行就会产生立竿见影的成效。这样就必然陷入保守理论的误区,脱离中国实际去空谈马克思主义,导致对马克思主义僵化的教条的理解,最终割裂理论和实践的关系。而经验主义的错误在于:看不到事物的普遍性和特殊性的矛盾,试图用马克思等经典作家所处时代的实际去指导中国现在的实际。

虽然普遍性蕴含在特殊性中,普遍性的经验可以给中国社会发展提供借鉴,但是,特殊性又包含着普遍性无法解决的问题。如果说教条主义是对马克思主义理论扭曲理解的一种术语,经验主义则是对中国实际直观、片面反映的一种概括。可见,只有克服经验主义和教条主义的缺陷,结合中国社会实际,以开拓创新的勇气直面中国问题,传统文化现代化才能实现。

2. "重人伦、轻物理"的传统价值取向造成现代转型的困局

西方在近代以来之所以赶超中国,领跑全球,就是因为他们迅速完成了工业革命和资本积累的过程,这个过程中,现代科学技术的发展则起到了至关重要的作用。所以在全社会中培育进取的科学精神理应成为中国文化现代化的应有之意,中国社会发展应当以科学精神和科学思维作为探索思路,这样才能在随后的发展过程中不断补充、丰富和发展自己。但是中国传统文化"重人伦、轻物理"的传统价值取向却不利于科学文化的发展,这显然不利于中国社会的现代化进程。

中国传统文化并没有绝对否定科学和技艺的作用,中国历史上并不缺乏科学技术的发现,甚至有四大发明的问世,但是在文化心理和价值追求上,中国传统文化是贬低科学文化的,中国传统文化的特征是关注人伦而轻视对自然的探索,最有利的证明是:作为中华文化主体的儒、道、释三大文化体系在根本

上都是轻视科学技术的。首先看儒学，孔子主张君子应当"志于道，据于德，依于仁，游于艺。"①孔子认为人最根本的目标是解决安身立命的问题，君子只有潜心于仁义道德的研究，才能寻找到答案，而科学和技艺充其量只是"小道""雕虫小技""奇技淫巧"，无法应答人们对生命意义的追问。其次看道学，道家思想也具有明显的反科学主义特点。道学追求回归自然本真的状态，这种原始的自然是不需要对自然进行探索和改造的，所以也就无需推崇科学技术去进行探索和改造自然的活动。可以说道学创始人老子在他的思想世界里构建了世界上第一个反科学、反理性主义的思想体系。再者看佛学，佛教经历了中国化的改造后，也成为中国传统文化的重要组成部分。虽然佛教里包含了某些理性思想的成分，但是佛教思想体系更多蕴涵的是直觉、顿悟的认知方式，而直觉和顿悟恰恰是站在理性思维的对立面的。中国化佛教的典型代表禅宗，在很大程度上就吸取了老子"不言之教"的思想和道家悟性直观的思维传统，主张不立文字地去洞察世界的本质，以悟性思维顿悟本真的佛性。从以上三个方面不难看出，中国传统文化中"重人伦、轻物理"的传统价值取向使得中国传统文化具有浓重的非科学特质。

3. "宗法专制"的传统政治思想造成现代转型的困局

在中国古代历朝历代的统治中，其政治生活都属于宗法专制制度，而且并未因统治者民族的变更而改变，这种状况带来的直接影响就是延缓了民主法治社会出现。

宗法专制制度的政治大环境下，国人的思想循环被影响着，同时也是宗法和专制的结合出现了中国社会伦理政治化和政治伦理化的状况，知识分子"内圣外王"的追求就是最好的例证。

中国传统文化的伦理政治化和政治伦理化更加加固了中国传统政治结构体系，禁锢着一代又一代人的思想。

一定程度上，此种政治环境强化了中华民族整体的国家和君主利益至上观念，同时，提升着社会成员担负建设国家的重任。但不可否认的是，类似"存天理，灭人欲"等这些伦理教条，禁锢着人们的思想。因此，个人专制的社会环境，压制着制度、规范、法律的发展，最终使得社会治理中法律精神、法治社会的到来更加迟缓。

4. "平均主义"观念造成现代转型的困局

究其根源，改革开放倡导的共同富裕与传统文化推崇的平均主义间存在着本质上的差异。共同富裕是以生产力的发展为基点，进而实现公平效率的社会

---

① 《论语》.

理想状态；相反的是，平均主义的基点则是否定生产力发展，同时，所谓的平均也是在牺牲效率的条件下实现。从根本上讲，平均主义带给社会的只能是退步。孔子曾说："有国有家者，不患寡而患不均，不患贫而患不安。盖均无贫，和无寡，安无倾。"① 因此，平均主义集中体现了人性中的劣根性，而且这种劣根性致使中国的历历代代都深受其害。

在我国上千年的历史中，这种平均主义经常被用来作为改朝换代、进行革命的重要革命理论，且大有成效。在历朝历代变更中，都相似地循环着一个过程，革命进行时，在平均主义思想的催化下，革命者（有时也被称为造反者）一鼓作气地打下江山，成为统治者以后改头换面，将平均主义偷换成人人信奉的儒家思想，并开始了遵儒家拜孔，开始了循环往复的历史发展。但从长远来看，这种平均主义并不能真正改善人们的生活水平，这也是为什么打着"有福同享，有难同当"的农民起义都失败的原因。

中华人民共和国成立以后，"大跃进"运动和"人民公社"运动的发生就是平均主义的再现。一定程度上，在当代中国，依然存在着传统平均主义观念的影子，这正是按劳分配原则难以彻底贯彻和实施的原因所在，并且阻碍着中国社会走向现代化建设的步伐。因此，在我们全力进行社会主义建设发展的伟大实践中，我们必须旗帜鲜明地在全社会反对平均主义，这将是一件功在当今、利在子孙的好事要事。

（二）中国传统文化现代转型的三个取向

1. 中国传统文化的转化性创造

经过新一代儒家不懈的探索和努力，总结出两条有效的传统文化转化途径。一是创新性地解读我国民族文化的内容和形式；二是通过外来文化，进一步重新定义中国传统文化。

现代新儒家的文化在儒家学说的基础上，吸纳会通西学创建独特的理论体系值得学习和传扬。其中，堪称现代新儒家开山鼻祖的梁漱溟吸收了生命哲学、进化论等西方哲学观点，创立了新王学，构建了以意欲为动因的文化发展论；冯友兰以宋明理学为基础，把西学中的新实在论、生命哲学、逻辑分析等导入其中，建构了一种包括理、气、道、体、心、性等范畴的"新理学"。但从中可以看到，新儒家的文化探索中，依然存着保守主义。

同时，中国传统文化的再创造过程，必须保证其切实可行。近年来，推崇的则是"返本开新"。所谓"返本开新"是指返回传统的心性之学之本源，开

---

① 《论语·季式》.

出西方式的民主科学之新局。对于能否将中国的心性论、德性之知转化为民主科学，唐君毅、牟宗三等人在承认中国无民主政治，无纯粹理论科学，承认德性之知与理性之知之区分，承认中国要发展源于西方的近代民主政治的同时，又出于某种"民族中心主义"的文化认同意识或"恋母情结"，硬性将民主科学纳入儒家文化本体架构之中，并主观断定中国文化的"仁心"或道德理性可以转出民主科学。

2. 实现现实文化的更新与改造

事实上，中国现实文化的改革和再创造过程，不可能离开与外来文化的融合、脱离世界文明而独立完成。但与之相对立的是，现实中的中国文化又可不借外力，而完成自我的改造和更新。一些西化论者认为，中华文化已陷入"超稳定结构"所控制的周期性循环中，失去了自我更新、自我变革、自我创造和自我转化的再生能力，要摆脱一直以来的惰性，必须借助西方异质文化。

很明显，这种理论带有一定的局限性和偏见性。不仅仅是理论，在实践中也证明，基于现实文化，中国人民是完全地、彻底地可以完成自我改造。利用扬长避短、去劣择优，现实文化完全可以实现向未来形态的创造性转化。

3. 异域文化的创造性运用

现阶段，对于外来的东西并不施行"拿来主义"，要建设特色社会主义文化，必须对其剖析、分解，适合我国国情的，通过更新、调整，再赋予其新内容、新形式，做到有选择地应用、有方法地利用。

过去一段时间以来，对于外来的东西，我们都是拿来就用，这样反而对我国社会和文化的现代化进程产生阻碍。

因此，在我国深厚传统文化积淀的基础上，利用多元文化的综合和创造，一个新型的中国文化新体系即将建造成功。

一直以来，复兴中华民族的内涵中便有文化的复兴。继承和发展民族精神，不断提升文化，将加快社会主义现代化的步伐。事实上，文化复兴的重要工作就是对我国优秀文化遗产的研究，文化遗产的研究即需要弘扬和培育民族精神，同时，不可缺少对历史文化的继承和创新。

而中国当代先进文化发展方向则是由我们在历史文化的继承和创新中对于融汇中西文化的能力决定。

在现代化建设的新形势要求下，对于传统文化，必须坚持，在继承中创新，在创新中转换。传统文化中，其主流思想以儒家为主，而儒家思想的立足之根本就是家庭和农业，而今，其根本只存在与中国极少部分或已不复存在，并且与之相联系的人们的生活方式和文化习俗也发生了深刻变化。

思想观念和民族精神与社会结构处于一脉传承的状态，随着社会结构的转变，现阶段，我国的民族精神已发展成爱国主义为核心的团结统一、爱好和平、勤劳勇敢、自强不息，这才是我们民族长足发展的坚实精神保障。从现阶段来看，社会主义市场经济体制的深刻变革拓展了生产力发展的范围，为其发展提供了更加有力的条件，为经济发展和社会进步注入了新鲜血液；同时加快了新道德观念的形成，从意识形态上，提升着人们的竞争意识、效率观念和进取精神。

对于民族的宝贵精神财富，我们都有义务将其继承传扬。在当今社会，各国文化相融合、相碰撞形势下，我们更应该义不容辞地把弘扬传统文化与培育民族精神紧密结合在一起，建设精神文明的第一步就是坚定不移地传承和发扬传统文化，从而真正地将全国人民的精神状态调整到正能量状态。

参考文献

[1] 龚贤. 中国传统文化概论 [M]. 广州：世界图书出版公司, 2011.
[2] 王霁. 中国传统文化 [M]. 北京：清华大学出版社, 2014.
[3] 秦其良. 中国传统文化 [M]. 大连：大连理工大学出版社, 2010.
[4] 朱筱新. 中国传统文化 [M]. 北京：中国人民大学出版社, 2014.
[5] 张建. 中国传统文化 [M]. 北京：高等教育出版社, 2014.
[6] 冯国超. 中华文明史（上、下卷）[M]. 北京：光明日报出版社, 2002.
[7] 胡适. 中国哲学史大纲 [M]. 北京：东方出版社, 2012.
[8] 任继愈. 中国哲学史（一、二、三、四卷）[M]. 北京：人民出版社, 2010.
[9] 冯友兰. 中国哲学简史 [M]. 赵复三译. 北京：生活·读书·新知三联书店, 2009.
[10] 吕思勉. 中国政治思想史 [M]. 北京：北京出版社, 2015.
[11] 梁启超. 老子、孔子、墨子及其学派 [M]. 北京：北京出版社, 2014.
[12] 钱发平. 儒家简史 [M]. 北京：华龄出版社, 2005.
[13] 傅勤家. 中国道教史 [M]. 北京：商务印书馆, 2011.
[14] 许地山. 道教史 [M]. 北京：中华书局, 2014.
[15] 干春松. 仙与道：神仙信仰与道家修身 [M]. 海口：海南出版社, 2016.
[16]（汉）司马迁. 史记 [M]. 北京：北京联合出版公司, 2016.
[17] 国学经典读本 [M]. 上海：上海古籍出版社, 2010.
[18] 程俊英. 诗经译注 [M]. 上海：上海古籍出版社, 2012.
[19] 蒋勋. 写给大家的中国美术史 [M]. 北京：生活·读书·新知三联书店, 2015.

[20] 梁思成．中国建筑史［M］．北京：生活·读书·新知三联书店，2011．

[21] 傅熹年．中国古代建筑概说［M］．北京：北京出版社，2016．

[22] 余秋雨．中国戏剧史［M］．上海：上海教育出版社，2006．

[23] 王双双．中国古代科学技术［M］．北京：北京大学出版社，2009．

[24] 陈美东．简明中国科学技术史话［M］．北京：中国青年出版社，2009．

[25] 许嘉璐．中国古代衣食住行［M］．北京：北京出版社，2011．

[26] 竺可桢．天道与人文［M］．北京：北京出版社，2011．

[27] 袁行霈，严文明，张传玺，楼宇烈．中华文明史［M］．北京：北京大学出版社，2006．

[28] 楼庆西．中国古建筑二十讲［M］．北京：三联书店，2004．

[29] 尚斌等．中国儒学发展史［M］．兰州：兰州大学出版社，2008．

[30] 马少波等．中国京剧史［M］．北京：中国戏剧出版社，2005．

[31] 徐书城．中国绘画艺术史［M］．北京：人民美术出版社，2001．

[32] 刘守安．全彩中国书法艺术史［M］．银川：宁夏人民出版社，2003

[33] 朱筱新．文物讲读历史［M］．北京：学苑出版社，2006．

[34] 朱启新．看得见的古人生活［M］．北京：中华书局，2011．

[35] 丹增．中国少数民族节日［M］．北京：中国画报出版社，2004．

[36] 张岂之．中华人文精神［M］．西安：陕西人民出版社，2007．

[37] 陈佛松．世界文化史［M］．武汉：华中科技大学出版社，2002．

[38] 宋健平．文化与文明［J］．宿州教育学院学报，2007，(6)．

[39] 胡凡，马毅．文化与文明的界定及其关系［J］．学习与探索，2006，(2)．

[40] 庞朴．文化传统与传统文化［J］．科学中国人．2003，(6)．

[41] 张国良．略论传统文化的基本精神及意义［J］］．管子学刊，2013(1)．

[42] 唐镜．中国传统文化中的人文精神［J］．求索，2011，(2)．

[43] 高鼓峰．医宗己任编［M］．北京：学苑出版社，2011．

[44] 包利民．现代性价值辩证法——规范伦理的形态学及其资源［M］．上海：上海学林出版社，2000．

[45] 王霞林．对传统与现代化的一点认识［N］．光明日报，2015—03—16．

[46] 王雅娟．关于中国现代化道路探索的若干思考——以传统文化为视

角［J］．改革与开放，2013，（18）．

［47］赵淑华．传统文化的现代化及其依据［J］．边疆经济与文化，2013，(7)．

［48］李长茂．试论中国传统文化现代化的历史可能性［J］．文化学刊，2012，(3)．

［49］李宝艳．中国传统文化现代化的发展路径探索［J］．党史文苑，2005，(6)．

［50］刘海龙．传统文化现代化的方法论思考［J］．理论与现代化，2012，(3)．

［51］陈石明，欧祝平．我国传统文化现代化的深层思考［J］．湖南科技大学学报：社会科学版，2010，(3)．

［52］伍文彬．中国传统文化现代化的思考［J］．长春理工大学学报，2012，(7)．

［53］涂可国．试论中国传统文化现代化的基本方法［J］．浙江工商大学学报，2008，(4)．